职场沟通技巧
（第 2 版）

左小瑜　吴晓雯　主　编

崔晓莉　符代芸　陈亚芳　副主编

U0362222

清华大学出版社

北　京

内 容 简 介

现今社会高速发展，沟通已成为人们在生活和工作中必须掌握的基本技巧。职场人际关系是现代社会关系的重要组成部分，良好的人际交往和职场沟通能力成为当代职场人的必备素质。本书与企业职场人合作编写，选取来自企业单位实际工作或职场影视剧中的案例，并从职场达人的经验与智慧的角度出发，以语言沟通技巧与社交思维为突破口，分别介绍了职场态势语言训练、职场沟通与交际心理素质培养和训练、职场交际中的自我介绍、职场演讲的技巧与方法、社交礼仪与口才、营销沟通与交流技巧、谈判沟通与交流技巧、服务口才、应对顾客投诉技巧、导游口才表达技巧、求职口才技巧等内容，教会读者学习具备较强职场沟通表达技能的方法，开发读者的表达、思维、交际等潜能，培养读者的勇气、自信、团队精神和合作精神，使读者成为当今社会的高素质综合型人才。

本书以模拟职场工作情景为导向，既可作为高等院校职场沟通课程的教学用书，也可作为职场人员进一步提升沟通与交际能力的参考用书。

图书在版编目(CIP)数据

职场沟通技巧 / 左小瑜，吴晓雯主编. —2 版. —北京：清华大学出版社，2022.8(2025.2重印)
ISBN 978-7-302-61294-0

Ⅰ. ①职…　Ⅱ. ①左…　②吴…　Ⅲ. ①人际关系学　Ⅳ. ①C912.11

中国版本图书馆 CIP 数据核字(2022)第 121952 号

责任编辑：王　定
封面设计：周晓亮
版式设计：思创景点
责任校对：成凤进
责任印制：宋　林

出版发行：清华大学出版社
　　　　网　　　址：https://www.tup.com.cn，https://www.wqxuetang.com
　　　　地　　　址：北京清华大学学研大厦 A 座　　　　　　　邮　　编：100084
　　　　社 总 机：010-83470000　　　　　　　　　　　　邮　　购：010-62786544
　　　　投稿与读者服务：010-62776969，c-service@tup.tsinghua.edu.cn
　　　　质 量 反 馈：010-62772015，zhiliang@tup.tsinghua.edu.cn
印 装 者：三河市天利华印刷装订有限公司
经　　销：全国新华书店
开　　本：185mm×260mm　　　　　印　　张：16.5　　　字　　数：391 千字
版　　次：2015 年 7 月第 1 版　2022 年 9 月第 2 版　　印　　次：2025 年 2 月第 2 次印刷
定　　价：59.80 元

产品编号：096976-01

本书编委会

顾　问　左亚冰　　陈　岚

主　编　左小瑜　　吴晓雯

副主编　崔晓莉　　符代芸　　陈亚芳

编　委　邓　青　　邓小康　　刘　君

　　　　李翠华　　钟淑杯

前　言

　　高职高专教育是我国高等教育的重要组成部分，其根本任务是培养具有良好的综合素质与职业道德，掌握生产、建设、管理和服务工作的业务流程与技能方法，工作在第一线的高素质、高技能型的专门人才。鉴于此，与其相对应的教材也应能体现高职高专教育的体系与特点，以适合高职高专学生学习。以"笃学砺能　知行合一"为校训，秉承"脊梁教育　育脊梁人才　建脊梁学校"的办学理念的海南经贸职业技术学院，作为国家骨干高职院校、全国优质高职院校和全国毕业生就业典型经验高校，在全省范围内开展高职公共课课程改革与教材改革示范工作，为更好地践行"产教融合　校企合作　工学结合　学做合一"的人才培养模式，到有代表性的企业进行深入的调研，了解各行各业对高职高专学生职业素养的需求点，并且聘请企业人士到校讲课。本书第2版就是在这个前提下编写而成的。

　　当今时代，社会信息量增大，职场口语表达与交际的机会增多，职场沟通能力显得越来越重要。本书旨在通过丰富的职场案例，引导读者了解沟通是职场交际必不可少的技能，学会并善于整理与变换自己表达的方式；训练和培养读者的演讲能力、职场表达能力和沟通能力，让表达与沟通成为读者手中的有力工具，帮助读者在职场上尽快确立自己的地位。

　　本书在编写过程中，始终贯彻第1版由简至繁、由浅入深的方法，在突出应用性、针对性与实践性的编写原则上，特邀企业职场人士参与，着重采用近几年来的新知识、新案例和新方法与职场实践技能培养相结合，为学生综合素质与职场理念的形成和发展服务。

　　为了使本书更具广泛性、科学性、先进性与代表性，保证编写质量，由海南高职高专教学第一线的优秀教师参与编写。本书由左小瑜、吴晓雯担任主编，负责撰写总纲、前言、参考文献，并统稿；由崔晓莉、符代芸、陈亚芳担任副主编。具体分工如下：左小瑜撰写第二章、第十二章，吴晓雯撰写第一章，崔晓莉撰写第三章、第四章、第五章和第六章，符代芸撰写第八章、第九章、第十章、第十一章，陈亚芳撰写第七章，邓青撰写第十三章，刘君、邓小康、李翠华和钟淑杯负责前期资料的查找和收集，左亚冰(海南省发展控股有限公司、海南海控能源股份有限公司、海南天能电力有限公司科研主管)、陈岚(深圳华泰实业有限公司社会事务部主管、政工师)提供职场经验和案例。

由于编者水平和本书篇幅所限,加之时间仓促,书中难免存在疏漏之处,敬请广大读者批评指正。

本书免费提供教学大纲和教学课件,读者可扫下列二维码获取。

　　　教学大纲　　　　　　　教学课件

编　者

2022 年 5 月

目　录

第一章
口才概述

从古至今，良好的口才都是各行各业，尤其是现代行业人才必须具备的基本能力之一。例如，合纵六国的苏秦，三国时期舌战群儒的诸葛亮，拥有严谨周全的外交才能和超人冠绝的雄辩口才的周恩来，还有带领格力走到今天的口齿伶俐的现代女精英董明珠，等等。

在职场中，无论你是上级还是下级，能够成为你职业发展动力的都是你良好的口才，它能在工作和生活中助你一臂之力。

第一节　口才及其重要性

口才是一个人职场情商的反映，也是其文化自信的一种表现，它是影响一个人生活幸福、人际和睦、事业成功的重要素质。

口才是一种心理技能，它离不开知觉、观察、记忆、思维、想象等心理活动的基本形式。气质、性格、能力等个性心理特征又决定着认知能力和表达能力的高低以及口语表达的风格。

口语表达是指人们运用有声语言和态势语言对一个人思维活动的表达。也就是说，口语是思维的外化，正如人们常说的"想得清楚才能说得好"。

口语如写文章一样，需要丰富的语言材料，需要遵从与写作大体相同的语法规律，需要有着与写作相同的表达方式、结构方式、表现技法。许多重要的口语语体，如演讲、论辩、报告、讲话等，需要参与者准备提纲和文稿，特别是演讲艺术语体非常接近书面语。

在现代社会职场中，人与人之间的言语交流越来越频繁，口才的重要性越来越突出。

职场的成功取决于你清晰逻辑的口语表达能力，自信的思辨能力，良好、高效的团队合作精神，以及宽容、积极的沟通技巧。

第二节　职场口才

巴菲特说："有一件事你是必须做的，不管你喜欢与否，那就是轻松自如地当众演讲，这可能得花些功夫，这是一种财富，将伴随你五六十年之久；如果你不喜欢这样做，那就是你的不利条件，同样会伴随你五六十年，这是一项必备技能。"

口才训练是一种综合能力的训练。既训练表达能力，也训练心理素质；既要有有声语言的训练，也要有态势语言的训练；既要练听，也要练看。

提高口语表达能力的最根本途径就是多练。

职场口才是现代人必须具有的重要能力，更是创造型、开拓型人才的必备素质，因为一个人将其见解用明晰的语言、缜密的逻辑，并辅以传情达意的动作表达出来，就增加了他的综合渲染力和个人魅力。

一、拥有良好职场口才的前提

职场口才如此重要，拥有傲人的职场口才的前提包括以下几个方面。

(1) 提高心理承受力，放开心境，消除沟通障碍。做到这一点，必须注意以下几点。

① 在沟通过程中认真感知，集中注意力，以便信息准确而及时地传递和接收，以减少信息的流失。

② 增强记忆的准确性是消除沟通障碍的有效心理措施，记忆准确性高的人，传递信息可靠，接收信息准确。

③ 提高思维能力和水平是提高沟通效果的重要心理因素，对于正确地传递、接收和理解信息起着重要的作用。

④ 培养镇定情绪和良好的心理气氛，创造一个相互信任、有利于沟通的小环境，有助于人们真实地传递信息和正确地判断信息，避免因偏激而曲解信息。

(2) 学习表达与沟通时对声音、表情、眼神和头势的把握。

① 学习大声地讲话。如果你的情绪已经紊乱不堪，如果你站在听众前怕得发抖，你就要特别大声地讲话。

② 学习迅速地讲话。当你迅速讲话时，你的大脑就能更快地发挥功能。

③ 学习适当地停顿。你在迅速讲话时，在标点符号的地方适当停顿，就可以获得戏剧性的静默效果，以便听众理解你所表达的思想。

④ 学习声音带着微笑。如果你面带笑容、眼含微笑，就能使你的声音带着微笑。

⑤ 学习吐字发音准确。读准声、韵、调。

⑥ 学习把握音高起伏。高音的特点是比较高亢、明亮，多用来表示惊疑、欢乐、赞叹和慷慨激昂的感情；中音的特点是比较丰富、充实，多用来表示平和的、明显的以及一切较平缓的感情；低音的特点是比较低沉、宽厚，多用来表示沉郁、压抑与悲哀之情。只有准确地把握高、中、低三种音的运用规律，才能恰如其分地表达自己的思想感情，使表述具有声情并茂的艺术魅力。

⑦ 学习强调重要词。在重要的词后面停顿，就能起到强调的作用。

⑧ 学习把握语速的快慢，要根据讲话的不同内容而定。例如，抒情的内容应该讲得慢一点，如果讲得过快，讲话者细微的心理变化很难给人留下深刻的印象；记叙、说明、人物对话、情调低沉的内容也应该讲得慢一点；急切的呼吁、热烈的争辩、愤怒的指责、慷慨的陈述、紧张的场面，应该讲得快一点，这样才能反映出事物的本来面貌，创造出应有的气氛。一般，快速讲话每分钟应控制在 200 字左右，中速讲话每分钟控制在 180 字左右，慢速讲话每分钟控制在 150 字左右。

(3) 努力学习和掌握相关的知识。出色的口头表达能力，其实是由多种内在素质综合决定的，它需要冷静的头脑、敏捷的思维、超人的智慧、渊博的知识及一定的文化修养。那些伶牙俐齿的人，尽管能说会道，却登不了大雅之堂。

(4) 学会把握亲和力、感染力、震撼力和穿透力。

二、练习口才

练习口才包括思考、目标、计划和行动。

(1) 思考：学会思考自己以前没有这个能力的原因是什么。

(2) 目标：训练自己最大胆地讲话、最大声地讲话、最流利地讲话。

(3) 计划：

① 自我暗示。每天清晨起床前、晚上睡觉前，各默诵 10 遍："我一定要最大胆地讲话，我一定要最大声地讲话，我一定要最流利地讲话，我一定能做到！"

② 自我意念。每天至少用 10 分钟想象自己在众人面前成功地演讲，众人对自己精彩的演讲佩服得五体投地的欢呼声。

③ 每天至少用 5 分钟在镜子前面练习微笑，同时练习手势和站姿。

④ 每天至少用 10 分钟进行深呼吸训练，大声朗诵激励类文章 5 分钟，大声讲话至少5 分钟。

⑤ 每天至少和 5 个人有意识地交流。

⑥ 每天训练自己一次 10 分钟的演讲或默讲。

⑦ 每天至少给亲人或同事完整地叙述一件事情。

⑧ 训练自己正视他人的眼睛，培养自信心、观察力和洞察力。

(4) 行动：每天坚持完成练习，相信有志者，事竟成。

第三节 实 训

本节结合理论知识，主要通过自我检测和训练计划进行职业能力培养的教学实践，为学生步入职场、掌握口语交际技能提供指导。

一、自我检测

假如你有决心提高说话的能力，请回想一下自己在日常生活中说话的经验，然后对照下面的问题检查一下，你就可以了解自己的说话能力与水平究竟如何。

(1) 你是否见了陌生人或许多人，就觉得无话可说？

(2) 你是否很难找到一个大家都有兴趣的谈话题材？

(3) 你是否常常无意中说错话，犯了别人的禁忌？

(4) 当你发觉自己的话使别人反感时，你是否不知如何处理？

(5) 你能否把自己所要谈的问题，用不同的方式来适应不同的对象？

(6) 你是否在熟悉的人面前有很多话说，而在陌生人面前一句话也说不出来？

(7) 你是否在遇到别人不同意自己的观点时，喜欢重复自己已经说过的话？

(8) 你是否喜欢和别人发生争执？

(9) 你是否常常被人说"固执"呢？

(10) 你是否对比自己年纪大或是地位较高的人给予适当的尊敬？

(11) 与别人谈话时，你是否经常注意自己的态度？

(12) 你能否根据别人的态度来调整自己的态度？

(13) 你是否不能引起别人的发言？

(14) 你说话是否东一句西一句，没有条理、言之无物？

(15) 你能否很自然地改变谈话题材？

(16) 你是否不知道应该在何时结束自己的谈话？

(17) 你是否口齿不清？

(18) 你说话的声调是否不悦耳？

(19) 你是否常常忘记别人的姓名？

(20) 你是否常用一些粗俗语言？

我们必须先检测自己究竟在哪一方面发生障碍，问题多不多，再研究改善的方法。

当你发现自己说话能力的不足之处，就应加强口才训练，予以提高。口才训练的途径是多种多样的，如提高文化素养，加强知识积累与自我训练，克服畏惧心理，语言力求简洁扼要，富有逻辑性。当然，这些都离不开社会交往实践，只有加强训练才能提高。

二、训练计划

（一）朗读

目的：培养讲话的兴趣和自信。

方法：

(1) 一周 5 次以上，每天 20 分钟。

(2) 朗读(最大声、最清晰、最快速)。

内容：古今中外的经典演说，每天大声朗读一遍。

（二）绕口令

目的：磨出一副伶牙俐齿。

口齿灵活、说话流利是非常重要的，所以，我们要进行一些必要的口部训练，以提高自己口齿灵活度。

相信很多人都有这样的感觉：早晨刚刚起床时说话没有下午或者晚上时轻松。那是因为，口部肌肉休息了整整一夜，没有运动，所以不太灵活。因此，适当地做一做口腔体操训练，有助于自己的嘴巴灵活、快捷。

具体方法如下。

1. 开合练习

动作：

(1) 张嘴像打哈欠，闭嘴如啃苹果。

(2) 开口的动作要柔和，两边嘴角向斜上方抬起，上下唇稍放松，舌头自然放平。

目的：解决口腔开度的问题。

2. 咀嚼练习

动作：张口咀嚼与闭口咀嚼结合进行，舌头自然放平。

目的：解决两腮肌肉的运动问题。

3. 双唇练习

动作：

(1) 双唇闭拢，按顺时针和逆时针分别转。

(2) 双唇打响。

目的：解决双唇的运动问题和美唇。

4. 舌头练习

动作：

(1) 舌尖顶下齿，舌面逐渐上翘。

(2) 舌尖在口内左右顶口腔壁，在门牙上下转圈。

(3) 舌尖伸出口外向前、左、右、上、下伸。

(4) 舌头在口腔内左右立起。

(5) 舌尖的弹练，如弹硬腭、弹口唇。

(6) 舌尖与上齿龈接触打响。

(7) 舌根与软腭接触打响。

目的：有助于舌头灵活。

5. 绕口令练习

绕口令练习要由慢到快，循序渐进，以吐字清晰、字音准确为目的，不盲目图快，否则会事倍功半，一旦养成错误的发音习惯，再改就更难了。

(1) 双唇音训练：抱笨奔波罢保班，标蹦包饼必冰边，报崩不别兵帮扁，毕鼻补不便驳斑。

(2) 牙前音训练：京家金景境揪坚，君将聚集就绝绢，嫁鸡决九江接减，节锦焦急叫驹见。

(3) 舌尖音训练：叮咚当丁到刁单，低督都当定丢颠，大刀吨斗歹多断，达堆登动导迭端。

(4) 舌面音训练：哥挎瓜筐过宽沟，光顾过沟瓜滚沟，隔沟够瓜瓜筐扣，瓜滚筐空哥怪沟。

(5) 综合训练：

① 山上五株树，架上五壶醋，林中五只鹿，柜中五条裤。伐了山上树，取下架上醋，捉住林中鹿，拿出柜中裤。

② 哥哥弟弟坡前坐，坡上卧着一只鹅，坡下流着一条河。哥哥说：宽宽的河。弟弟说：白白的鹅。鹅要过河，河要渡鹅。不知是鹅过河，还是河渡鹅。

③ 八十八岁公公门前有八十八棵竹，八十八只八哥要到八十八岁公公门前的八十八棵竹上来借宿。八十八岁公公不许八十八只八哥到八十八棵竹上来借宿，八十八岁公公打发八十八个金弓银弹手去射杀八十八只八哥，不许八十八只八哥到八十八岁公公门前的八十八棵竹上来借宿。

④ 小牛放学去打球，踢倒老刘一瓶油，小牛回家取来油，向老刘道歉又赔油，老刘不要小牛还油，小牛硬要把油还给老刘，老刘夸小牛，小牛直摇头，你猜老刘让小牛还油，还是不让小牛还油。

(三) 气息训练法

响亮、动听的声音与科学的呼吸训练是分不开的。所以，我们要善于掌握自己的发音器官，自觉地控制气息。一般来讲，采用胸膛式呼吸较好，这种呼吸是通过横隔膜的收缩和放松来进行的，气量大，能为发音提供充足的动力。

1. 闻花练气

方法：

(1) 坐直，静心，躯干略前倾，头正、肩松、小腹微收，舌尖抵住上腭，如闻花香般从容吸气，感觉气流好像沿脊柱而下，后腰部逐渐有涨满感，两肋向外扩张，小腹逐渐紧收，吸气至七八成满；控制一两秒后缓缓吐气，达到20～30秒为合格。

(2) 缓慢地吸气、呼气。呼吸过程要慢而不僵，各部分器官配合协调，气息均匀。

(3) 缩短吸气时间(急吸气)，像要喊住突然发现的远方走来的熟人，急速吸气，两肋一下子提起，但动作不能让人有明显察觉。气息很快进入肺部，然后相当缓慢地呼出，每一瞬间使用的力量都应当是相等的。

2. 气息体操

方法：双目微闭，以站姿为宜。整套体操共10节：第1节，快吸快呼；第2节，慢吸慢呼；第3节，快吸慢呼；第4节，慢吸快呼；第5节，深吸浅呼；第6节，浅吸深呼；第7节，鼻吸鼻呼；第8节，口吸口呼；第9节，鼻吸口呼；第10节，口吸鼻呼。

提示：可安排在早晨进行练习。其中，第1~6节要求口鼻并用。

3. 气息数数

方法：先吸足一口气，屏息数秒，然后用均匀的、低微的、带有气息的声音(如说悄悄话那样)数1~100的数字。在开始阶段可数少一点儿，然后渐渐增多。数数时尽量不撒气、不漏气。

4. 压腹数数

方法：平躺在床上，在腹部压上一些书或其他重物(重量适中)。吸足一口气，从1开始数数，一直数到气息用尽。

提示：在开始阶段，压的重物可少一些，以后逐渐增加，可利用睡前做此练习。这是对气息输出做强制的训练，目的是增强腹肌和横膈膜的控气力度。

5. 跑步背诗

方法：在户外或户内跑步机上训练皆可。在跑步出现轻微气喘时，背一首短小的古诗；也可两人配合练习，并肩小跑，一人一句地背诵古诗或其他经典诗词。

6. 软口盖练习

方法：最常见的是"闭口打哈欠"，即打哈欠时故意不张开嘴，而是强制用鼻吸气、呼气。

7. 数葫芦抬米

方法：吸足一口气，然后数词。先做词组练习：一个葫芦、两个葫芦、三个葫芦……再做短语练习：一只蚂蚁抬一粒米，两只蚂蚁抬两粒米，三只蚂蚁抬三粒米……

提示：以站立姿势为佳，训练前先将余气吐尽再吸气；从自然音高数起，字音强劲有力、清晰，速度平稳、均匀，富有节奏感，适可而止。

8. 偷气换气

方法：选一篇或一段长句较多的文章，也可选一段快板书、山东快书等文艺作品，用较快的速度念，在气息不足时，可运用偷气技巧，读后确定最佳换气处。

(四) 速读法

速读法的"读"指朗读，顾名思义，"速读"就是快速地朗读。这种训练方法的目的在于锻炼人口齿伶俐、语音准确、吐字清晰。

方法：

(1) 找一篇演讲稿或文辞优美的散文，先把文章中不认识或弄不懂的字、词查清楚，弄明白。

(2) 开始朗读。一般开始朗读时速度较慢，逐次加快，最后达到你所能达到的最快速度。

要求：速读的过程中不停顿，发音准确，吐字清晰，尽量达到发声完整。如果不把每个字音都完整地发出来，那么速度一旦加快，就会让人听不清楚你在说些什么，也就失去了速读的意义。速读必须建立在吐字清晰、发音准确的基础上。大多数人都听过体育节目的解说，"名嘴"宋世雄的解说就很有"快"的功夫。宋世雄解说的"快"，是快而不乱，每个字、每个音都发得十分清晰、准确，没有含混不清的地方。我们希望达到的"快"也就是他的那种"快"。

速读法的优点是不受时间、地点的约束，无论何时、何地，只要你手头有一篇文章就可以练习；不受人员的限制，不需要别人的配合，一个人就可以独立完成。当然，你也可以找一名同学听听你的速读练习，让他帮你挑一挑你速读中出现的毛病，如哪个字发音不够准确，哪个地方吐字不清晰，等等，这样就更有利于你有目的地纠正、学习。你还可以用录音机把自己的速读录下来，然后自己听一听，从中找出不足，再进行改进。如果有教师指导就更好了。

(五) 背诵法

我们都背诵过课文，如诗歌、散文、小说等，但背诵的目的各有不同，有的人是因为教师要求背诵而不得不背，以完成教师交给我们的学习任务；有的人是为了记忆某篇名诗、名句，以此来丰富自己的文学素养。而我们提倡的背诵，主要目的是锻炼口才。

我们要求的背诵，并不仅仅是把某篇演讲稿、散文背下来就算完成了任务，而是既要"背"又要"诵"。这种训练的目的有两个：一是培养记忆能力，二是培养口头表达能力。

记忆是练口才必不可少的一种素质。人没有好的记忆力，要想培养出好口才是不可能的。人只有在大脑中充分地积累知识，才可能张口即出、滔滔不绝。如果人的大脑中一片空白，那么他再伶牙俐齿，也无济于事。记忆与口才一样，它并不是一种天赋的才能，后天的锻炼对它同样起着至关重要的作用，而"背"正是对这种能力的培养。

方法：

(1) 先选一篇自己喜欢的演讲稿、散文或诗歌。

(2) 对选定的材料逐句逐段地进行分析、理解，推敲每一个词句，从中感受作者的思想感情，并激发自己的感情。

(3) 对选定的材料进行艺术处理，如找出重音、划分停顿等，这些都有利于准确地表达内容。

(4) 开始背诵。在背诵的过程中，我们也可分步进行：首先，进行"背"的训练，也就是先将文章背下来，这个阶段不要求声情并茂，只要达到熟练记忆即可，然后进一步领会作品的格调、节奏，为准确把握作品打下更坚实的基础；其次，在"背"的训练基础上大声朗诵，即将选定的材料大声地、有感情地背诵出来，并随时注意发声的正确与否；最后，用饱满的情感，准确的语言和语调进行背诵。

(六) 复述法

简单地说，复述法就是把别人的话重复叙述一遍，目的是锻炼人的记忆力、反应力和语言的连贯性。这种方法在课堂上使用较多，如教师让学生看一段幻灯片，然后请学生复述幻灯片的情节或人物的对话。

方法：

(1) 选一段长短合适、有一定情节的文章，最好是小说或演讲稿中叙述性强的一段。

(2) 请朗诵较好的学生进行朗读，最好能用录音机把它录下来。

(3) 让学生先听一遍，再复述一遍，让其反复多次地进行，直到能完全复述。学生复述时，可把第一次复述的内容录下来，然后对比原文，看能复述下多少，重复进行，看复述多少遍才能完全复述。

这种练习绝不单单在于让学生背诵，而在于锻炼学生语言的连贯性。学生如果能面对众人复述就更好了。此外，复述法还可以锻炼学生胆量，使其克服紧张心理。

复述法要求，学生在开始时，只要能把基本情节复述出来即可，在记住原话时，可以用自己的话把意思复述出来；第二次复述时，要求学生不仅复述情节，而且复述一定的人物语言或描写语言；第三次复述时，要求学生基本准确地复述人物语言和描写语言。因此，复述法会逐次提高要求。在进行这种练习之前，学生最好能根据自己的实际情况和所选材料，制定具体的要求，如选了一段共有 10 句话的文章，那么第一次复述时就要把基本情节复述出来，并能把几个关键的句子复述出来；第二次要能复述 5～7 个句子；第三次要能复述 8～10 个句子。当然，速度进展得越快，说明你的语言连贯性越好，记忆力越强。

学生开始练习时，最好选择句子较短、内容活泼的材料，这样便于把握、记忆、复述。随着训练的深入，学生可以逐渐选一些句子较长、情节较少的材料进行练习。这样由易到难、循序渐进，效果会更好。有的学生一开始就选用那些长句子、情节少的文章作为训练材料，结果"欲速则不达"。这就像我们学走路一样，没学会走就要学跑是一定会摔跤的。

这种练习要求学生一定要有耐心与毅力。这个训练有时显得很烦琐，甚至枯燥乏味，需要我们有耐心与毅力，知难而进、勇于吃苦、不怕麻烦。没有耐心与毅力的人，注定是一事无成的。

(七) 角色扮演法

角色扮演法指像演员那样去扮演作品中出现的不同人物，当然这里的"扮演"主要是指语言上的扮演。

方法：

(1) 选一篇有情节、有人物的小说或戏剧为材料。

(2) 对选定的材料进行分析，特别要分析人物的语言特点。

(3) 根据作品中人物的多少，和同学分别扮演不同的人物角色，看谁最能准确地扮演自己的角色；也可以一个人扮演多种角色，以此培养自己的语言适应力。

目的：培养人的语言适应性、个性以及适当的表情、动作。

要求："演"的成分很重，它有别于对朗诵的要求。它不仅要求学生声音洪亮、充满感情、停顿得当，还要求学生通过一定的动作和表情绘声绘色、惟妙惟肖地表现人物的性格。从这个角度来看，角色训练法是有一定难度的，但我们只要朝着这个方向努力，就会成功。

【拓展阅读1-1】

《长津湖》电影不同人物的经典台词

(1) 七连连长伍千里(吴京饰演)对七连战士伍万里(易烊千玺饰演)说："一个蛋从外面被敲开，注定被吃掉。你要是能从里面自己啄开，没准是只鹰！"

(2) 七连指导员梅生(朱亚文饰演)说："这场仗如果我们不打，就是我们下一代要打。我们出生入死，就是为了他们不再打仗。"

(3) 七连炮排排长雷公(胡军饰演)说："让你的敌人瞧得起你，这才叫硬气。"

(4) 三营营长谈子为(段奕宏饰演)说："没有冻不死的英雄，更没有打不死的英雄，只有军人的荣耀。"

资料来源：《长津湖》(2021年由陈凯歌、徐克和林超贤联合执导的电影)，编者有删改

【拓展阅读1-2】

《夺冠》电影不同人物的经典台词

(1) 袁伟民教练(吴刚饰演)带着女排队员们一起艰苦训练时，突然间大声地说："刚才你们练滚翻的时候，在地上多赖了两秒钟，记住，在球场两秒钟就能决定胜负，每个人加练十个球……中国女排流血不流泪！""美国人不会对你手软，日本人不会对你手软！"

(2) 陈忠和教练(黄渤饰演)说："我们现在要做的是什么，就是要一分一分把球咬回来！"

(3) 郎平教练(巩俐饰演)说："我们的内心还不够强大，等有一天，我们的内心真正强大了，我们就不会把赢作为比赛的唯一价值。"

资料来源：《夺冠》(2020年由陈可辛执导的电影)，编者有删改

(八) 讲故事法

讲故事是练口才的一种好方法。讲故事可以训练人的多种能力。故事中既有独白，又有人物对话这些描述性、叙述性的语言，讲故事可以训练人的多种口语能力。

方法：

(1) 分析故事中的人物。故事的情节性十分强，而且故事的主题大都是通过人物的语言、行动表现出来的，所以我们在讲故事前要先研究人物的性格特征，以及人物之间的关系。例如，我们讲《皇帝的新衣》这个童话故事时，首先要分析其中的几个人物以及他们的性格，然后把国王的愚蠢无知，骗子的狡诈阴险，大臣的阿谀奉承、是非不分，乃至小孩的天真无邪，都用语言表现出来。这是一项十分艰巨的工作。

(2) 掌握故事的语言特点。故事的语言不同于其他文学形式的语言，其最大的特点是口语性强、个性化强。所以，我们在拿到一个材料时，不是马上开始练习讲，而是先把材料改造一下，改成适合自己讲的故事。

(3) 反复练讲。对材料做以上分析和加工后，我们就可以开始练讲了。通过反复练讲达到对内容的熟悉，最后使自己的感情与故事中人物的感情相融合，能惟妙惟肖地表现人物性格。另外，练讲的同时，我们要注意设计自己的表情、动作，看看讲故事时的表情、

动作是否与讲的材料要求相符。

要求：

(1) 发音准确、清楚。平舌音、翘舌音、声调等都要清楚，最好用普通话讲。

(2) 不照本宣读。讲故事时，不允许手里拿着材料照念，应该用自己的语言去讲。

课 后 练 习

1. 了解职场口才发展的过程。

2. 了解口才在职场中的重要性。

3. 了解自己目前的口才表达程度。观察身边是否有表达能力很好、很会说话的同学，总结他们的表达特点。

4. 朗读以下作品，感知不同人物的语气，体会感恩、怀念和致敬的爱家国的情感基调。

【拓展阅读1-3】

山谷里的回声

太行山，春雨潇潇，

云锁雾绕，

一曲悠扬的山歌，

似天籁飘飘渺渺。

是什么人在唱？

是一起打过日寇的战友？

还是为子弟兵做过军鞋的大嫂？

这歌声使我如痴如醉，

这歌声引领着我走进了太行山的怀抱！

回家了，先去看望我的老战友，

儿童团时候的发小儿，

一杯老酒一袋旱烟，

贴心的话儿从黄昏说到了拂晓……

老战友打开了一个红绸的包裹，

灯光下就像捧着一团燃烧着的火苗，

老伙计，你还记得那年反扫荡吗？

你还记得这把军号吗？

咋不记得？

那一仗打的血肉横飞地动山摇！

为了掩护乡亲，

……

为啥烈士灵园长满了荒草？
为啥镀了金的佛像越修越高？
为啥有些熊孩子敢骑在烈士雕像上拍照？
为啥孩子们的课本里不见了狼牙山五壮士，
不见了放牛的孩子王二小？
如果把他们都忘记了，
我们的灵魂就失去了依靠！
我们等不到天亮，
老哥俩个就顶着雨踏上了进山的小道。

我们要去看那山崖上的弹洞，
我们要去看那洒遍鲜血的山坳。
我们坚信那个小八路的魂魂不减，
我们坚信一定会听见那响彻山谷的军号！
魂兮归来，魂兮归来，魂兮归来——
我听见了，我听见了，

我听见了那山谷里的回声，
我听见了那向着胜利大进军的冲锋号——
　　资料来源：中播网第四届"夏青杯"一等奖作品《山谷里的回声》，http://byzc.com/news/11607.html

第二章
沟 通 概 述

良好的沟通能力是事业成功的一个要项。沟通需要和谐高尚的人际观，只有与人进行良好的沟通，达到"和而不同、美美与共"的和谐，才能为他人所理解，得到必要的信息，获得他人的鼎力相助。

第一节　沟通的模式与过程

沟通是一项活动，本意是开沟使得两水相通，《左传·哀公九年》中有"秋，吴城邗，沟通江淮"，后指两方能够通连，信息社会又泛指信息沟通，也指是为了设定的目标，把信息、思想和情感在个人或群体间传递，并达成共同协议的过程。

任何一种沟通都要有目的，目的是沟通的核心。只有目的清晰，整个沟通过程才能始终围绕目的去陈述，从而掌控整个沟通过程，实现成功的沟通。没有最终达成共同协议的沟通都不算成功的沟通，只能算闲聊。成功的沟通有两个关键的因素：给予有用的信息和收集有用的信息。这两个关键的因素体现在两个方面：一方面想要陈述我们的观点，使之清晰、公正，有说服力；另一方面，需要倾听他人的观点。这是成功的沟通所必需的。

一般来说，人际关系存在着多种情况，我们要加以区分，秉承"和而不同、美美与共"的和谐观，根据不同情况采用不同的沟通模式，进而展开沟通，最终达到我们想要的沟通效果。

一、沟通的基本模式

沟通的基本模式有以下三种。

（一）奥斯古德—施拉姆循环沟通模式

较为流行的人际沟通模式是奥斯古德—施拉姆循环沟通模式(图 2-1)。发送者和接收者在编码、解释、解码、传递、接收时，形成一种环形的、相互影响的和不断反馈的过程。施拉姆提出了编码、解码、反馈的概念和参加交流的人既是发送者又是接收者的双重角色的概念；对信息的编码与解码构成了人们的交流。该模式更注意的是交流的过程，而不是交流的效果。这一沟通模式对于人际沟通的情境更有概括性、适应性，是一个适用于分析人际沟通的模式。

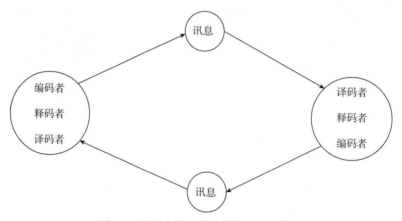

图 2-1　奥斯古德—施拉姆循环沟通模式

（二）拉斯韦尔的5W模式

最早的沟通模式是美国政治学家拉斯韦尔提出的 5W 模式(图 2-2)。描述沟通行为的一个方便的方法，是回答下列五个问题：谁(发送者)，说了什么(信息)，通过什么渠道(媒介)，对谁(接收者)，取得了什么效果(反馈)。

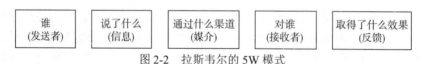

图 2-2　拉斯韦尔的 5W 模式

（三）香农—韦弗模式

香农—韦弗模式(通信系统模型)是数学家香农及助手韦弗于 1949 年提出的模式(图 2-3)。

图 2-3　香农—韦弗模式

二、沟通的过程

整合上述沟通的基本模式与沟通实践行为，总结出一般的沟通过程，如图 2-4 所示。

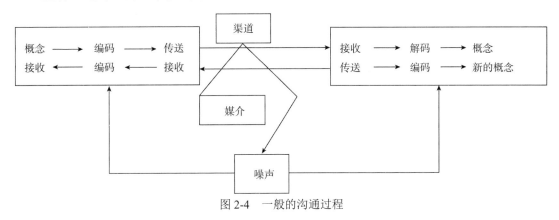

图 2-4　一般的沟通过程

三、沟通的要素

沟通主要包括以下要素。

(1) 信息：能够传递并能够被接收者的感觉器官所接收的刺激。信息有两种基本存在形式，即内储形式与外化形式。内储信息是暂时或长久储存在大脑里的信息，外化信息是用书籍、文献、磁盘、光盘等符号形式记录下来的信息。总之，信息可以是观念、思想和情感，是沟通活动得以进行的最基本的因素。没有信息的材料不需要渠道去传递，也不需要接收者去解码。因此，信息是沟通的灵魂。

(2) 发送者：发送信息的主体包括个人、群体、组织及国家。

(3) 编码：将所要交流的信息，依照一定的码规编制为信号。编码应选择恰当的代码或语言，不仅要适应接收者的理解能力和语言能力，还要有适合沟通的渠道和使用媒介。不恰当的编码会让接收者不知所云，包括不适时宜地使用专业术语或在非正式的社交场合使用过于正规的语言等。

(4) 渠道：信息得以传递的物理手段和媒介，是联结发送者和接收者的桥梁。说话的渠道就是空气。空气的振动，把说话者(发送者)的声音传给听话者(接收者)。信件、电话、电传、通信员等是常见的个人媒介，报刊、书籍、广播、电视、电影等是常见的大众沟通媒介。

(5) 接收者：收到信息的主体，包括个人、群体、组织、国家。

(6) 解码：将所接收的信号，依照一定的码规解释、还原为信息。解码可能是将信息由一种语言翻译为另一种语言，也可能是理解他人点点头或眨眨眼的意思。在这一过程中，传导的信息被转化、精简、阐述、储存、发现和使用。

(7) 接收者的反应：接收者有意或无意地对信息采取的行动。在成功的沟通中，接收者的反应与发送者的意愿正好相同。

(8) 反馈：接收者对自己的信息加以编码，通过各种渠道回传给信息发送者。

四、沟通的要求

沟通的要求有以下三点：

(1) 必须有发送信息者、接收信息者、信息和渠(通)道四个要素。

(2) 发送的信息完整、准确，接收者接收完整信息并正确理解，渠道通畅，有积极反馈。

(3) 询问、复述、核对。

五、沟通的类型

（一）按照渠道分类

按照渠道的不同，沟通可分为直接沟通和间接沟通。

(1) 直接沟通：运用人类自身固有的手段，无须沟通渠道的人际沟通，如谈话、演讲、上课等。直接沟通是人际沟通的主要方式。

(2) 间接沟通：除了依靠传统的语言、文字之外，还需信件、电话、电报、E-mail等渠道作为居间的沟通。间接沟通大大拓宽了人际沟通的范围，使远隔千万里的两人之间可以像面对面那样地交流信息。

（二）按照语言符号形式分类

按照语言符号形式的不同，沟通可分为语言沟通和非语言沟通。

(1) 语言沟通：沟通者以语言符号的形式将信息发送给接收者的沟通行为。语言有口语和文字两种形式，其中语言沟通分为有声的语言沟通和无声的语言沟通。有声的语言沟通是指沟通者用口头语言(讲话)方式进行沟通，如谈话、讲课、演讲、打电话等；无声的语言沟通是指沟通者用文字(书面语言)的方式进行传播，如写信、贴布告、发通知、写字条、板书、打电报等。

(2) 非语言沟通：沟通者以非语言符号的形式将信息传递给接收者的沟通行为。它是以沟通者的表情、动作等为沟通手段的信息交流。沟通者的面部表情及眼神、身体动作及姿势、言语表情、个人空间及个人距离、气质、外形、衣着与随身用品、触摸行为等都是非语言符号，它们都可以作为沟通工具进行非语言沟通。

语言沟通与非语言沟通的分类如图 2-5 所示。

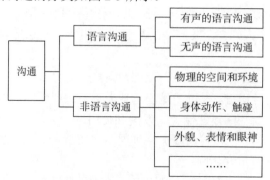

图 2-5　语言沟通与非语言沟通的分类

（三）按照有无反馈分类

按照有无反馈，沟通可分为单向沟通和双向沟通。

(1) 单向沟通：指单向信息流动的人际沟通。在沟通时，沟通双方的地位不变，一方只发送信息，另一方只接收信息而不向对方反馈信息，如做报告、大型演讲等。实际上，严格意义的单向沟通是罕见的，接收者会以各种形式(如鼓掌、打呵欠、说话、坐立不安等)或多或少地反馈信息。

(2) 双向沟通：指双向信息流动的人际沟通。在沟通时，发送信息者与接收信息者之间的地位不断变换，信息沟通与信息反馈多次变换，如交谈、协商、谈判等。人际沟通中的绝大多数均为双向沟通。

（四）按照接收者的不同分类

按照接收者的不同，沟通可分为内部沟通和外部沟通。

(1) 内部沟通：与单位的同事、领导与下属之间以及部门之间的沟通。由于都是同一个单位内部员工之间的沟通，本身相对比较熟悉、公务交往的刚性，对情感关系以及亲和力没有很高要求，这是内部沟通与外部沟通尤其是客户沟通相区别的地方；但单位内部往往存在复杂的人际关系，因此内部沟通往往更加复杂。

(2) 外部沟通：与单位外的客户、媒体、政府部门之间开展的沟通。由于相互不熟悉、事务交往的可选择性与利害关系，因此，外部沟通对信任与交往愉悦有较高要求，尤其是外出办事面对陌生客户时。

六、沟通的重要性

沟通是建立人际关系的桥梁，如果世界缺少了沟通将不可想象。

随着信息时代的发展，人们的工作、生活节奏越来越快，人与人之间的关系越来越僵硬、隔阂、冷漠，在此状态下，人与人之间需要加强思想交流，并在人际互动中充分享受自由、和谐、平等。这时沟通就显得特别重要。

现在的世界是个需要沟通的世界。沟通，可以拓展个人关系的网络，发展人际关系中的支持系统；沟通有意义且轻松愉快，能使对方感受到你对他的尊重和理解，迅速激发他对你的好感，让他自愿地提供更多的协助，发展互惠互利的合作关系；同时，可以避免无谓的人际争论，不伤感情，减少因误解所造成的压力，克服愤怒、恐惧、害羞等有害情绪，促进身体健康。沟通如同黑暗中的一缕阳光，让一切富有生机和活力。在爱情、婚姻、友谊中或同事之间、上下级之间的关系中，因没有沟通或沟通不良而濒临破裂，又因良好的沟通而冰释前嫌。因此，家长要多与孩子沟通，夫妻之间要多沟通，教师和家长、学生之间要沟通，愿意沟通是一个好动机。可以说，沟通从一定意义上决定了生活与工作的品质。它的重要性具体表现如下：

(1) 有助于认识问题的本质。

(2) 减少失误，减少摩擦。

(3) 争取理解,争取资源。

(4) 有利于提高工作效率,避免重复性工作。

(5) 有利于创造性地工作。

(6) 有利于目标准确实施和实现。

七、无效沟通的后果

良好的沟通并不是我听你讲;或者我约你见面,你听我讲。沟通的意义在于当你表达时,能得到对方的良性回应。倘若一方表达,而另一方无任何回应,则视为无效沟通。

无效沟通的后果如下:

(1) 事业受损失。

(2) 个人信誉下降。

(3) 身心疲惫,失去热情和活力。

(4) 产生错误和浪费时间。

(5) 降低自尊和自信。

(6) 团体合作性差。

(7) 失去创造力。

由此可见,无效沟通的危害很大。因此,职场人士更应重视有效沟通,避免无效沟通。

第二节 沟 通 技 巧

一、上下级之间常见的沟通障碍

研究表明,地位的高低对沟通的方向和频率有很大的影响。当地位悬殊越大时,信息越趋向于从地位高的一方流向地位低的一方。组织成员间因地位不同而造成的心理隔阂,称为"位差效应",其指由于地位的不同使人形成上位心理与下位心理,具有上位心理的人因处在比别人高的层次而具有优势感,具有下位心理的人因处在比别人低的层次而具有自卑感。一个有上位心理者的自我感觉能力等于他的实际能力加上上位助力,而一个有下位心理者的自我感觉能力等于他的实际能力减去下位减力。

我们在实际工作和交往中也常有这样的体验:在一个比自己地位高或威望大的人面前往往会表现失常,事前想的一切常常在惊慌失措中乱了套,导致出现一些尴尬的场面;可是在一个地位或能力都不如自己的人面前,我们却能应付自如,甚至超常发挥。在一个公司的组织结构中,管理级别的不同,员工的地位职权也不同。在沟通过程中,地位和职位的不同表现得更加明显。

余世维先生曾经总结,职场中的沟通障碍可以用三句话概括:向上沟通没有胆,水平沟通没有肺,向下沟通没有心。

网络上曾盛传的"秘书门"事件，一度引起轩然大波。细看事件根源，都是"沟通不当惹的祸"。

我们仔细分析"秘书门"事件，可以看到很多值得职场人士提高警惕的沟通原则。

(1) 小心"冲动的惩罚"。简单来看，这很像是一场"冲动的惩罚"。陆某没带钥匙被锁在门外，心情可能很差，他想到的是发脾气。因此，他在半夜想到要先发邮件去指责"肇事者"。结局很惨，两败俱伤。作为在企业或部门中担当重任的领导，尤其不能在自己的负面情绪影响下做事。其实在工作中，类似的由于情绪问题而"因小失大"的事件屡见不鲜。

(2) 目标决定行为，行为产生后果。作为上级，在组织中进行沟通，首先要冷静地知道自己沟通的目的是什么，然后思考要用什么方法进行沟通。例如，"秘书门"事件中的某，从他发的邮件内容，我们更多看到的不是他要改进工作，解决问题，提高员工的绩效，而是追究下属的错，考虑自己受了什么伤害，要对方承受什么样的处罚。

(3) 上司不该主动升级冲突。作为上司，在遇到对下属工作不满意，甚至与下属之间有冲突时，化解冲突是主要目标，而不是升级冲突。作为领导，陆某把邮件转发给人力资源总监和财务总监，让他与秘书两个人之间的矛盾殃及其他高管，这对于秘书来说，应该是刺激最大的事情。秘书正是看到上司在扩大事态，才会以牙还牙，用更大的扩大事态进行报复性回复。

(4) 上司选择沟通方式时要慎重。书面沟通，尤其是通过网络的电子书面沟通(如邮件、BBS留言、博客等)，由于其传播速度快、传播范围广，所以更要慎之又慎。书面沟通的特点是可以反复阅读，因此一旦用书面方式来传播负面信息，其对于信息接收者的伤害是持久的，而且是巨大的。

(5) 没有好员工，就没有好领导。上级要清楚，只有让员工成为好员工，才能使自己成为好领导。所以，上级要懂得善待下属，尤其是善待为自己提供服务的员工。

二、上行沟通技巧

上行沟通指站在下级的角度跟上级进行的沟通。为什么下属没有胆量跟上级能沟通呢？这是陈旧的等级观念造成的。一般的员工总是认为沟通是上级对下级沟通，这种偏见贻误了员工主动与上级沟通的机会。结果，员工背着沉重的心理负担，总认为在与上级沟通前，首先要知道自己的上级是什么情况，担心贸然行事会留下后患。因而在陈旧的等级观念下，很多人一想到要主动去与上级沟通，就非常担心。

传统上，由于权威常常胜过自由、参与的力量，结果造成上行沟通被抑制、误用，或者干脆被管理层忽视，所以员工通常害怕进行上行沟通。

在管理实践中，信息沟通的成功主要取决于上级与下级之间全面有效的合作。但在很多情况下，这些合作往往会因下级的恐惧心理而形成障碍。一方面，如果上级过于威严，给人造成难以接近的印象，或者缺乏必要的同情心，不愿体恤下级，都容易造成下级的恐惧心理，影响信息沟通的正常进行；另一方面，由于下级自身的畏惧心理，上行沟通时可能会"知而不言，言而不尽"，影响信息沟通。

与上级沟通是否有效，不仅会影响到工作绩效，更会影响到个体的职业生涯发展。因此，在职场实践中，人们发现，能够得到重用和提拔的，往往不一定是最能干的人，但一定是最能得到领导信任的人。那么如何进行上行沟通，得到领导的信任和重用呢？

（一）尊重领导的权威

领导要有威信，没有威信，就不能实行真正的领导。领导的威信主要源自他的人格魅力，但下级对他的尊重，也是提升其威信的一个重要方面。

有的下属经常自以为比别人聪明，在与领导的沟通中，自觉或不自觉地流露出某种优越感，动辄与领导称兄道弟或随便揭露他的短处，让领导感到很没面子，这种上行沟通效果之差可想而知。

【拓展阅读2-1】

有效沟通的重要性

明朝开国皇帝朱元璋，少年时家里很苦，常和一些穷孩子放牛砍柴。后来朱元璋做了皇帝，他从前的一些穷朋友还过着很苦的日子，大家听说儿时的伙伴做了皇帝，都想找朱元璋沾点儿光，弄个一官半职。其中，有两个与朱元璋小时相处时间较长的穷朋友结伴而行，来到皇宫中见到了朱元璋。

第一位穷朋友当着朱元璋的文武官员的面开口说："还记得我们一起割草的时候吗？有一天，我们在芦苇荡里偷了些蚕豆放在瓦罐里煮，没等煮熟你就抢豆子吃，把瓦罐都打破了，豆撒了一地，你抓了一把撒在地上的豆就往口里掳，却不小心连结草叶子也送进嘴了，结果一根草棒卡在喉咙里，卡得你直翻白眼，还是我出的主意，弄了一把青菜叶子放在手上一拍，塞到你嘴里叫你硬咽下去，才把草棒子吞了下去，不然，哪有今天啊！"

朱元璋一听，顿时变了脸，连忙喝叫武士把他推出去斩首。可怜他官没做成，却成了刀下之鬼。

朱元璋杀完那个穷朋友，又问同来的另一位朋友："你有什么说的？"

那人连忙答道："想当年，微臣跟随陛下东征西战，一把刀斩了多少'草头王'。陛下冲锋在前，抢先打破了'罐州城'，虽然逃走了'汤元帅'，但却逮住了'豆将军'帮忙，不然，哪有今天啊！"

朱元璋听了，顿时心花怒放，夸奖道："这才是寡人的功臣！"随即降旨封他做了将军。

资料来源：国学小故事《朱元璋轶事》，https://wenku.baidu.com/view/a2e6a134e0bd960590c69ec3d5bbfd0a7956d575.html，编者有删改

从上面这则简单的小故事中，我们能了解到与领导沟通时需要注意的问题。

下面我们先来分析朱元璋第一位穷朋友的死。

(1) 第一位穷朋友的悲惨命运与他同朱元璋的说话方式不当有很大的关系。要想获得理想的沟通效果，就要了解沟通对象，在把握自我因素的基础上，把握住沟通双方的特定关系，以便在信息的发送与反馈中调整好语言形式，从而达到沟通的目的。第一位穷朋友

显然没有顾及朱元璋此时地位、身份的变化——朱元璋已是高高在上的皇帝了，儿时的平等朋友关系，如今变成了君臣关系。所用的称谓，本来应该体现出君臣关系，但他还是一口一个"你"，这怎能不使朱元璋生气呢？

(2) 第一位穷朋友没有尊重领导的心理和情绪。多数人都了解"打人不打脸，说话莫揭短"，在与领导沟通时，就更要注意这一点了。因为这不仅关乎领导的面子，也关乎领导的威信。这位穷朋友不了解朱元璋作为皇帝是至高无上的，其自尊心更强，他把少年时的旧事不加修饰地和盘托出，把朱元璋的"老底"都抖出来了。对于古代皇帝来说，出身低微是一件很不光彩的事，这个穷朋友的一番话正好戳到他的痛处，伤害了他的自尊，有揭短的嫌疑，这就难怪朱元璋在颜面扫地后恼羞成怒，将他处死。

(3) 第一位穷朋友采用的沟通方式是大白话，私下里开个玩笑，说说便罢了，但当着文武百官的面，他依然我行我素，不管不顾地说大白话，这种语体显然不适宜在这种正式场合运用。这种村俗俚语式的语言与当时的氛围形成了极大的反差，客观上会让人觉得是在戏弄皇帝。

要想沟通有效，既要了解自己的沟通目标，了解沟通对象及其性格，又要明确沟通的场合、环境。也许第一位穷朋友，他心里想着靠套近乎得些金银财宝，捞上个一官半职，但是他不分场合、不分处境、不分身份地乱说话，结果非但没能实现自己的沟通目标，甚至引起了难以预见的祸端。

为什么同样是朱元璋的朋友，共同有着一段艰苦的经历，打算以"怀旧"的方式唤起朱元璋昔日的感情，甚至两个穷朋友所说内容实际上是一回事，结局却大相径庭呢？俗话说："怎么说远比说什么更加重要！"

接下来我们再来分析第二位穷朋友是如何成功进行上行沟通的。

(1) 第二位穷朋友了解自己的沟通目标，且明白此次沟通绝不能惹恼了朱元璋。因为他已经目睹了同伴(第一位穷朋友)的悲剧。有此前车之鉴，他已经知道，生死都悬于自己说什么、怎么说，因此谨慎小心。

(2) 第二位穷朋友了解自己的沟通对象。他察言观色，牢牢地把握住了双方的特定关系——与昔日的穷朋友如今是君臣关系，他以"微臣"自称，而以"陛下"称朱元璋，把角色的关系作了明显的定位，极大地满足了朱元璋的虚荣心，这样就造成了心理相容的效应，融洽了双方的感情。

(3) 第二位穷朋友看得清场合。在文武百官面前，他把朱元璋小时割草抢吃被卡的逸事，用一种奇特的"隐语"表达出来，把小时候割草说成"东征西战"，把割草说成砍"草头王"，把朱元璋抢吃说成"冲锋在前"，把打破瓦罐说成打破"罐州城"，把罐破汤流说成逃走了"汤元帅"，把逮住豆子说成逮住了"豆将军"……这在朱元璋听来是彼此心照不宣，但在局外人听来完全是在描述朱元璋当年金戈铁马的戎马生涯，在文武大臣面前为朱元璋争了面子，这对这位开大明基业的"马上皇帝"来说，无疑是一剂极有效的兴奋剂。

第二位穷朋友巧妙地回顾了往事，不仅保全了朱元璋的面子，还正面美化、赞颂他的英武形象，不仅沟通效果好，让朱元璋大为满意，也为自己的职业生涯做好了铺垫。

现代职场中的上行沟通也与此类似，尤其是公开场合的上行沟通，下级要处处为领导利益着想，积极维护领导的尊严和面子，这是上行沟通的首要原则。

【拓展阅读2-2】

职场称呼有学问

刚入职到省二中院的李某，在学校的时候他就总是很主动地和别人嘘寒问暖，因此他对自己的人际交往这方面的能力很自信，感觉自己已很有经验了。李某来到省二中院就被告知分到了民事庭。第一天上班的时候，领导带着李某到了民事庭的办公室向同事们介绍了他。领导走后，李某便开始与同事寒暄起来。

因为他刚大学毕业，所以他自己很肯定——他是全庭年纪最小的，他觉得对各个庭的庭长或副庭长，称呼起来都很容易，在姓后面加上职位就可以了。对于庭里年长自己的同事都称呼其名字加上姐或哥，这样能拉近距离。于是，就连庭里的法官、主任，李某不管是见面打招呼，还是有事咨询都按自己认为的称呼方式，但他没发现有些人听到这种带姐或哥的称呼时表情有些尴尬，他也没有听到有些老同事在私下议论他："还真会来事，能看眼色做事，大领导都喊庭长，其他人就哪个都喊姐啊，哥啊，跟谁都很熟一样！""我妈就生我一个，哪来这一个弟！"

哪里出了问题呢？

虽然现代企业讲求民主，以员工为本，但是职场更多讲究尊重、尊敬，而并非亲密。所以，下级不能忘记对领导要尊重、尊敬，如在称呼上不能称上级为"小王、小李"，而"姐""哥"这些称兄道弟的称呼过于家庭化和亲切化，也不适用职场环境。

（二）恪尽职守不越位

员工应服从领导，并且执行有力。不管职位多高，员工都不能忘记自己的工作是协助领导完成决策，而不是制定决策。因此，即便领导的决定不尽如人意，甚至和自己的意见完全相悖时，也要立即执行。

执行领导的决策，并不表示你就是一个毫无主见的员工，也不表示你将失去工作中的活力。员工表现在工作上的活力与冲劲，一定要符合领导的理想与要求。否则领导会认为你不够成熟，做事情不会思考，自然也不敢把重要的工作交给你。

【拓展阅读2-3】

谁是上级

刚读大一的丛同学，表现非常积极，勤快肯干，应聘学生会时表现得比较优秀，顺利地成为学生会干事。经常到辅导员办公室帮忙的他很快得到了辅导员的认可，一学期过后他被拟聘为辅导员助理。辅导员准备继续培养他成为学生会主席。在培养的过程中，他感觉自己能力挺强，在外与商家洽谈，为系里拉来多次赞助，自认为已经很有经验。他的直属上级是分管团学工作的一名女辅导员，本科毕业也没几年，虽然是高校教师，但和学生看起来差不多，再加上说话也不是女强人类型，在办公室里，常常会有学生把丛同学误以为是辅导员。有一次，那位女辅导员对走进办公室的丛同学说："前几天我让你跟找的那家传媒公司说他们的费用贵了，那么贵，以后团学举办的活动就不再找他们了。但后面别人推荐的那些公司，要价更贵。你把那家公司负责人电话给我，我亲自再跟人家谈谈。"丛同学听完露出得意的表情说："好在我没去跟人家说。我就说那个价格给我们是最便宜的了，别家还不一定答应给这个价格。"女辅导员愣了一下，又继续问："旅游系团学的负责人推荐他们合作的公司，我让你回复说'暂不合作了'，你联系了吧？"丛同学说："早就联系了啊，我知道什么行情，哪个公司该合作，哪个不该。"后面考核时，丛同学最终只被放在团学的一个副职位置。

这虽然只是一个发生在高校的案例，但是我们不难看到，大学是个小社会平台，团学如同小职场，在工作中，即使你工作能力强，工作积极肯干，与领导关系处得好，也不能越俎代庖，擅自帮你的领导去做决定。在职场，员工应做的是恪尽职守、尊敬师长、提建议和执行命令。

（三）请示汇报有分寸

《说呼全传》云："伴君如伴虎，刻刻要当心。"上行沟通大有学问，既不能不说，也不能说得太快，更不能不分场合地乱说一气，否则不但不能实现自己的沟通目标，而且会给自己带来更多的麻烦。

员工应当根据问题的重要与否，选择领导乐意听取报告的时机进行请示。你如果不知领导何时有空，不妨先给他写张纸条，写上问题的要点，然后请求与他交谈，或写上要求面谈的时间、地点，请他先约定。

一般来说，员工向领导请示汇报时，要注意以下几点。

(1) 员工在与领导沟通之前，要充分准备好材料，了解自己所要说的重点，简练、扼要、有条理性地向领导汇报。如果有些问题需要领导做出选择决断，员工应有两个以上的备选方案，而且应向领导分析各方案的利弊，这样有利于领导做决断。为此，事先应当周密准备，注意每个细节。如果领导同意某一方案，应尽快将其整理成文字上报，以免日后领导又改了主意，造成不必要的麻烦。

(2) 员工在向领导汇报工作时，要有很强的时间观念，按时到达。汇报工作不是越早到越好，提早到达也许会干扰领导正在进行的工作；迟到更是不允许的，一个不守时的人很难让人信任。如果员工到达后，领导有尚未完成的工作，可在外面等待。如果员工自己因其他的事情耽搁，不能准时前去汇报工作，要及时告之领导，由领导决定是延期还是稍后进行。

(3) 适应领导的沟通习惯。有些领导性格爽快、干脆，有些领导沉默寡言，但大部分领导都有一种统治欲和控制欲，因此，员工在汇报工作时，要注意观察领导的反应，尽量按照领导的沟通习惯行事。汇报过程无论意见是否一致，员工都要保持一个尊重对方的态度，就事论事地沟通，不要有过激的言语，也不要唯唯诺诺、毫无主见，更不要态度蛮横、固执己见。员工在请示汇报时，语言要平稳冷静，适时停顿，以给领导提问和表达意见的时机。当请示的内容被否定时，员工应尊重领导意见或是用委婉的方式再次陈述理由以说服对方。对于一时难以确定的事情，员工不要逼迫领导做出决定，千万不要操之过急。

(4) 报告内容一定要有根有据。任何领导都不会喜欢无根据的臆断或猜测的话语。员工只有依据自己确认的事实来讲话办事，才能与领导增加信任的尺度，使沟通获得成功。提出问题之前要先替领导考虑，有些人明知客观上不存在解决问题的条件，却一定要去找领导，结果不欢而散。

(四) 有胆识受器重

大部分领导都不喜欢平庸无能的员工。员工可以通过上行沟通，让领导了解自己的工作能力与真才实学，这对自己的职业生涯发展会有很大的帮助。

所以，员工不仅工作态度要认真，更重要的是要有良好的沟通能力，争取让自己的才能得到领导的认可，受到领导的器重。例如，商界是个讲求效率的领域，如果员工对领导存在畏惧心理，事事谨小慎微、如履薄冰，那就很难与领导进行沟通。不能与领导沟通的员工，如何让领导相信你的才能？领导不知道你的才能，又如何器重你呢？

《正青春》是一部都市职场剧，下文节选其中的一些片段，然后我们来分析作为一个企业中的工作人员，主人公章小鱼是如何成功实现上行沟通的。

【拓展阅读2-4】

《正青春》电视剧(摘选)

章小鱼(国际知名化妆品公司 SW 销售部实习生、经理助理，由吴瑾言饰演)被销售一部总经理林睿(殷桃饰演)临时委派与仁泰集团跟进 SW 入驻仁泰集团上海商场的签约一事，她经过一番周折，总算取得了仁泰集团新任执行 CEO 温哲(何润东饰演)答应她去公司好好面谈的机会。在仁泰集团温哲的办公室里，温哲提出了比原来签约合同中更高的条件：第一，SW 必须提供最豪华的装修、最漂亮的专业导购、大中华区最齐全的货品。重点是中心开业第一个月，SW 得做八次活动，每周六和周日活动位置由 SW 选择。第二，为期一个月，SW 的销售业绩必须进入仁泰中心化妆品专柜的前三。经过讨价还价，章小鱼还是没能说服温哲，但她又不想辜负林总对她的那份信任，既然温哲已经说了他们如果答应提出的两个条件，就会与她签合同，甚至将与他们销售一部长期合作，但是如果她不答应这两个条件，销售一部就永远在仁泰集团的合作名单里消失，最关键是他们销售一部与仁泰集团合作了，那么销售二部就没法和他们销售一部再争夺了。于是，她现场就直接答应了温哲的要求，同意重新签订合同。

从仁泰集团走出来，章小鱼想起之前她被林总狠狠地批评，并且让她记住"先斩后奏是职场大忌"这句话，这一次与温哲的谈话让她又一次先斩后奏，但她没有一点紧张不安，而是火速回到公司向林总汇报了此事。林总现场问了章小鱼几个问题："你知道进驻仁泰中心的化妆品有多少家？"章小鱼立马回答："已经签订合同的一线品牌十二家，二线品牌十五家。"林总继续问道："你知道这些品牌能进入上海商场专柜年度销售业绩前三的是哪几家？月销售额又如何？"章小鱼又迅速回复："瑞士的尼奥、日本的奇身屋以及美国的奥斯莱蒂，这三个品牌平均月销售量都在三百万以上。"林总继续问："你知道如果这份对赌协议失败了，对 SW 意味着什么吗？"章小鱼很认真地回答道："SW 不仅会失去和仁泰集团的合作，而且以后再没有办法进驻仁泰集团全国各地的商场还有酒店。如果事情传出去还会对 SW 的声誉造成非常大的影响，甚至 SW 已经进驻的商场会因此落井下石，提高扣点。"林总听完，看着章小鱼又问了一句："你都知道？那你还答应了？"章小鱼带着非常诚恳而坚定的语气向林总说："林总，我知道先斩后奏是职场大忌。可是仁泰集团这个单子我真的必须签下。"话音还没落，林总没看章小鱼，撇着头看着像很生气的样子大声地说："永远这么胆大妄为！"章小鱼也大声地说："将在外……"但后面那半句没讲出来，又换成了另一句："我当时的情况是这样的，我……"她正说着，看见林总眼睛瞪着她，她后面的话憋了回去，但一点儿也不气馁，用笃定的眼神与林总静静对视着。只见林总往椅背上靠了一下，停留了几秒钟，雷厉风行地拿起笔翻开章小鱼呈给她新拟好的与仁泰集团的签约合同，在上面签上了名字。林总签完，合上合同对章小鱼说："既然选了你，就跟你一块儿赌下去吧！"

章小鱼这种为事业拼搏、有胆识、有自信的样子，其实像极了林睿。林睿也看得出来章小鱼并不是鲁莽、擅自做主，而是做了调查等大量工作的。章小鱼所做的一切是为了她管的这个销售一部能有业绩，能在总公司占有重要地位，使林睿获得被追随的满足感。果然讨得林睿的欢心与赏识，让章小鱼规避了因先斩后奏而再次挨骂的风险。

资料来源：《正青春》(2021 年由牟晓杰执导的电视剧)，编者有删改

从以上的片段中我们可以看出，主人公章小鱼为了实现有效的沟通、不再挨骂，的确用了心思。其中最重要的一点，就是要懂得采取"同理心"的沟通方式。她很清楚在向上级林总汇报时，应该采用领导用过的方法，即一切为了公司、为了项目，敢拼、有胆识。

在职场中，章小鱼为了更好地进行上行沟通，除了与直属领导建立一致性目标之外，也明白了哪些事情要向领导请示并且一定要按领导要求去做，坚决执行；哪些事情是她自行处理而无须请示领导；哪些事情是领导要重点关注，她可以积极提供信息和建议，供领导做决定时参考用。

（五）患难见真情

每个人都有自己的难处，领导也不例外。员工要和领导建立良好的情感关系，需要细心体谅领导的难处，善于为领导排忧解难。

【拓展阅读2-5】

《正青春》电视剧(摘选)

章小鱼(吴瑾言饰演)："你要代签？"

林睿(殷桃饰演)："入库单。"

章小鱼："不行，林总！这种事情说大了就是犯法。"于是两人拿着入库单相互扯来扯去，当听林睿说没有时间耽误了，章小鱼大声坚定地说："你让我来！"

她们拿着私自代签上司的入库单一起去库房，仓库管理人员对他们有质疑并说："你们是怎么拿到温总的签字的？"章小鱼立马挡在林睿面前说："你管得着吗？这事有你说话的份吗？要不然你现在自己打电话给温总，你问问这签字她是怎么拿到的。"于是，仓库管

理人赶忙叫师傅们卸货。林总身体不舒服，生病了，待在一旁，她就一个人催促和指挥工人如何卸货，等把事情处理完，又冒着大雨扶着林睿打车去医院，还一直陪护了一整晚。

资料来源：《正青春》(2021 年由牟晓杰执导的电视剧)，编者有删改

章小鱼作为林睿的下属，有义务帮助林睿摆脱困境，而不是逃避责任和麻烦。正是她的这种患难见真情的举动，让她和林睿的职场关系上升为私下的姐妹关系，也在日后的职场和生活中为她赢得了林睿的大力栽培和真心对待。

员工要体谅和理解领导，并能在关键时刻挺身而出，为领导分忧，这样才能让领导感觉到员工具有良好的思想品质和突出的工作能力，只有在职场中与领导齐心协力、同心同德、荣辱与共、同舟共济的员工，才能胜任目前的工作并能担任更重要的工作。

（六）化解领导的误会

日常工作中很可能会出现这样的情况：某件事情明明是领导耽误了或没有处理妥当，可在追究责任时，领导却指责你没有及时汇报或汇报不准确。

【拓展阅读2-6】

《安家》电视剧(摘选)

安家天下中介公司的房店长房似锦(孙俪饰演)来上班时，把一张宣传单摆在办公桌上，一边敲打着宣传单，一边一脸严肃和不满地质问她的下属朱闪闪(孙佳雨饰演)："这是怎么回事？"朱闪闪一脸茫然地看了看桌上宣传单被领导敲打的那一处，当看到传单上留下了自己的联系方式时，误以为她的领导要表扬她，还一脸不好意思地笑着说："这个呀，什么都瞒不过您，我就是做了这么一点点的小工作，不值得表扬的。"房店长怀疑朱闪闪破坏行业规则，于是毫不客气地质问："你还想让我表扬你？朱闪闪，你知不知道我们的行业是有规定的！"朱闪闪赶紧回答："我知道！我们大家都是一家人，一家人就是要互帮互助，所以我担心那些拿了传单的人，打电话联系你，再说你不是生病了吗，我害怕他们打扰你，就让他们打给我……"就算这样当面解释，房店长还是以为有人要抢她的单子。这时，朱闪闪忽然想起什么，跑去拿了一份材料，一边交给房店长一边说："这个，这就是所有那天客户的联系方式。我还帮您约了这个周末集中看房。"房店长顿时呆在那儿，觉得自己误解了朱闪闪的好意，很是尴尬，好在有办公室的其他人员解围，她才以去买早餐给大家吃的借口给自己找了个台阶。

资料来源：《安家》(2020 年由安建执导的电视剧)，编者有删改

为什么作为下属的朱闪闪当面解释都无法解除领导房店长对她的怀疑？其实就是口说无凭，当朱闪闪用真凭实据证明了自己是真心实意地为领导考虑，而并非想私吞客户、抢单子，便化解了领导的误会。当然，还有职场里相互帮助的同事及时解围。事实证明，在职场或生活中，我们要严格遵守各行各业的规矩，做事要守原则，不做损人利己的事，才能做好本职工作。

三、下行沟通技巧

（一）学会赞美员工

喜欢听好话、被赞美是人的天性。受到来自社会或他人的由衷赞美，每个人的自尊心和荣誉感都会得到满足。人们由于他人对自己的赞赏而感到愉悦和鼓舞时，不免会对说话者产生亲切感，从而使彼此之间的心灵靠近，更容易在沟通中接受对方的观点。

生活实践告诉我们，经常赞美孩子的父母会使家庭充满幸福和快乐，经常赞美学生的教师会赢得学生的信赖，经常赞美员工的领导会提高他在员工心目中的威望，而使本单位工作不断出现新的起色。

美国钢铁公司第一任总裁查尔斯·史考伯在谈到他成功的秘诀时说："那些能够使员工鼓舞起来的能力，是我拥有的最大资产，而使一个人自身能力发展至极限的最好办法就是赞赏和鼓励他。"

实验心理学研究表明，人在受到赞扬后的行为，要比受到训斥、批评后的行为更为合理、更为有效，且赞扬能释放出人的某种能量。领导者如果通过真诚的赞扬来激励员工，他们会自然地显示出友好与合作的态度来。赞扬之于人心，如阳光之于万物。员工如果经常听到真诚的赞美，就会感到自身的价值获得了领导的肯定，有助于增强自尊心、自信心。

一般来说，领导赞美员工要做到以下几点。

(1) 选准时机。领导要选择员工急需鼓励的时刻，当看到他们的微小进步时，要及时予以赞美。最有实效的赞美不是"锦上添花"，而是"雪中送炭"，那些因被埋没才能而产生自卑感或身处逆境的员工，一旦被领导当众真诚地赞美，便有可能振作精神。如果员工取得成绩后没有得到及时的赞美和反馈，员工便无法知道自己的表现是否符合领导的要求，担心自己是否做得不够好，工作热情就会受到打击。

(2) 注意场合。赞美的效果在于见机行事、适可而止，领导者要注意在场人数的多寡，选择恰当的赞美方式。员工单独在场时，不管哪方面的赞美话语，都不会引起他的不自在。但如果多人在场，你赞美其中一人，有些赞美话语就会引起其他在场者不同的心理反应。例如，领导总结表扬一个阶段的员工的良好表现，则应该在众人面前进行赞美，以树立榜样，形成舆论，推动工作的开展。

(3) 明确具体。领导要从具体的事件入手，善于发现员工的长处，并不失时机地予以赞美。赞美用语越翔实、具体，说明你越了解员工，对他的长处和成绩越看重，使员工感受到你的真挚、亲切和可信，这样你们之间的距离就会越来越近。

(4) 把握"度"。领导者要尽量如实赞美，不能任意夸大，随意拔高。如果领导者在表扬员工时随意夸大事实，把员工的朴素想法拔高到理想化的境界，可能会产生如下消极后果：其一，会使被表扬的员工产生盲目的自满情绪，自我欣赏、不求进取；其二，会造成其他员工的逆反心理，其他员工会不服气、反感和生厌，容易在今后的工作中为被表扬的员工设置障碍。

（二）化解员工抱怨

当员工认为自己受到了不公正的待遇时，就会产生抱怨情绪，如果不能及时处理，可能会降低员工的工作积极性，在长期的抱怨之下，员工甚至会出现离职、罢工的行为。

日本松下电器创始人松下幸之助有句口头禅："让员工把不满讲出来。"他认为这一做法可以使管理工作多了快乐，少了烦恼；人际关系多了和谐，少了矛盾；上下级之间多了沟通，少了隔阂；企业与员工之间多了理解，少了对抗。

抱怨并不可怕，可怕的是领导者没有体察到这种抱怨，或者对抱怨的反应迟缓，从而使抱怨的情绪蔓延下去，最终导致管理工作更加混乱并激化矛盾。

实际上，80%的抱怨是针对小事的抱怨，或者是不合理的抱怨，它来自员工的习惯或敏感。对于这种抱怨，领导者可以通过与抱怨者平等沟通来解决。20%的抱怨是需要领导者做出处理的，它往往是因为领导的管理或某些员工的工作出现了问题。

面对员工的抱怨，领导者必须谨慎地处理，不可置之不理，轻率应付。化解抱怨的关键是及时、公正、公平、沟通。在抱怨刚刚出现，还没有转成正式抱怨时，领导者主动追查原因并进行处理是消除抱怨的最佳方法。

在处理员工抱怨时，领导者要做到以下几点。

(1) 尊重员工，耐心倾听。其实员工的抱怨有时无非是为了缓解心中的不快，领导者面对员工的抱怨应该坦然接受，并尊重他们的发言权。当你发现员工在抱怨时，可以单独沟通，让他倾诉，你需要做的就是认真倾听。只要你能让他在你面前抱怨，你的沟通就成功了一半，因为你已经获得了他的信任。

(2) 了解抱怨的起因。所谓"无风不起浪"，任何抱怨都有起因，除了从抱怨者口中了解事件的原委以外，领导者还应该听听其他员工的意见。在事情没有完全了解清楚之前，领导者不应该发表任何言论。过早地表态，只会使事情变得更糟。领导者要根据员工抱怨的实际情况，对抱怨的问题进行分类：到底是属于员工的日常事务型的抱怨，还是属于想为部门或者企业着想而反映问题但没有办法解决的抱怨，或是一些骨干员工在思想认识上因对一些事不理解而产生的抱怨，等等。

(3) 果断处理，不留后患。在听取抱怨者的抱怨和意见后，领导者要对员工提出的问题做认真、耐心的解答，并且对员工不合理的抱怨进行友善的批评。领导者如果打算解决问题，就应立即采取行动；如果不准备采取行动，也应告诉员工其中的原因。领导者在处理时，应当形成一个正式的决议向员工公布。领导者在公布时，要注意认真详细、合情合理地解释这样做的理由，而且应当有安抚员工的相应措施，做出改善的行动，不要拖延，不要让员工的抱怨越积越深。

(4) 处理员工抱怨的"二要"如下。

一要笑脸相迎。有些领导听到员工抱怨就皱眉头，一脸不高兴，这是极端错误的。他们认为，抱怨来了，麻烦来了。其实，领导者应当这样理解：抱怨来了，信息来了，好事来了，我们改进工作的机会来了。

二要敢于面对管理缺点。对于员工的抱怨，如果证明确实是管理问题，领导者应当勇于承认，承诺改正。这样不仅不会损伤自己的威信，反而会提高自己的领导力水平。

（5）处理员工抱怨的"四不要"如下。

① 不要忽视。领导者不要认为，对出现的困境不加理睬，它就会自行消失；不要认为你对员工表扬几句，他就会忘掉不满，过得快快活活。事情并非如此，没有得到解决的不满将在员工心中不断发酵。他会向他的朋友和同事发牢骚，他们可能会赞同他，这就是你遇到麻烦的时候，因为忽视小问题，结果却变成大问题。

② 不偏不倚。领导者要掌握事实，掂量事实，然后做出公正的决定，做出决定前要弄清楚员工的观点。领导者如果对抱怨有了真正的了解，或许就能够做出支持员工的决定。领导者在有事实依据、需要改变自己的看法时，要当机立断。

③ 不要回避。领导者不要怕听抱怨。"小洞不补，大洞吃苦"这句话说明在萌芽阶段要重视，不要对抱怨置之不理，否则员工可能会从抱怨转变为愤恨不平。领导者在答复一项抱怨时，要触及问题的核心，正面回答；不要为了避免不愉快而绕过问题，要把问题明确地说出来，且答复要具体、明确，不兜圈子。

④ 不要发火。领导者要认真倾听员工的抱怨，既尊重员工，又能了解事情原委。例如，一位打字员表面上在抱怨他的打字机不好，而他真正抱怨的是档案员打扰了他，使他经常出错。因此，领导者要认真地听对方在说些什么，要听弦外之音。当心绪烦乱时，容易失去控制，无法清醒地思考，可能轻率地做出反应，因此，领导者在处理时要保持镇静。领导者如果觉得自己要发火了，就把谈话推迟。

（三）激励的"法宝"

激励员工高效工作，是领导者的日常沟通工作之一。

谈到激励，人们往往会理所当然地认为，只要给员工优厚的薪酬待遇，员工便会按照领导者的既定要求工作。实际上，一项关于员工为什么留在企业的权威调查显示，使得员工决定留在企业的几项因素是成就、对成就的认可、工作本身、责任和晋升，而金钱排在最后。

管理大师德鲁克对在经营上取得巨大成功的企业的研究中发现，在进行员工激励的过程中，他们除了关注员工福利待遇外，更加关注员工的个性化需求；更加注重通过培训使得员工更快地成长；更加乐意通过分配给员工具有挑战性的工作，使得员工获得成就感。他们的公司到处充满了人性化的管理氛围，员工的每一种工作都会受到足够的尊重，员工与企业领导是合作伙伴的关系而非简单的雇佣关系，员工可以快乐、轻松地工作。

为了调动员工的工作积极性，领导者通常采用以下几种激励方法。

（1）薪酬激励。薪酬待遇不仅是员工生活的保障，还是社会地位、角色扮演和个人成就的重要标志，必须体现多劳多得、公平公正的原则，与业绩紧密挂钩。

（2）荣誉激励。荣誉激励主要指以发奖状、证书、记功、表扬等形式对员工的工作加以肯定。对于员工不要吝惜一些头衔、名号，因为它们可以换来员工的认同感，从而激发员工的工作积极性。

（3）工作激励。工作激励主要指工作的多元化和职务晋升，它可以增加员工的成就感，促使员工发挥潜能。

（4）关怀激励。领导者在日常工作中要多和员工沟通，工作间隙也可以和员工聊天，多关心他们的身体健康和家庭生活，对其在生活中遇到的困难，要给予理解、帮助，让员工感到领导者不仅关注他们的工作，还像对自己的家人一样关注他们的健康、生活。

(5) 目标激励。领导者通过下达目标对员工进行管理，当组织最高层领导确定了组织目标以后，必须对其进行有效分解，转变成各个部门以及个人的分目标，领导者根据分目标的完成情况对员工进行考核、评价和奖惩。

(6) 参与激励。领导者在工作中尽量让员工参与决策，共同研究工作，引导员工开动脑筋，找出好的答案。员工体会到方案的提出也有自己的功劳，就会在执行中做到既准确无误，又积极主动。

(7) 竞争激励。领导者将竞争机制引入内部管理，激发员工的内在动力，提高员工的自身素质。群体内部有相互带动作用，如果某个人有优秀的表现，起到很好的榜样作用，其他人也会效仿，从而使整个团队受到激励，充满活力。

(四) 恰当的批评方式

表扬和批评是下行沟通中常用的两种方法，也是领导必须掌握和运用好的最基本的艺术。员工有了成绩，领导应及时加以肯定和赞扬，促其再接再厉、不断进步；员工有了缺点和错误，领导应及时指出并加以批评，以免员工在错误的道路上越走越远，甚至出现更大偏差而影响全局工作。

批评是一门艺术，既要让对方认识到错误的危害性，又要做到不伤害对方的自尊，使对方能够欣然接受，并且能增进双方的信任感，在实际管理过程中往往很难同时做到。然而，没有人愿意被他人指责和批评，不恰当的批评方式并不能使别人产生永久的改变，反而会引起愤恨。

【拓展阅读2-7】

职场批评的艺术技巧

小陈和陈主管非常熟悉。小陈有开会踩点到，甚至迟到的毛病，陈主管批评了多次，总也不见小陈改正。有一天开会，小陈又迟到了5分钟。陈主管正主持部门会议，见小陈进来，慢悠悠地说："小陈今天值得表扬，这是他今年以来第一次准时到会。"

小陈看了看手表，心中大惑不解，嘴里便脱口而出，道："不是两点开会吗？现在……"话刚说出口，便自觉十分不妥，想要收回去已经来不及了。

李经理笑着说："是两点半开会，只是我们照顾你，你的通知上写的是一点五十分。"

大家哄的一声笑起来，小陈满脸通红。

陈主管会后给找小陈谈了一次，之后，小陈再也没有迟到过。

批评是人际交往中最难把握的一种表达形式。在生活中，我们常会遇到此类情景：在公共场合中，某人如果不讲方式、得理不让人，居高临下地批评、指责对方，试图把自己的观点强加给对方，往往会事与愿违。此时，即使对方明知自己错了，也往往会强词夺理，或者干脆拂袖而去，场面十分尴尬。

因此，批评必须选择恰当的时机，最好是选在没有第三者在场时，不然受批评者会认为是你故意让他当众出丑，自然会产生抗拒心理。

俗话说："良言一句三冬暖，恶语伤人六月寒。"批评者要根据具体情况灵活运用比喻、暗示、商讨、提醒等容易被对方接受的形式。一般来说，和风细雨式的批评比较容易被他人所接受，而疾风骤雨式的批评让他人难以忍受。古人说："攻人之恶，毋太严，要思其堪受。"不同的人因经历、文化程度、性格特征、年龄等不同，对批评的承受能力和方式也有很大的区别，这就要求领导者根据不同批评对象的不同特点，采取不同的批评方式。例如，对于生性固执或自我感觉良好的员工，领导者可以直白地告诉他犯了什么错误，以期对他有所警醒；对于性格内向、对别人的评价非常敏感的员工，领导者可以采用鼓励、委婉的批评方式。另外，对于严重的错误，领导者要采取正式、公开的批评方式；对于轻微的错误，领导者则可以私下点到为止。

以下是几种比较有效的批评方式。

(1) 三明治批评法。先表扬、后批评、再表扬，这种批评方式就像三明治，在面包的中间夹着其他东西，被我国台湾地区和日本的管理人员广泛应用。三明治批评法使用积极、正面的语言去表达消极、负面的信息，使受批评者同时受到鼓励和鞭策，效果十分显著。

(2) 对事不对人批评法。批评他人，并不是批评对方的人格、品性，而是批评他错误的行为，领导者千万不要把对员工错误行为的批评扩大到对其个人攻击上。对事不对人批评法，既能点出问题，令对方受到震动，又能维护对方的自尊，给其改正的机会，使对方更容易接受。

(3) 单独场合批评法。曾国藩说："扬善于公庭，规过于私室。"人犯错后，受不了的是大家对他群起而攻之，因为这伤害了他的自尊，他也许会承认错误，但无法接受这种批评方式，这将使他对领导、对同事充满敌意，甚至会以牙还牙。领导者如果希望自己的批评取得效果，最好选在单独场合(如独立的办公室、安静的会议室)对员工进行批评教育。

(4) 启发式批评法。对自觉性较高的员工，领导者应采用启发式批评法。例如，有人在挂着"禁止吸烟"的牌子下吸烟，领导者发现后，递给抽烟者每人一支烟说："老兄，如果你们到外面抽，我会感谢你们的。"领导者采用启发式批评法，既能提高自己的威望，也能获得员工的敬重。

（五）下行沟通要认可

【拓展阅读2-8】

《穿普拉达的女王》电影(摘选)

在这部影片中，刚从大学毕业不久的女孩安德丽娅·桑切丝(安妮·海瑟微饰演)是一位非常努力且十分聪明的员工。她有着强烈的成就动机，想把工作做好。但她的顶头上司是时尚圈呼风唤雨的女总编米兰达，在与安德丽娅沟通时经常批评和指责，这对刚刚进入职场的她来说打击十分大。

安德丽娅未能完成米兰达的要求，没有给米兰达安排到飞机以赶回来参加女儿的演出。第二天一早，在办公室有了这样一段对话。

米兰达："姑娘们的朗诵很精彩，她们演的是拉赫曼尼诺夫，大家都喜欢，除了我以外，因为不幸的是，我不在场。"

安德丽娅："对不起。"

米兰达："你知道我为什么会录取你吗？我以前用过一个如同你一样高的女孩，她有品位、有性格，全身心向往着我们的杂志。结果呢，却令人失望，简直就是愚蠢。此时，你出现了，我觉得你是一个与众不同的人，简历非常出色，而且你口口声声说自己是一个工作狂。所以，我觉得你真的与众不同，我觉得应该给你一个机会，就录取了这个聪明的，却比较胖的女孩吧。我充满希望。上帝啊！结果却什么都没有，你给我的失望绝对比所有过去的人给我的失望都大。"

安德丽娅(呜咽)："我已经尽了最大的努力，我……"

米兰达："行了，就这样吧。"

资料来源：《穿普拉达的女王》(2006年由大卫·弗兰科尔执导的电影)，编者有删改

在这段对话中，双方都不愉快。安德丽娅未能完成领导米兰达交给她的任务，第二天来到米兰达的办公室里，与米兰达进行沟通，面对的更多的是领导对她的失望和指责。我们可以清楚地看到，这种批评和指责对于安德丽娅来说是非常痛苦、难以接受的事情。

这种批评的后果就是，安德丽娅在整个被批评的过程中考虑的都是为自己辩解，而不是从内心接受米兰达的意见。从米兰达办公室跑出去的安德丽娅，见到其同事——资深设计师奈丘尔后的第一句话就是哭着说，"她(米兰达)恨我"。这种因事而转为对人的情绪对抗，往往是企业中存在的隐患。

安德丽娅这样的员工属于成就动机非常强的员工，她非常努力，也非常渴望把事情做好。这样的员工最需要的是获得领导认可。领导应该给予这类员工足够的认可，尽量不要批评员工，而是对员工进行赞扬和激励。资深设计师奈丘尔更加懂得如何与安德丽娅进行沟通，几句话就点醒了安德丽娅，让她开始从自身找原因，推动她成了一名成功的白领。

（六）经常进行下行沟通

作为管理者，应经常进行下行沟通。下行沟通的方式有口头沟通、书面沟通和其他沟通等。在传递信息的过程中，下行沟通起积极的作用。但就最快的、最理想的下行沟通形式看，口头沟通是最佳选择，它是以口语形式出现，在直接接触的情形中，有助于提高人们的参与感。书面沟通通常以文字形式出现，便于组织记录和储存。其他沟通指非语言、非文字的沟通形式，包括动作、表情等，或者指借助工具沟通等。

【拓展阅读2-9】

这里是研发重地，请不要随意进来

华为实验室是华为的核心部门，任正非对于这个部门也是非常重视的，这里面最宝贝的便是两样东西：人才和设备。任正非路过实验室，无意之间看见一个工程师竟然在打游

戏，这让任正非的火气直接上来了，但是考虑到自己对技术方面不了解，还是强压住火气，淡定地问道："电脑打游戏会不会卡？"

工程师看到任正非也不怂，直接回复道："任总，研发重地，非请勿进，请你离开。"任正非没想到竟然听到了这样的回答，接着便听话地离开了实验室。刚到办公室的任正非便收到了总工程师郑宝用的电话，原来任正非离开之后，工程师便直接向郑宝用报告了这件事情，郑宝用知道后先是让工程师放心，接着便给任正非打电话。

郑宝用说道："任总，我们工程师说话有点直，你别放在心上，那个电脑的事情我给你讲解一下，等实验结果是一个非常漫长的过程，所有工程师会玩游戏等结果出来，而且工程师们玩的还是系统自带的游戏，并不会影响电脑的运行……"任正非直接打断他的话，说道："这件事我没放在心上，他说得挺对的，实验室竟然没有贴非请勿入的标语，这是我的失职，要是其他人也随意进入，实验室成了什么样子？"

郑宝用知道任正非的意思之后，说道："任总，我明白了。"第二天，实验室门口便被贴上了"研发重地，非请勿入"的标语，任正非正是因为经常与不同的下属进行沟通，才能及时了解公司的基层情况，发现问题，并指导不同的下级部门开展工作。

资料来源：《华为工程师对任正非说：这里是研发重地，请不要随意进来》，椰子老师，https://3g.163.com/dy/article_cambrian/GTBC3GRO05446OPH.html/，编者有删改

四、平行沟通技巧

平行沟通又称横向沟通，指平级间进行的与完成工作有关的交流。

平行沟通的优点：

(1) 它可以使办事程序、手续简化，节省时间，提高工作效率。

(2) 它促使企业各个部门之间相互了解，有助于培养员工整体观念和合作精神，克服本位主义倾向。

(3) 它可以增加员工之间的互谅互让，培养员工之间的友谊，使员工提高工作兴趣，改善工作态度。

平行沟通的缺点：

(1) 头绪过多，信息量大，易造成混乱。

(2) 平行沟通，尤其是个体之间的沟通可能成为员工发牢骚、传播小道消息的一条途径，造成涣散团体士气的消极影响。

在与领导、下级、平级之间的三种沟通中，平行沟通是最为困难的。让企业领导非常头疼的一件事是部门之间的不协调：各部门互相不配合、互相扯皮、互相推诿。平行沟通中最大的问题是我不和你谈。比如，与财务部有疙瘩，我去向营销部讲，我去和别人讲，我就不和你当事人讲，或者即便是讲了，对方也不积极响应，可当要财务部办理报销，财务部就是不报销时，说账上没钱，这款付不了。所以大家感觉部门之间沟通难，实际上是因为这种沟通不是真心的，不是发自肺腑之言。

平级关系是一种横向关系，组织机构中具有相对等同职权地位的人之间，既没有奖的

手段，也没有罚的权限。平级之间沟通合作，没有"应该"和"必须"。现代化生产经营靠的是各部门的共同协作，只有平级之间沟通畅通了，整个组织才能正常、良好地运转。

（一）主动表达善意

平级的领导者之间在组织机构中处于同等位置，不能用命令、强迫、批评等手段达到自己的目的，只能通过建议、辅助、劝告、咨询等方法进行沟通，有点类似普通人之间的日常交往。

人与人之间在刚开始交往时，都免不了存一点戒心，这是十分正常的。部门之间也如此，虽然都在一家企业工作，但各部门也有自己的利益，总怕被其他部门抢走了头功。

这个时候，心胸开阔、有远见的领导者通常会主动表达善意，以此消除对方的顾虑，使双方形成良好的互动沟通。

【拓展阅读2-10】

互动沟通的良好效应

某企业领导发现企业的财务部和营销部长期缺乏沟通，两个部门因为一些事情长期互相扯皮，影响了企业的声誉。

一天，他召集两个部门的经理，与他们推心置腹地沟通后才了解问题的症结所在，原来是因为两个部门的员工背地里互说对方部门的坏话，才使两个部门长期存在隔阂。财务部说营销部是"烂好人"，总把客户直接带到财务部讨债。财务部为了能把企业的流动资金多周转一次，对外谎称企业账户上暂时没有钱，而营销部的人却故意拆他们的台，说企业的账户上明明有钱，让他们马上给钱。

两个部门的经理通过企业领导的细心调解，都进行了自我批评，相互赔礼道歉，表示会严格管束部门下属，团结一致，努力让企业的产品在市场上有个好销量。关于客户付账等涉及两个部门流程的问题，两个部门的经理也会好好坐下来商讨并制定相应的流程规则，防止冲突再次发生。

从这以后，这两个部门经常密切沟通，工作也逐渐协调了起来。

（二）不旁观，不错位

在足球场上，每位球员都积极主动地相互配合，当队友防守出现漏洞时其他队员要及时补上，同时守好自己的位置，不能随便改变自己队友的角色身份。

企业组织的各部门在协调沟通的过程中，也要像足球比赛一样，见到空位及时主动补救，不能袖手旁观。如果需要别人配合你，最好自己先提供协助，别人才会愿意配合你、协助你。所以，部门领导平时要主动地、有意识地给其他部门提供方便或帮助，自己先做出一些贡献，然后再请求配合，共同谋求双赢。

要做到不旁观、不错位，领导者平时就要去了解其他部门的工作目标，了解其他部门领导对本部门管理的重要性，了解本部门对其他部门的影响，还应该了解本部门怎样配合其他部门才能让双方满意。这样，领导者才会知道对方有什么需求，知道领导部门有什么资源，也才会知道工作运作到什么程度，对方需要什么样的支持。如果有了这样基本的认识，领导者就知道应该怎样配合，沟通就会变得积极主动和恰到好处。

【拓展阅读2-11】

八面玲珑的沟通能力

在《人世间》中，周秉昆(周家小儿子，雷佳音饰演)不是最有文化和最有钱的，却是生活、工作中上上下下最处得来的。周家一共有三个孩子，即周秉义、周蓉和周秉昆。周秉昆虽最小，但他从不娇气、赌气与任性。他的父亲常年在外地工作，而他的大哥周秉义为了国家去了建设兵团，他的姐姐周蓉为了追求个人理想去了贵州大山支教，而他对大哥、大姐没有任何怨言和不满，甘心留在了家里担起了照顾母亲、操持家里生活的职责。在生活中，他不仅把母亲照顾得很好，还充当了母亲和父亲、哥哥之间的通信员，如写信、念信，是母亲嘴里常夸"这个老疙瘩最孝顺"的孩子。后来即使知道郑娟(殷桃饰演)被人强奸还怀了孩子，他还是娶了郑娟，一起把自己的小家经营得非常和谐美满。

在光子片区，周秉昆和街坊邻里的关系也处得很和睦，他总是设身处地为他人着想，哪家需要出力他就出力，哪家需要用钱即使他周秉昆并不富有但也多少出点。

周秉昆对家人无私奉献，对待朋友也足够仗义。木料厂兄弟孙赶超和于虹结婚后没地方住，周秉昆和郑娟商量结婚后，把郑娟的老房子借给赶超；自己的发小国庆和吴倩两口子也遇到了没有房子的困难，周秉昆在买了新房子后，把老房子借给了国庆。

在工作方面，周秉昆后来在出版社工作之后，和领导、同事都建立起良好的关系，尤其是作为饭店的负责人，他把生意打理得井井有条，上上下下处理得不错。自己的生活和工作渐渐步入佳境的时候，他也不忘好心地把国庆的媳妇吴倩和孙赶超的妹妹孙小宁都安排进了出版社下设的图书馆工作。

总之，周秉昆身边的所有人，无论亲戚还是朋友都得到过周秉昆的帮助，他们也高度评价了周秉昆的为人处世。

资料来源：《人世间》(2022年由李路执导的电视剧，根据梁晓声的同名小说改编)，编者有删改

《人世间》中的周秉昆善于为他人着想，在别人最需要帮助的时候主动伸出援手，赢得对方的好感，从而使自己的人脉关系网越来越牢固。

所谓"补位"，指在生活中或工作中有人"缺位"的情况下，其他人主动地把看似分外的工作暂时承担起来，避免因人员"缺位"而造成生活或工作上的损失。这在家庭生活或者工作岗位上既是团队精神的生动体现，也建立了平级部门之间互助互利的友好合作关系。

所谓"不错位"，是指严格遵守职责分工，不无故超越自己的职权去做不该管、不能管的事情，以免"种了别人的地，荒了自家的田"，甚至还可能被说成"狗拿耗子——多管闲事"。

在平级沟通中，要做到人人都说好十分不容易，因此必须把握好一言一行。在平级沟通中，应注意以下几点。

(1) 说话语气平和，用词恰当。常言道："说者无心，听者有意。"作为一名领导者，必须时刻注意自己的措辞：表达意思时，尽量多用"请""谢谢"等敬语，少用"你给我……"

等命令式语言；表示不同的意见或批评时，尽量委婉表达，切忌直接否定或嘲讽。

(2) 为人低调，不要自吹自擂。平级之间通常都过高看重自己的价值，而忽视他人的价值：有功劳，大家都去抢；遇到问题，则尽可能把责任推给别人。这些做法都不利于沟通。正确的做法是，敢于承认自己的不足，从对方的成功中学习经验，聪明的领导者要善于学习别人的长处，对同级部门的支持与配合要表示真诚的感谢，有时一个眼神、一声问候、拍一下肩膀、表示一下谢意，都是非常重要的。

(3) 不要随意与同事唱反调。与同事谈话，适当发表个人见解是可以的，但不能一味地唱反调以示聪明。有这种习惯的人，其朋友、同事多半会疏远他，没有人肯向他提建议，更不敢给忠告。他也许本来是很不错的一个人，可不幸的是养成了爱与人抬杠、唱反调的习惯，结果别人都不喜欢他。当同事提出一个意见时，我们即使不能表示赞同，也要表示可以考虑，不要马上反驳。

(4) 适当恭维一下同事。在与同事进行语言沟通时，恭维的话说得适当，不仅能加强与同事的关系，还能避免是非，甚至化解是非。当人们听到对方的吹捧和赞扬时，心中会产生一种莫大的优越感和满足感，自然也会高高兴兴地听取对方的意见。与同事相处，如果能发现别人的特长和喜好，恰到好处地恭维，可以起到融洽关系的作用。

（三）相互补台不拆台

俗话说："宁在人前骂人，不在人后说人。"意思是，别人有缺点或不足之处，你可以当面指出，令他改正，但是千万别在背后乱说。这样的人，不仅会令被说者讨厌，也会令听者讨厌。

平级沟通也很忌讳当面不说，背后乱说。在背后说同事坏话的人肯定没有好的人缘，因为他的话很容易传出去，他今天说这个同事不好，明天说那个同事不行，凡是有点头脑的人都会这么想：这次你在我面前说别人的坏话，说不定下次你就可能在别人面前说我的坏话。这样一来，他就会成为同事中不可信任的人。

【拓展阅读2-12】

有一种君子之交，叫作"管仲与鲍叔牙"

春秋时期，管仲和鲍叔牙是好朋友。管仲家里比较穷，鲍叔牙比较富有，但是他们之间彼此了解、相互信任。早年他们合伙做生意，管仲出很少的本钱，分红的时候却拿很多钱。鲍叔牙毫不计较，他知道管仲的家庭负担大，还问管仲："这些钱够不够？"有好几次，管仲帮鲍叔牙出主意办事，尽管把事情办砸了，鲍叔牙也不生气，还安慰管仲，说："事情办不成，不是因为你的主意不好，而是因为时机不好，你别介意。"

管仲曾经做了三次官，但是每次都被罢免。鲍叔牙认为不是管仲没有才能，而是因为管仲没有碰到赏识他的人。管仲参军作战，临阵却逃跑了，鲍叔牙也没有嘲笑管仲怕死，他知道管仲是因为牵挂家里年老的母亲。

后来，管仲和鲍叔牙都从政了，当时齐国朝政很乱，王子们为了避祸，纷纷逃到别的国家等待时机。管仲辅助在鲁国居住的公子纠，而鲍叔牙则在莒国侍奉另一位齐国公子小白。不久，齐国发生暴乱，国王被杀死，国家没有了君主。公子纠和公子小白听到消息，急忙动身往齐国赶，想抢夺王位。两支队伍正好在路上相遇，管仲为了让公子纠当上国王，就向公子小白射了一箭，谁知正好射到公子小白腰带上的挂钩，没有伤到公子小白。后来，公子小白当上了国王(历史上称为"齐桓公")。

齐桓公一当上国王，就让鲁国把公子纠杀死，把管仲囚禁在鲁国。鲍叔牙说："治理国家，我不如管仲。管仲宽厚仁慈，忠实诚信，不仅能制定规范的国家制度，还善于指挥军队。这都是我不具备的，所以陛下要想治理好国家，就只能请管仲当丞相。"齐桓公不同意，他说："管仲当初射我一箭，差点儿把我害死，我不杀他就算了，怎么还能让他做相？"鲍叔牙马上说："我听说贤明的君主是不记仇的。更何况当时管仲是为公子纠效命。陛下如果想称霸天下，没有管仲就不能成功。您一定要任用他。"齐桓公终于被鲍叔牙说服了，把管仲接回齐国。

管仲回到齐国当了丞相，而鲍叔牙却甘心做管仲的助手。在管仲和鲍叔牙的合力治理下，齐国成为诸侯国中最强大的国家，齐桓公成为诸侯王中的霸主。

资料来源："有一种君子之交，叫作"管仲与鲍叔牙"，https://baijiahao.baidu.com/s?id=16562511625 27705060&wfr=spider&for=pc，编者有删改

没有鲍叔牙的推荐，管仲不会得到齐桓公的重用；没有管仲，鲍叔牙也不能辅助齐桓公，他们亲密无间、彼此信任的关系成为千古传颂的佳话。

相互补台不拆台，就要做到面对面批评、背对背支持，我们要从以下几方面培养自己：

(1) 不随意批评同事，这是与同事进行友好沟通的首要原则。不得不批评的时候，要出于善意，说话要婉转，指出同事有错误的地方，但同事做得正确的地方也应该加以赞扬，这样对方才会心悦诚服。

(2) 严于律己，宽以待人。不斤斤计较个人得失，对人要忠厚、宽让。

(3) 真诚待人，为对方着想。不要动辄以教训的口吻指责同事，要注意维护同事的自尊。

课 后 练 习

1. 讲述自己在生活中失败的沟通情景。

实训目标：让学生初步了解沟通的规律与障碍，进一步训练学生的表述力、肢体语言与声音语言的表现力，提供案例分析。

实训内容：举一个自己的经历，分析原因。

实训步骤：案例表述→原因分析→教训启发→同学点评(包括语言表现)→记录。

2. 讲述自己在生活中成功的沟通情景。

实训目标：让学生初步了解沟通的规律，进一步训练学生的表述力、肢体语言与声音语言的表现力，提供案例分析。

实训内容：举一个自己的经历，分析原因。

实训步骤：案例表述→原因分析→教训启发→同学点评(另包括他的语言表现)→记录。

3. 自我测试：你说服领导的能力。

一贯如此(3分)　　经常如此(2分)　　很少如此(1分)

(1) 自始至终保持自信的微笑，并且音量适中。

(2) 善于选择领导心情愉悦、精力充沛的时机。

(3) 已经准备好详细的资料和数据以支持你的方案。

(4) 对领导将会提出的各种问题胸有成竹。

(5) 语言简明扼要，重点突出。

(6) 和领导交谈时亲切友善，能充分尊重领导的权威。

4. 沟通自检。

(1) 在沟通中，我与对方保持目光交流。

(2) 在我与别人沟通时，我会让对方陷入思索中，对方也会对我说："这真是个好问题。"

(3) 对于一些问题，我会从他人的角度看待和理解。

(4) 我认真听，即使我的观点被否定了。

(5) 在交谈时，我能够通过观察得知别人的态度。

(6) 如果其他人不同意我的看法，我能做到不心烦，特别是其他人没有我有经验时。

(7) 当我批评人时，我确信我提到的是人的行为，而不是人本身，即在工作中对事不对人。

(8) 我解决问题能控制感情。

(9) 我会提供其他信息让对方明白，我很在乎这件事。

(10) 在下行沟通时，我可以做到清楚且能很好地解释他们的想法。

(11) 当不理解一个问题时，我会提出需要解释。

(12) 我与对方交流时，给予对方反馈，尤其是在对方希望有所反馈时，避免对方有独白的感觉。

(13) 当沟通出现争议时，我会注意改变话题。

(14) 在给别人打电话时避免要求什么。

5. 自我趣味测试：工作环境中的沟通水平(教师应根据实际情况对每个答案进行具体分析)。

(1) 你的直属领导的领导邀你共进午餐，回到办公室，发现你的领导颇为好奇，此时你会：

① 告诉他详细情况。

② 不透露任何情况。

③ 粗略描述，淡化内容的重要性。

(2) 当你主持会议时，有一位员工一直以无关的问题干扰会议，此时你会：

① 要求所有的员工先别提问题，等你讲完。

② 纵容下去。

③ 告诉此员工在预定的议题讨论完之前先别提出新的问题。

(3) 你与领导正在讨论问题，有人打长途电话给你，此时你会：

① 不接电话。

② 接电话，而且该说多久就说多久。

③ 让人转告对方说你在开会，一会儿回过去。

(4) 有位员工连续 4 次在周末向你提出要求提前下班，此时你会告知对方：

① 我不能同意了，否则他人会有想法。

② 今天不行，下午 4 点我要开个会。

③ 你对我们相当重要，我们需要你，特别是在周末。

(5) 你刚刚成为部门主管，你知道还有几个人关注这个职位，上班的第一天，你会：

① 个别找人谈话，确认有谁想当这个部门的主管。

② 忽略这个问题，并认为情绪的波动会很快过去。

③ 把问题记在心上，但立即投入工作，并开始认识每一个人。

(6) 有位员工对你说："有件事本不应该对你说，但不知你听说没有——"此时，你会说：

① 我不想听办公室的流言。

② 跟公司有关的事情我才有兴趣听。

③ 谢谢你告诉了我怎么回事，让我知道了详情。

第三章
职场态势语言训练

　　美国心理学家艾帕尔曾说，"人的感情表达由 3 个方面组成：55%的体态，38%的声调，7%的语气词"。人类学家霍尔曾说："一个成功的交际者不但需要理解他人的有声语言，更重要的是要观察他人的无声信号，并且能在不同的场合正确使用这种信号。"由此可见，态势语言在职场沟通与交际中有多么重要。

　　态势语言，也称为身体语言、肢体语言、无声语言，它能帮助我们表情达意，强化思想感情。所以，有人称之为语言交际过程中的"第二种表现方式"。

　　态势语言包括动态语言和静态语言两种。动态语言包括表情以及头、手的姿势，静态语言包括站姿、坐姿、服饰等。态势语言在沟通与交际的过程中使用范围极广，使用频率也极高。在沟通与交际中恰当、灵活地运用态势语言，可以辅助口语以更好地表情达意；可以强调、解释、补充有声语言的意义，加深有声语言的语感；可以使观众视听相随地获得更清晰、更精确的信息；可以有助于职场人士形象地展示，使职场人士的讲话更具感染力、鼓动性。

第一节　眼　神　技　巧

　　人的面部表情像一部包罗万象的百科全书，丰富多彩、千变万化，内中蕴含着巨大的感情容量。但神情的表露更在于用眼传神。英国生物学家达尔文在《人类和动物的表情》一书中，把眼睛的活动变化作为人类情绪书的表征。《孟子·离娄上》中记载："存乎人者，莫良于眸子。眸子不能掩其恶。胸中正，则眸子了焉；胸中不正，则眸子眊焉。听其言也，观其眸子，人焉廋哉？"这说明人的眼睛是能够表达思想情感的，甚至能表达用言语难以表达的极其微妙的思想情感。人们内心的隐衷、胸中的秘密，总是自觉不自觉地流露于多变的眼神中。一般来说，不同的眼神蕴含不同的情感：目光明澈表示胸怀坦荡，目光狡黠表示心术不正，目光炯炯表示精神焕发，目光如豆表示心胸狭窄，目光执着表示志怀高远，目光浮动表示轻薄浅陋，目光睿智表示聪明机敏，目光呆滞表示心事重重，目光坚毅表示自强自信，目光衰颓表示自暴自弃。另外，故弄玄虚的眼神是高傲自大的反映，神秘莫测的眼神是狡猾奸刁的反映；似匣剑出鞘般灼灼逼人的目光是正派敏锐的写照，如蛇蝎蛰伏、灰冷阴暗的目光是邪恶刁钻的写照。坦诚者目光像一泓清泉，悠然见底；英武者目光如电掣雷奔，波澜惊绝；典雅者目光似白云初晴，幽鸟相逐；俊秀者目光如玉，珠胎含月；妩媚者目光似素花始香，夏梅初笑；豪放者目光如云风波浪，海天苍苍。如果双眼虚盯前方，旁若无人，则昭示着：我是一个"了不起的人"；如果频频左顾右盼，滴溜溜转，则告诉别人：我"戒心十足"或"心怀鬼胎"等。眼神在职场沟通与交际中具有很大的功用，它可以反映职场人士的交际态度，表达交际者丰富多彩的情感意识。在整个交际过程中，交际者当时的思想情绪、心理变化以及他的品德、学识、性格与审美观等会毫无保留地画在眼睛里的这幅情感图画中，让对方看得清楚、读得准确、得到启迪。俗话说，眼睛是心灵的窗户。作为职场人士，在人际交往中，一定要学会察言观色，洞察人们内心的真实情感；学会用规范、得体的眼神来传达信息、交流感情。

眼神的运用要恰如其分、准确地达到传情达意的目的，必须注意以下几点。

一、注意眼神表达的时间

在与人交流时，注视对方时间的长短会传递不同的信息。心理学研究表明，与人交谈时，其视线接触对方脸部的时间占整个谈话时间的 30%～60%，超过这一时间，可认为对谈话者本人比谈话内容更感兴趣；低于这一时间，可认为对谈话内容和谈话者本人不怎么感兴趣。如果长时间凝视可理解为对私人占有空间的侵略，几乎不看对方则表明他满不在乎，傲慢无礼，或者企图掩饰什么。

美国的亚兰•皮兹说："有些人在我们谈话时会使我们感觉很舒服，有些人却令我们不自在，有些人甚至会看起来不值得信任，这主要是与对方注视我们时间的长短有关。"

二、注意眼神的投向

与人交往中，要适时适度地注意对方。注视的位置要视与对方的人际关系而定。通常，额头上，属于公务型注视，在不太重要的事情和时间也不太长的情况下适用。眼睛上，属于关注型注视。眼睛至唇部，属于社交型注视。眼睛到胸部，属于亲密型注视。如果是亲人，如父母、兄妹、恋人等可采取亲密型注视。它分为近亲密型注视与远亲密型注视两种。前者指视线停留在双眼和嘴部之间的三角形区域，后者指视线停留在两眼和腹部之间的长方形区域。如果是一般社交场合中的人，如领导、朋友、谈判对象等则用社交型注视，即视线停留在眼睛至唇部之间的区域。由此可见，越庄重的场合，视线停留的范围越窄、越专注，这样才能产生一种信任感；相反，视线总游离不定，则给人一种很随意或者不信任感。

在运用眼神进行交流时，还要注意各民族的习惯与文化背景。例如，南欧人常常把注视对方看成冒犯；日本人在谈话时是注视对方的颈部，而不是面部。因此，在眼神交流过程中，我们一定要考虑文化差异的因素。另外，即使是同一民族，即使是亲密型注视，注视妻子、儿子、兄弟姐妹的目光也应有区别，这些都要灵活掌握。

三、注意眼神表示的态度

眼神能表示一种态度。例如，平视，表示平等；斜视，表示失礼；俯视，表示轻视。正确的做法如下：①当与人交谈时，眼神应正视对方的眼、鼻三角区，以示尊重；②当对方沉默不语时，就不要盯着对方，以免加剧对方的不安。在整个眼神交流过程中，我们还要特别注意不要使用向上看的目光，因为这种眼神表达常常会给人一种目中无人、骄傲自大的感觉。眼神运用要主动自然，不要消极游移；要亲切实在，不要故弄玄虚；要画龙点睛，不要闪烁不定；要恰到好处，不要迟滞或眨个不停。总而言之，与人交流时，不能使用下列眼神：

(1) 斜视、俯视、扫视或窥视等轻视、不尊重人的目光。

(2) 上下左右反复扫视对方，不信任或挑衅的目光。

(3) 眼神四处乱飘，显得不够庄重；朝人翻白眼，有藐视的感觉。

(4) 时不时瞟对方一眼，带有鄙视、厌恶的意味。

在人际交往中，合理有效地使用眼神交流，营造一个和谐友好的表达氛围，有利于促进沟通与理解，使交际走向成功。

第二节　表 情 技 巧

表情无非是喜、怒、哀、乐等的变化，它主要集中在脸部。脸部表情是内心情感在脸上的表现，是情绪的外化。根据生理学和神经心理学研究，人的喜怒哀乐等复杂感情在脸上的表露，都是由面部二十四双肌筋的交错收缩与放松造成的。一般认为，脸部表情对有声语言起解释、补充、强化、纠正的作用。脸部表情得当，会使说话者与听者的心理距离消失，使对方的交流进行得更愉快、更默契。

人的脸部表情有多种多样的变化，很难规定。人们不要刻板地按照一个模式去做，一切都要自然流露。但这决不意味着放任。人是有理智的，要学会控制，按照不同的职场社交需要进行处理。

一、表情技巧的一般要求

(1) 有灵敏感。一般来说，脸上的表情应当和有声语言所表达的情感同时产生，并同时结束，过长或过短、稍前或稍后都不好。

(2) 有鲜明感。讲话者所表达的情感既要准确，又要明朗，即每一点微小变化都能让人觉察到，如高兴时应喜笑颜开，忧愁时要愁眉苦脸，激动时要面红耳赤，愤怒时应脸色铁青。一定要克服那种似是而非、模糊不清的表情。

(3) 有真实感。你的表情一定要使人看出你的内心，感觉出这是你心灵深处最真实的东西。

如果让人感到你哗众取宠、华而不实，你的表情技巧再好也是失败的。

(4) 有分寸感。要善于运用表情技巧传达情感并把握一定的度，做到不温不火、适可而止。过火，显得矫揉造作；不及，显得平淡无奇。

二、微笑语言

微笑语言是职场沟通与交际中经常会运用到的一种表情，这种表情能使一个身在职场中的人看起来更理智、更受人尊重。雨果有句名言：“微笑就是阳光，它能消除人们脸上的冬色。”微笑能给观众留下美好、宽厚、平和等好印象，微笑能缩短你和观众之间的距离。

微笑语言的运用技巧有以下几点：

(1) 笑得自然。微笑是发自内心的，是美好心灵的外观。微笑应笑得自然、笑得亲切、笑得美好、笑得得体，不能为笑而笑，用笑装笑。

(2) 笑得真诚。微笑语言既是愉快心情的外露，也是纯真之情的奉送。

(3) 笑得合适。微笑并不是不讲条件的，也并不适用于一切交际环境，它的运用讲究的是艺术。笑得合适体现在以下方面：

首先，场所要合适。当出席一个庄严的集会，或参加一个追悼会，或讨论重大的政治问题时，不宜微笑；当同对方谈一个严肃话题，或告之对方一个不幸的消息，或谈话使对方感到不快时，也不应该微笑，应及时收起笑容。其次，程度要合适。微笑是向对方表示一种礼节、一份尊重，也是自己仪容的展现，应注意程度。笑得没有节制，就会有失身份，引起对方的反感；如果一笑即收敛，就收不到好的效果，总之以适度为宜。最后，对象要合适。面对不同的交际对象，应使用不同含义的微笑语言，传达不同之情，表达不同之意。对同事、朋友、顾客，微笑表示友好；对长辈，微笑表示尊敬；对晚辈，微笑表示慈爱。

【拓展阅读3-1】

微笑的魅力

飞机起飞前，一位乘客请求空姐给他倒一杯水吃药。空姐很有礼貌地说：“先生，为了您的安全，请稍等片刻，等飞机进入平稳飞行后，我会立刻把水给您送过来，好吗？”

15分钟后，飞机早已进入了平稳飞行状态。突然，乘客服务铃急促地响了起来，空姐猛然意识到：糟了，由于太忙，她忘记给那位乘客倒水了！空姐连忙来到客舱，小心翼翼地把水送到那位乘客跟前，面带微笑地说：“先生，实在对不起，由于我的疏忽，延误了您吃药的时间，我感到非常抱歉。”这位乘客抬起左手，指着手表说道：“怎么回事，有你这样服务的吗，你看看，都过了多久了？”空姐手里端着水，心里感到很委屈。但是，无论她怎么解释，这位挑剔的乘客都不肯原谅她的疏忽。

接下来的飞行途中，为了补偿自己的过失，空姐每次去客舱给乘客服务时，都会特意走到那位乘客面前，面带微笑地询问他是否需要水，或者别的什么帮助。然而，那位乘客余怒未消，摆出一副不合作的样子，不理会空姐。

临到目的地时，那位乘客要求空姐把留言本给他送过去，很显然，他要投诉这名空姐。

此时，空姐心里虽然很委屈，但是不失职业道德，显得非常有礼貌，而且面带微笑地说道："先生，请允许我再次向您表示真诚的歉意，无论您提出什么意见，我都会欣然接受您的批评！"那位乘客脸色一紧巴准备说什么，可是却没有开口，他接过留言本，开始在本子上写了起来。

飞机安全降落。所有的乘客陆续离开后，空姐打开留言本，惊奇地发现，那位乘客在本子上写下的并不是投诉信，而是一封给她的热情洋溢的表扬信。信中有这样一段话："在整个过程中，你表现出真诚的歉意，特别是你的十二次微笑，深深地打动了我，使我最终决定将投诉信写成表扬信！你的服务质量很高，下次如果有机会，我还将乘坐你们的这趟航班！"

资料来源：微笑的魅力，https://www.docin.com/p-44638786.html，编者有删改

第三节　身　姿

身姿指身体的立度、体态。职场人士在工作或人际交往中应该注意自己身姿的规范性。本节将重点学习步姿、站姿、坐姿和蹲姿。

一、步姿

进入职场社交场合，我们应该有意识地展示自己最好的形象。自信是不可缺少的，有自信的人，显得神采奕奕、容光焕发，让人感觉精神舒畅，这是职场人士精神面貌的主要部分。一个职场者要站在众人面前陈述自己的观点，把自己给推销出去，让大家接受他，他首先就应给大家留下良好的第一印象。第一印象的重要性，在日常生活中我们或许都有体验。一个人给你的第一印象不好，你便不想与这人接触，即使以后听别人说这个人很好，也要做出很大的努力才能改变第一印象。从观众开始注意你，第一印象就先入为主了。因此，在职场沟通与交际中，一举一动都会给自我形象可能造成的影响，尤其是步姿。

步姿，即走路的姿势，它能给别人留下深刻的印象。步姿与一个人的精神状态有关。心理学家史诺嘉丝的试验表明，人们的步姿不仅和他的性格有关，而且和他的心情、职业有关。这的确是一件很有趣的事情。在日常生活中，人们也有许多关于走的说法，充分说明了人们对走的在意，如健步如飞、安步当车、行色匆匆、踱来踱去、步履艰难、脚步沉重等。可见，足下有文章。

(1) 行走时心情轻松，步子幅度、速度适中，上身直立，两眼平视，两手自然摆放或一手拿着东西，这种步姿看起来自然大方、轻松自如，在一般社交场合都适用。

(2) 行走时上身挺立，步伐矫健，双膝弯曲度小，步幅、速度适中，步伐和手的摆动有强烈节奏感，眼睛正视前方，这种步姿传递的信息是庄重、礼貌，适用于较为正式、重大的场合。

(3) 行走时仰视阔步，步伐较缓，步幅较大，显得愉快，有些骄傲感，这样走上台显得自信、稳健，但掌握不当，易给人轻狂之感。但如果走得太慢，让人等得不耐烦便会有

一些副作用。

人的精神面貌是发于外而形于内的，但人的一些举止动作是可以自我调控的。动作姿态是一种非语言的沟通方式，有着积极意义。如果职场者英姿勃发，行走稳健、潇洒，就会给对方一种赏心悦目的感觉；反之，就会使对方感到不舒服。

如何给人一个有风度的第一印象呢？精神饱满，步子不应过快或过慢，平时走路可稍快一些；尽量放松，别太拘谨。

二、站姿

站姿是人的静态造型，是人的最基本姿态。"站如松"指人的站姿应该像松树那样挺拔优美。

优美的站姿不但给人以良好的视觉享受，而且显示出人的心理状态和精神状态。如亭亭玉立、英姿飒爽等形象地描述了人的优美站姿。女士基本站姿如图 3-1 所示，男士基本站姿如图 3-2 所示。

图 3-1　女士基本站姿

图 3-2　男士基本站姿

（一）规范的站姿

(1) 头正：头要端正，两眼平视前方，嘴微闭，直颈，下颌微向后收；表情自然，微笑。

(2) 肩平：两肩平正，微微放松，稍向后下沉。

(3) 臂垂：两肩平整，两臂自然下垂；手指自然弯曲，中指对准裤缝。

(4) 躯挺：胸部挺起，腹部往里收，腰部正直，臀部向内向上收紧。

(5) 腿并：两腿立直，贴紧，膝盖放松，大腿稍收紧上提。

(6) 身体重心：身体重心应尽量提高。女士站立时，脚应成"V"形，脚跟靠拢，膝和脚后跟应靠紧；两脚尖夹角 45°～ 60°；或者双腿并拢，脚尖呈"丁"字形。男士站立时，两脚分开，比肩略窄，重心在两脚间。

(二)站姿禁忌

(1) 两腿交叉站立(给人以不严肃的感觉)。

(2) 双手或单手叉腰(往往含有冒犯之意)。

(3) 双臂交叉抱于胸前(有消极、防御、抗议之嫌)。

(4) 双手插入衣袋或裤袋中(不严肃；实在有必要时，可单手插入前裤袋)。

(5) 身体抖动或晃动(给人以漫不经心或没有教养的感觉)。

三、坐姿

坐姿有严肃性坐姿与随意性坐姿两种。坐姿的基本要求是"坐如钟"，背挺直，肩部放松，女士两膝并拢，男士可分开一些，但不超过肩宽。在交际活动中，选用什么样的坐姿受环境制约，在一些严肃、认真的场合应采用严肃坐姿，一些随和、非严肃的场合可采用随意坐姿。女士基本坐姿如图 3-3 所示，男士基本坐姿如图 3-4 所示。

图 3-3　女士基本坐姿　　　　　图 3-4　男士基本坐姿

坐姿的一般要求：

(1) 入座时，应当轻而稳，不要给人毛手毛脚、不稳重的印象。

(2) 坐姿要端庄、大方、自然。

(3) 无论什么坐具，都不要坐得太满，大约为坐具的 1/3。

(4) 上身要挺直，不要左右摇晃。

(5) 腿的姿势配合要得当，一般不能跷二郎腿。

(6) 交谈时，上身要少许前倾，表示对对方的尊重和自己的专心。

(7) 上身需后仰时，幅度不能过大，否则会给人困扰、无聊、想休息的印象。

四、蹲姿

蹲姿的基本要求。

(1) 站在所取物品的旁边，蹲下屈膝取拿，不要低头，也不要弓背，要慢慢地把腰部低下。

(2) 两腿合力支撑身体，掌握好身体的重心，臀部向下。下蹲时应自然、得体、大方、不遮遮掩掩。

优雅的蹲姿主要有以下两种。

(1) 交叉式蹲姿。下蹲时，右脚在前，左脚在后，右小腿垂直于地面，全脚着地。左腿在后与右腿交叉重叠，左膝由后面伸向右侧，左脚跟提起，左前脚掌着地。两腿前后紧靠，合力支撑身体。臀部向下，上身稍前倾。

(2) 高低式蹲姿。下蹲时，左脚在前，右脚稍后，不重叠，两腿紧靠向下蹲。左脚全脚掌着地，小腿垂直于地面，右脚跟提起，右前脚掌着地。右膝低于左膝，两膝内侧紧靠。臀部向下，基本上以右腿支撑身体。身体形成两个重心：一是腰部，二是右大腿。手放膝盖上方，手指与膝并齐。

女士高低式蹲姿如图 3-5 所示，男士高低式蹲姿如图 3-6 所示。

图 3-5　女士高低式蹲姿

图 3-6　男士高低式蹲姿

第四节　服饰打扮

在社交场合中，如何穿着打扮才能符合要求，并有助于职场交际呢？

一、适应社交环境

在外交礼仪场合，如国家庆典仪式、国宴、国家领导人新年团拜等，应穿着严肃、大方的礼服。女士出席正式宴会时，则应穿着中国的传统旗袍或西方的长裙晚礼服；参加婚礼、到朋友家做客、参加联欢会等，则尽可能穿得美观大方一些，女士应适当装饰打扮；郊游、远足，可着上下装不同颜色的便装；乘汽车、火车、轮船、飞机旅行，可着便装；如果是去公司或单位拜访，穿职业套装会显得更专业；外出时要顾及当地的传统文化和风俗习惯；如果去教堂或寺庙等场所，则不能穿着过于暴露的服装。

二、注意整体的和谐统一

交际者在社交场合穿着什么服装好？首先要考虑服装的整体美感，要确立"修饰即人"的指导思想和掌握"和谐统一"的原则。所谓"修饰即人"，是指美能反映一个人的追求及情趣；所谓"和谐统一"，是指绝不能为了突出个别部分的美而破坏整体形象的美，要注意整体的和谐统一。例如，从年龄方面来讲，少女的服装以色彩鲜艳和款式活泼为宜，中年妇女的服装则以淡雅、恬静、稳重大方为主；从体形和肤色方面来讲，体形偏瘦不要穿黑衣服，体形偏胖不要穿白衣服或方格子的衣服，可穿竖条子的衣服；从服装与饰物的搭配方面来讲，在寒冷的冬季，人们穿着厚实、肥大的外衣，如果佩戴一顶春秋季节的薄帽子，就显得很不相称，同样的道理，一位女士穿着一身单薄的、轻柔的裙衫，却戴着一枚很大很沉的胸花，也会破坏服装原有的美感，显得很不协调。总之，不平衡、不和谐，也就不美。

三、时间原则

不同时段的着装对女士尤其重要。男士有一套质地上乘的深色西装就足以打天下，而女士的着装则要随时间而变换。例如，白天工作时，女士应穿着正式套装，以体现专业性；晚上出席酒会时，女士可多加一些修饰，如佩戴有光泽的首饰、围一条漂亮的丝巾等。服装的选择还要适合季节、气候的特点，保持与潮流大势同步。

四、色彩技巧

不同的色彩会给人不同的感受，如深色或冷色调的服装会让人产生视觉上的收缩感，显得庄重严肃；浅色或暖色调的服装具有扩张感，使人显得轻松活泼。职场人士可以根据不同需要进行选择和搭配。除了主体衣服之外，配饰也要多加考究，如袜子以透明近似肤色或与服装颜色协调为好，带有大花纹的袜子难登大雅之堂。另外，正式、庄重的场合不宜穿一些太过前卫的服饰。

五、饰物点缀

巧妙地佩戴饰品能起到画龙点睛的作用。但是，佩戴的饰品不宜过多，否则就会分散对方的注意力。佩戴饰品时应尽量选择同一色系。佩戴首饰最关键的是要与整体服饰搭配统一起来。

总之，穿衣是"形象工程"的大事。西方的服装设计大师认为，服装不能造出完人，但是第一印象的80%来自着装。得体的穿着，不仅可以显得更加美丽，还可体现出一个现代人良好的修养和独到的品位。

【拓展阅读3-2】

TPO原则

TPO原则，是有关服饰礼仪的基本原则之一。TPO原则，即着装要考虑到时间(time)、地点(place)和场合(occasion)。T、P、O三个字母，分别是time、place、occasion这三个单词的缩写。它的含义是要求人们在选择服装、考虑其具体款式时，首先应当兼顾时间、地点、场合，并应力求使自己的着装及其具体款式与着装的时间、地点、场合协调一致，较为和谐般配。

从时间上讲，一年有春、夏、秋、冬四季的交替，一天有24小时变化。显而易见，在不同的时间里，着装的类别、式样、造型也应有所变化。比如，冬天要穿保暖、御寒的冬装，夏天要穿通气、吸汗、凉爽的夏装。

从地点上讲，置身于室内或室外，驻足于闹市或乡村，停留在国内或国外，身处于单位或家中，在这些变化的不同地点，着装的款式理应有所不同，切不可以不变而应万变。例如，穿泳装出现在海滨、浴场，是司空见惯的；但若是穿着泳装去上班、逛街，则令人哗然。在国内，一位少女只要愿意，随时可以穿小背心、超短裙，但她若是以这身行头出现在着装保守的阿拉伯国家，就显得有些不尊重当地人了。

从场合上讲，人们的着装往往体现着一定的意愿，即自己对着装留给他人的印象有一定预期。着装应符合自己扮演的社会角色，而不讲其目的性，在现代社会中是不大可能的。服装的款式在表现服装的目的性方面发挥着一定的作用，如自尊、敬人，颓废、消沉，放肆、嚣张。

你的穿着打扮必须考虑季节、特定的时间(如工作时间、娱乐时间、社交时间等)、目的地、场合。工作场合需要穿工作装，社交场合穿正装。此外，还是要考虑你的目的性。比如，为了表达自己悲伤的心情，可以穿着深色、灰色的衣服。一个人身着款式庄重的服装前去应聘新职、洽谈生意，说明他郑重其事、渴望成功。在这类场合，若选择款式暴露、性感的服装，说明他自视甚高，对求职、生意的重视，远远不及对其本人的重视。

资料来源：360百科，TPO原则，https://baike.so.com/doc/6747159-6961705.html，编者有修改

第五节　仪表装扮

仪表是一个人精神、面貌的外在表现，它是每个人道德修养、文化水平、审美情趣、文明程度的具体体现。

在职场交际或社交场合，一个人留给他人的第一印象，往往就是由他的仪表、举止、着装、佩饰等形成的。因此，在社会交往中，仪表被称为打造个人形象魅力的基础。一般来说，仪表装扮包括人的仪容修饰、头发修饰和面容修饰、手部修饰的礼仪规范。

一、仪容修饰

在职场交际与社交场合中，仪容修饰要求做到自然、协调、美观、文明大方。

(1) 自然。自然是仪容修饰的最高境界，它使人看起来真实而生动，而不显呆板、生硬。

(2) 协调。仪容的协调包括妆面协调、全身协调、角色协调、场合协调四个方面。

(3) 美观。漂亮、美丽、端庄的外观仪容是形成优美、良好的社会形象的基本要素之一。

(4) 文明大方。文明大方是指着装要符合本国的道德传统和常规做法。在正式场合，忌穿过露、过透、过短和过紧的服装。身体部位的过分暴露不仅有损自己的形象，而且失敬于人，使他人感到多有不便。

二、头发修饰

按照一般习惯，注意、打量他人，往往是从头部开始的。头发位于人体的"制高点"，所以更容易引起重视。鉴于此，修饰仪容通常应"从头做起"。头发修饰应注意以下三个方面：

(1) 勤于梳洗。

(2) 长短适中，应考虑性别因素、身高因素、年龄因素、职业因素。

(3) 发型得体。

三、面容修饰

面容是人的仪表之首，也是最为动人之处。所以，面容修饰是仪容美的重头戏，在职场交际或社交场合中，面容修饰尤为重要。

由于性别的差异和人们认知角度的不同，男女在面容修饰的方式、方法和具体要求上，均有不同的特点。

(1) 对男士面容修饰的基本要求：男士应养成每天修面、剃须的良好习惯。

(2) 对女士面容修饰的基本要求：美容化妆。女士美容化妆应注意的问题如下：

① 自然原则，职业女性日常上班应以淡妆为宜；

② 协调原则，美在和谐，化妆应与妆面、发型、服装、饰物、身份、场合等相协调；

③ 方法得当，应掌握常规的化妆方法；

④ 回避原则，不能在公共场所化妆或补妆。

四、手部修饰

手是仪表装扮的重要部位，对其最低要求莫过于清洁。在职场交际或社交场合，一双经清洁并精心护理的手显示了一个人的良好教养。

第六节　空 间 距 离

在双向交流中，如果交流对象之间空间距离较近，一般给人亲近之感，但过近则有压迫感；距离稍远，既有淡化语言、淡化感情的效果，也有一定的威慑之感。

因此，人们一定要根据谈话内容和谈话对象选择适当的空间距离。

人与人之间有着看不见但实际存在的界限，这就是个人领域的意识。因此，根据空间距离也可以推断出人们之间的交往关系。一般来说，交际中空间距离可以分以下四种。

一、亲密距离

亲密距离为 45 厘米以内，属于私下情境，多用于情侣或夫妻间，也可以用于父母与子女之间或知心朋友间。两位成年男子间一般不采用此距离，但两位女性知己间往往喜欢以这种距离交往。

亲密距离属于很敏感的领域，交往时要特别注意，不要轻易采用亲密距离。

二、私人距离

私人距离一般为 45～120 厘米，表现为伸手可以握到对方的手，但不易接触到对方的身体。这一距离对讨论个人问题是很合适的，一般的朋友交谈多采用这一距离。

三、社交距离

社交距离为 120～360 厘米，属于礼节上较正式的交往关系。例如，企业或国家之间的谈判，工作招聘时的面谈，教授和大学生的论文答辩，等等，往往都要隔一张桌子或保持一定距离，这样就建立了一种庄重的氛围。办公室里的工作人员多采用这种距离交谈；在小型招待会上，与没有过多交往的人打招呼也可采用此距离。

四、公共距离

公共距离指大于 360 厘米的空间距离，一般适用于演讲者与听众、对人们极为生硬的交谈以及非正式的场合。在公关活动中，根据公关活动的对象和目的，选择和保持合适的距离是极为重要的。

课 后 练 习

1. 无语训练。

让每一名学生上台静站，环视全班同学，由其他同学评论其表情、眼神、仪表、着装、体态等方面是否大方、得体。

2. 表演态势语言。

以小组为单位，分别登台亮相，并做一分钟演讲，具体内容不限，然后下台，小组评论其身姿是否大方、得体。

3. 空间距离。

人际关系是人与人之间心理上的关系。心理上的距离往往会反映在空间距离上，这种距离主要有四种情况，应重点把握私人距离和社交距离。请学生练习各种不同场合的空间距离，上台模仿同学之间、师生之间、情人之间、司法人员与犯罪嫌疑人之间交谈时的空间距离，并交谈一段话，感受其效果。

4. 服饰装扮训练。

(1) 与个人的年龄、职业、身份、肤色、形体相协调，突出个性。

(2) 请练习者在练习时选择符合交际对象的场所与服饰装扮，体现庄重大方、美观和谐，注意 TPO(时间、地点、场合)原则。

5. 表情训练。

到讲台上，做出教师或学生描述的高兴、喜欢、厌恶、欣喜、愤恨等表情；或采用分组竞猜方式，一人演另一人猜，看哪组选手表演逼真，用时最短。

6. 体态身姿训练。

(1) 通过录像校正练习。

(2) 上下台身姿练习。

第四章
职场沟通与交际心理素质培养和训练

　　心理素质是职场交际者素质修养中一个十分重要的方面。优秀的职场者不仅要具备良好的人格素质、思想道德素质和文化素质做保证，还要具备良好的心理素质做基础。因此，培养和训练良好的心理素质，是职场人士必备的主要条件。

　　作为一名优秀的职场人士，其要具备的心理素质因素有很多，如感觉、知觉、注意、记忆、思维、情绪、情感、性格、气质等，都会直接影响口语表达的效果。

第一节　优秀职场者必备的心理素质

　　现代社会，工作节奏越来越快，职场竞争越来越激烈，置身其中的职场人士，压力与动力并存，需要不断调整自己的心理状态，具备良好的心理素质。

一、充分的自信心

　　自信心是个体对自己认识和实践活动的后果抱有成功把握的一种预测反应，是一种推断性的心理过程，具有明显的理性思维色彩。自信心的强弱可以在某一具体认识或实践过程中反映出来，并表现为认识和实践活动的一种习惯性心理，成为某种性格特点。一个人如果在许多事情上都保持自信，就会强化自信心，成为一个自信心较强的人；一个人如果长期缺乏自信，总是优柔寡断，或者其自信心经常受到打击，久而久之就会导致为人处世缺乏自信，成为一个胆小怕事、谨小慎微、举棋不定的人。

　　自信心在口语活动中表现得十分明显，并且会对讲话的成败产生至关重要的影响。自信心强的讲话者通常表现为对自己的讲话后果持肯定性的判断，面对口语活动表现为热情果断、镇定自若，使自己的讲话水平得到正常发挥或超水平发挥；缺乏自信心的讲话者则表现为对自己的讲话后果持否定性的判断，这时如果硬着头皮讲，就会显得自卑胆怯、顾虑重重，甚至惊慌失措、语无伦次、窘态百出，影响讲话效果乃至导致讲话的失败。因此，讲话者一定要树立自信心，具备自信素质，充满自信地从事口语活动，把培养和建立坚强的自信心看成培养良好的心理素质的重要内容。

二、强烈的成功欲

成功欲是自我价值实现的一种满足感。人的欲望很多，而成功欲是人的各种欲望中层次较高的一种欲望，它能转化成人们思想行为中强大的内驱力，对人的创造性活动产生积极影响。成功欲在人们的思想行为中有着巨大的推进作用，它是促进一切事业成功的主观动机。在口语沟通与交际中，成功欲是促使口语交流成功的一个十分重要的条件，也是造就出色职场者的一个内在动力，因而是一切讲话者重要的心理素质。

三、不怕失败的韧性

一个在口才方面表现极佳的职场人士也不可能保证他的每一次演讲都取得成功，即使是优秀的职场人士，也有可能在某次交际中出现失误或失败。所以，如果一次口语交际未获得成功，不要气馁，而要及时总结经验，吸取教训，以坚韧的毅力和百折不挠的决心去战胜自我，最终赢得胜利。

四、坚强的自控力

自控力是口才交际者合理控制自己的情绪、情感和意志所具有的良好的心理适应能力。在职场交际或社交场合中，职场人士发表言论，经常会面对生疏、复杂甚至意料不到的情况。这时，能够引起职场人士自身情绪和情感激动的因素很多，这些因素的性质各异，有的可能引起一个人的愉快和兴奋，有的则会引起一个人的恐惧和忧虑。在这种情况下，职场人士不是听任各种激动因素的支配或自我情绪的放纵，而是借助意志的力量对之进行一定的控制，做出抑制或激励的反应。

【拓展阅读 4-1】

董明珠的成功之路

董明珠现任珠海格力电器股份有限公司董事长。她出生于江苏省南京市的普通家庭，家庭并不富裕，而且兄弟姐妹众多，但是她靠着自己的努力考上了安徽省芜湖干部教育学院，毕业后在南京做行政工作，不久后便结婚了，婚后过着平淡、充裕、幸福的生活。但是好景不长，这本该平淡、幸福的生活却被意外打破了，就在董明珠 30 岁的时候丈夫意外去世了，那时董明珠才不过 30 岁，而她的儿子也才两岁。从这以后，董明珠独自抚养儿子，一个人工作养家。这样的艰辛似乎在外人眼里是不幸的、不可逆转的命运，但是董明珠没有因不幸的遭遇而消沉，也没有因此屈服于命运，安于现状。她很乐观自信，她相信自己能够闯出一片属于自己的天地。于是，她将年仅 8 岁的儿子交给母亲抚养。她觉得自己应该翻身做命运的主人，于是她一个人南下打拼，这时的董明珠才 36 岁。

起初，董明珠进入格力做一名基层业务员，仅两年销售额就突破了 1600 万元，当时这个销售额占整个公司销售额的 1/8。又一年，她的个人销售额就达到了 3650 万元。1994 年，格力电器内部出现了一次严重的危机，部分骨干业务员突然"集体辞职"，但是董明珠经受住了诱惑，坚持留在格力，被全票推选为公司经营部部长。1995 年，41 岁的董明珠晋升为销售经理，此刻格力电器连续 11 年产量、销量和市场占有率均居全国首位。1996 年，空调业凉夏血战，已是销售经理的董明珠宁可让出市场也不降价，她带领 23 名营销业务员奋力迎战国内一些厂家成百上千人的营销队伍。1996 年 8 月 31 日，她宣布拿出 1 亿元利润的 2%按销售额比例补贴给每个经销商，促使该年格力销售量增长 17%，首次超过春兰。

从那之后，格力连续 10 年，空调产量、销量、市场占有率均居全国首位。2001 年，董明珠担任格力电器的总经理。2003 年董明珠当选第十届全国人大代表，51 岁时荣登美国《财富》杂志，成为"全球最具影响力 50 名商业女强人"(名列第五)。2012 年，格力电器已经实现 1000 亿的销售额。连续 8 年空调销量排名世界第一，也就是这一年，董明珠担任格力集团董事长及总裁，带领格力打进世界 500 强。这一步步的成功都是她一步步的努力争取来的，是她应得的荣誉。

这个世界上没有无缘无故的成功，董明珠的成功代表企业家的精神，即不服输、敢说真话。这种人有极强的性格魅力。有一次她要造车，股东不同意，王健林问都不问，就投了 5 亿。有人问王健林为什么，他说："这才是靠谱的企业家，我相信董明珠，我也希望董明珠能够影响更多的人，影响更多的行业。"正是董明珠不服输、敢做、讲诚信的精神才让她赢得合作伙伴的信任，也让她成为现在的董明珠。

资料来源：董明珠的成功之路，https://zhuanlan.zhihu.com/p/300545066，编者有修改

第二节 克服交际羞怯与胆小的心理障碍的方法

对于职场人士来说，人际交往是日常工作中必不可少的事情，他们每天都要与不同级别、不同类型的人交往。如果羞于交际，害怕或者回避与他人交流，不仅会造成人际关系的紧张，还会影响工作效率，因此，职场人士必须找到有效的方法去克服交际羞怯与胆小的心理障碍。

一、提高认知水平

羞怯感的产生来自心理环境、生理和认知三个因素，其中认知起关键作用。从某种意义上讲，羞怯感是无知的表现。要想克服口语交际的羞怯感，首先就要克服无知，即要提高认知水平，不仅要弄清楚产生口语交际羞怯感的具体原因和克服口语交际羞怯感的方法；还要勤于口才实践，不断总结经验，培养控制情绪的能力。只有这样，职场人士才能在变化的环境中保持心理平衡。

二、自我暗示

口语交际的羞怯感往往产生于讲话者的注意力过分集中在自己的成败上。有的人把口语交际当作自我价值表现的机会，反而忽略了口语交际和演讲的内容，导致讲话失败。有一位英国演讲新手要去向一群教养水平很高的听众讲话，他很担心，就去请教英国著名的演讲大师法拉第"什么是听众已经知道了的东西"。法拉第干脆利落地回答道："他们一无所知！"把听众看成什么也不懂的傻瓜似乎有些过分，但是，职场人士为了维护自信心，克服羞怯感，有时不妨进行这样的假设。所谓"台上目中无人，台下虚怀若谷"即指此意。

总之，积极的自我暗示可以增强自信心，有助于克服羞怯感。

三、精心准备

口语交际准备是否充分，其效果是大不相同的。林肯说："即使是有实力的人，若缺乏周全的准备，也无法做有系统、有条理的讲说。"这句话是很有道理的。

如果在口语交际前，对观点和材料深思熟虑、反复熟记，对情感的表达方式做必要的设计，对临场可能出现的特殊情况做好思想准备，那么，职场人士就会胸有成竹，产生一种安全感，也就不会因羞怯感而导致交际与沟通失败。

四、认识自己

正确地认识自己，扬长避短，发挥自己的长处，巩固自己的优点。常言道："尺有所短，寸有所长。"作为刚开始学习口语交际者，即使水平暂时还比较低，也有其可取之处，有一些不同于他人的个性。当别人不重视你，抑或瞧不起你的时候，你首先要自己瞧得起自己，自己给自己打气、鼓劲，坚信自己能够做好自己想做的事，能够做一个强者，能够超越别人并不断地超越自己。久而久之，就会培养起较强的自信心。

五、掌握口语交际规律

掌握口语交际规律，熟稔口语交际技巧。在口语交际过程中，达到"从心所欲不逾矩"(顺应内在之心的指令，也不会破坏外在之规矩)的自由境界并在其中获得自控力就是交际与沟通的最高境界。这种以理性的因素为支柱的自控力，较之那种自发的自控反应会更为自觉、更为有效。

【拓展阅读 4-2】

如何克服害羞心理，变得更加自信

1. 利用神奇的潜意识

运用吸引力法则，你所想的最终会变成现实，所以你应该在潜意识里树立正确的信仰。

这是你所能做的最重要的事情。你要尝试重复大声地说："每天我都会变得更加自信。"

2. 让你周围充满支持你的人

周围充满那些与你一样害羞的人，只会帮你辨明什么是害羞。但是如果你和一些可以改变你、推动你克服害羞心理障碍的人在一起，而且他们不会直接批评你，这样你会得到更多的帮助。也许这样的朋友不容易找到——如果你的朋友可以平衡支持与批评，那么你应该与他多多交往。

3. 扩大你的接触范围

你每到一个地方都会不可避免地接触新的东西。如果你不会游泳，你可能被淹到，那的确很令人恐惧。可是当你深深地吸一口气跳进水里，你就尝试了新东西，也许这有一点让人畏惧，但是可以让你成长。所以，如果你想克服害羞心理障碍，你必须走出去，参与社交。

4. 一次走一步

机会就像游泳一样，你不跳进去，永远得不到。如果你属于那种极度害羞的人，那么站在1000个人面前讲话并不是明智的行为。你可以先尝试5个人，当你能够轻松应对的时候，再增至10个人；然后试试20个人，以此类推。

5. 不要把事情想得太过严重

害羞的人通常会把事情想得很严重。如果你犯了一个错误，如果你的声音颤抖，如果你忘了台词，如果没有一个人为你讲的笑话而发笑……那又怎么样？

6. 害羞是一种骄傲

害羞的人总是花太多的精力去关注他们自己在别人眼中如何，想要把事情做得很完美。这里有个很明智的建议——多想想他人，少关注自己。事实上，其他人也在关心自己，没有人会真正关注你。

7. 停止想象，立即行动

一味地想象是不可能克服害羞心理的。如果你只是想着如何克服害羞心理，最终将得到一个结论——那就是没有任何改变。但是，当你真正进入社交场合，你会发现这里是另一番天地。克服任何恐惧症不是一个"大脑"的活动——这些东西天生是不合情理的。解决的办法只有一个，那就是行动。所以，行动——做你感到害怕的事情，停止一味地想象。

资料来源：https://www.doc88.com/p-0088548461604.html?r=1，编者有删改

课 后 练 习

1. 了解著名作家、演讲家的心理素质锻炼的故事。

2. 写一段自己在社交和演讲时的心理描述，并思考：如何缩小自己实际做到的和希望做到的之间的差距？

3. "松弛来源于自信，自信来源于知识，知识来源于积累。"谈谈你对这句话的想法。

4. 见到一位当年与你有过误会的同学，现在你已经认识到当年的幼稚，想与对方友好

相处，思考：如何与他(她)打招呼，并进一步沟通，消除误解?

5. 在公共汽车上，你看到一位残疾人上车，但是没有人给他让座，你也没有座位，你会怎么办?

6. 你正在上课或演讲时，突然有人调皮地喊了一声"下去吧"! 你将如何处理?

7. 按要求"无语练胆"。

要求：学生轮流昂首阔步走上讲台，然后笑着看台下最后一排同学却不讲话，让视线笼罩全场，使每位同学都觉得你在关注着他；其他同学也微笑着看台上同学的面部，时间为2分钟或直到讲台上学生不感到紧张为止。

8. 按要求"随意练口"。

要求：台上的学生注意心中有情，目中无人，随便讲自己最快乐(气愤、难忘)的事，或者大声念绕口令，习惯于声音洪亮者则相反。

9. 按要求"命意讲解"。

要求：

(1) 学生根据自己的理解与分析，以普通话、表达方式、态势、语言、思维与表达、听说为题进行讲解。

(2) 同学间各自归纳自己在公众场合讲话时会出现的问题，并分析问题产生的原因。

10. 在日常生活中，请注意随时用以下十种方法进行训练，以增强自信心：

(1) 养成昂首阔步的习惯，径直迎着别人走去。

(2) 训练自己盯住别人的鼻梁，让他感到你正在注视他的眼睛。

(3) 养成微笑的习惯。

(4) 尽量与人交谈。学会沉默，然后在适当的时候，用一种从容不迫的、坚定的语调表述自己的观点。

(5) 习惯于用幽默方式来处理反对的意见。

(6) 习惯于用毫不含糊的语调说"不"。

(7) 习惯于高声谈话的人可有意识地压低音量，而习惯于低声谈话的人可有意识地提高音量。

(8) 经常练习大声唱歌，大声念绕口令。

(9) 黑夜里，在空旷无人的原野里练习讲话。

(10) 接触比自己强的人，既分析他的优点也分析他的弱点，以增强自信心。

11. 要求学生以自己为对象，写一篇心理分析报告。

第五章
职场交际中的自我介绍

在职场交际中，一个亲切的微笑、一句真诚的问候、一个得体的自我介绍，都可以缩短人与人之间的距离，消除隔阂，建立良好的人际关系。介绍是交际之桥，通过自己主动沟通或者通过第三者从中沟通，使交往双方相互认识、建立联系、加强了解和增进友谊。

第一节　得体的自我介绍有利于沟通

自我介绍是在没有中间人的情况下自己介绍自己，实际上是一种自我推销，它能给别人留下第一印象。自我介绍要注意镇定自信，繁简得当，把握好分寸，讲真心话，勇于袒露自己，使对方产生信任感和敬佩感。

自我介绍是一门学问。谁都会介绍自己，如姓甚名谁，来自哪里，家住何方，但这样的介绍干干巴巴，不会给人留下深刻的印象。所以，自我介绍要得体、出彩，这样才有利于沟通。在日常交往中，自我介绍是必不可少的。从交际心理上看，人们初次见面，彼此都有一种想了解对方并渴望得到对方尊重的心理。这时，如果你能及时、简明地进行自我介绍，不仅满足了对方的渴望，而且对方也会以礼相待地进行自我介绍。这样，双方以诚相待，就为彼此的沟通及进一步交往奠定了良好的基础。在参加社交集会时，主人不可能把每一个人的情况都介绍得很详细，这时自我介绍就是一个非常好的机会。

一、自我介绍的时机

为了增进了解，在职场中让别人记住你，赢得第一步棋，我们不妨抓住时机，进行自我介绍。自我介绍的时机有以下两种：

(1) 主人介绍话音刚落时，可接过话头再补充几句。

(2) 如果有人表示出想进一步了解你的意向时，可做详细的自我介绍。

二、自我介绍的要求

（一）有自信心

在日常交往中，有些人怕见陌生人，见到陌生人，似乎思维也凝固了，手脚也僵硬了。本来伶牙俐齿，却变得结巴；本来笨嘴笨舌，嘴巴更像贴了封条。这种状况怎能介绍好自己呢？要克服这种胆怯心理，关键是要自信。有了自信心，才能做好自我介绍，给别人留下好的印象。

（二）真诚自然

有人把自我介绍称为自我推销。既然推销产品时需要在"货真价实"的基础上做宣传，那么推销自我时也不能不顾事实而自我炫耀。因此，我们做自我介绍时，最好不要用"很""最""极"等极端化的字眼，以免给人留下"狂"的印象；相反，真诚自然的自我介绍往往能使自己的特色更突出，引起人们的注意。

例如，有个人是这样做自我介绍的：我叫陈实定，户口本上是这样写的。但一直以来，人们都叫我"陈实(诚实)"。开始我还常常有错觉，认为别人把我的名字叫错了，但时间久了，也就习以为常了。后来我发现去掉那个"定"字反而更好，因为我也确实人如其名，非常诚实，所以我很乐意大家叫我"诚实"。我是个体服装商，开了个服装店。从事这个职业并非是我精挑细选的结果，而是根据自己名字的特征，我希望做个诚实的商人，因此我的店名就叫"诚实衣屋"，我也希望自己的为人永远像我的名字一样。

这种自我介绍以自己的名字为依据来突出自己的个性和品格，既有利于人们记住他的名字，又向人们介绍了他的为人和品格，可谓一箭双雕。

（三）考虑对象

自我介绍的根本目的是给对方留下一个好印象，因此我们要站在对方理解的角度来说话。比如，第一次参加某方面的研讨会，你站起来说："我叫××，我来发个言。"此时在场的人一定会这么想：这是什么人？怎么从来没见过？他代表哪方面？他的意见值得听吗？所以，面对有这么多想法的听众，你只介绍"我叫××"是不行的，别人不会安心听你的发言。如果你理解了听众的心理，就可这样介绍："我叫××，是××大学的教师，我第一次参加这样的研讨会，望大家多多指教。现在我就这个问题谈谈自己的看法……"这样的介绍才不会使听众心里产生疑团，才能使听众安心听你的发言。所以，在介绍自己时，我们一定要重视那个或那群与你打交道的人，要随机应变。

如果你面对的是年长、严肃的人，你最好认真、规矩地进行自我介绍；如果与你打交道的人随和而且具有幽默感，你不妨也比较放松地展示自己的特点，做出有特色的自我介绍来。总之，你要在自我介绍中表现出你的口才，使之成为与人沟通和进一步交往的前提。

（四）预先准备

在公共交际场合中，最好预先准备一些对自我介绍有益的资料，诸如性格、特长及个人兴趣等。

第二节　自我介绍的技巧

职场人士在进行自我介绍时要掌握相应的技巧，注意场合和对象，选择恰当的介绍形式，这样不仅可以宣传自己，还可以扩大交际圈，构建和谐的人际关系网络。

一、自我介绍的内容

自我介绍是向别人展示自己的一个重要手段，自我介绍得好不好，直接关系到你给他人的第一印象的好坏及以后交往的顺利与否。同时，自我介绍也是认识自我的手段。因此，自我介绍的内容很重要。

自我介绍的主要内容：姓名、职务(身份)、单位、住所、籍贯、毕业学校、特长爱好、经历、年龄等(根据情况有所侧重和取舍)。

自我介绍的语言技巧：巧报姓名、把握分寸(自信、自识、自谦)、幽默生动。

自我介绍的注意事项：真诚自然，了解对方需求，选择时机，与不同领域的人打交道。

二、自我介绍的方法

(1) 利用名人式。例如，"代玉"，林黛玉。
(2) 父母期待式。例如，"吴仁龙"，父母希望无人再务农，不再当农民。
(3) 自嘲式。例如，"何美丽"，何美之有。
(4) 释词式。例如，"朱丹"，朱，红色；丹，红色。

三、自我介绍的分类

（一）应酬式

应酬式自我介绍适用于某些公共场合和一般性的社交场合，如旅行途中、宴会厅里、舞场之上、通电话时。它的对象，主要是进行一般接触的交往对象。对介绍者而言，对方属于泛泛之交，或者早已熟悉，进行自我介绍只不过是为了确认身份而已，所以此种自我介绍内容要少而精。

应酬式自我介绍内容最为简洁，往往只包括姓名一项即可。

例如，"您好！我的名字叫张路。""我是雍纹岩。"

（二）工作式

工作式自我介绍主要适用于工作中，以工作为自我介绍的中心，因工作而交际，因工作而交友。有时，工作式自我介绍也称公务式自我介绍。

工作式自我介绍的内容应包括本人姓名、供职的单位及部门、职务或从事的具体工作三项，又称为工作式自我介绍内容的三要素，通常缺一不可。其中，第一项姓名，应当一口报出，不可有姓无名或有名无姓；第二项供职的单位及部门，通常最好全部报出，具体工作部门有时也可以暂不报出；第三项职务或从事的具体工作，有职务最好报出职务，职务较低或者无职务，则可报出所从事的具体工作。

例如，"你好！我叫张奕希，是大连市政府外办的交际处处长。""我叫付冬梅，在人民大学国际政治系教外交学。"

（三）交流式

交流式自我介绍主要适用于社交活动中，是一种刻意寻求与交往对象进一步交流与沟通，希望对方认识自己、了解自己、与自己建立联系的自我介绍。有时，交流式自我介绍也称社交式自我介绍或沟通式自我介绍。

交流式自我介绍的内容大致包括介绍者的姓名、工作、籍贯、学历、兴趣以及与交往对象的某些熟人的关系等。但它们并非一定要面面俱到，而应根据具体情况而定。

例如，"我叫邢冬松，在北京吉普有限公司工作。我是清华大学汽车工程系90级的，我想咱们是校友，对吗？""我的名字叫沙静，在天马公司当财务总监，我和您先生是高中同学。""我叫甄鹏鸣，天津人。我刚才听见你在唱蒋大为的歌，他是我们天津人，我特喜欢他唱的歌，你也喜欢吗？"

（四）礼仪式

礼仪式自我介绍适用于讲座、报告、演出、庆典、仪式等一些正规而隆重的场合，它是一种意在表示对交往对象友好、敬意的自我介绍。

礼仪式自我介绍的内容也包含姓名、单位、职务等项，但是还应加入一些适宜的谦辞、敬语，以示自己礼待交往对象。

例如，"各位来宾，大家好！我叫范燕飞，是云海公司的副总经理。现在，由我代表本公司热烈欢迎大家光临我们的开业仪式，谢谢大家的支持"。

（五）问答式

问答式自我介绍一般适用于应试、应聘和公务交往。在普通交际应酬场合，它也时有所见。

问答式自我介绍的内容讲究问什么、答什么，有问必答。例如：

(1) 甲问："这位小姐，你好，不知道你应该怎么称呼？"乙答："先生你好！我是王雪时。"

(2) 面试官问："请介绍一下你的基本情况？"求职者答："各位好！我是张军，现年

28 岁，陕西西安人，汉族，共产党员，已婚，1995 年毕业于西安交通大学船舶工程系，获工学学士学位；现任北京首钢船务公司助理工程师，已工作 3 年；其间，曾到阿根廷工作 1 年。本人除精通专业外，还掌握英语、日语，懂电脑，会驾驶汽车和船只，另外曾在国内正式刊物上发表过 6 篇论文，并拥有一项技术专利。"

第三节　面试时的自我介绍

自我介绍应根据不同场合、不同环境准备相应的内容，对于求职者来说，在面试时如何进行自我介绍，是求职成功与否的重要环节。

求职者面试时要善于进行时间管理，在有限的时间内充分展示自己的优势和亮点；同时，求职者要秉承真诚、自然、友善、随和、自信的传统美德，自信而不自负，谦虚而不浮夸，自我介绍恰到好处、不失分寸。在求职中进行自我介绍时，还要掌握相应的介绍程序和内容和应有的礼仪，体现良好的礼仪素养。

一、控制时间

合适的时长与时间分配能让一个人的自我介绍突出重点，给别人留下深刻的印象，从而为自身的职场发展带来意想不到的收获。

(1) 进行自我介绍一定要力求简洁，尽可能地节省时间。自我介绍的时间通常以半分钟左右为佳，如无特殊情况最好不要超过 1 分钟。为了提高效率，在做自我介绍的同时，可利用名片、介绍信等资料加以辅助。

(2) 自我介绍应在适当的时间进行。进行自我介绍，最好选择在对方有兴趣、有空闲、情绪好、干扰少、有要求之时。如果对方兴趣不高、工作很忙、干扰较大、心情不好、没有要求、休息用餐或正忙于其他交际之时，则不太适合进行自我介绍。

二、讲究态度

(1) 态度要自然、友善、亲切、随和，整体上讲求落落大方，笑容可掬。

(2) 充满信心和勇气，切勿妄自菲薄、心怀怯意；敢于正视对方的双眼，显得胸有成竹，从容不迫。

(3) 语气自然，语速正常，语音清晰。生硬、冷漠的语气，过快、过慢的语速，含糊不清的语音，都会严重影响自我介绍者的形象。

三、追求真实

进行自我介绍时所表述的各项内容，一定要实事求是，真实可信。过分谦虚，一味贬低自己去讨好别人，或者自吹自擂，夸大其词，都是不可取的。

总的来说，面试时自我介绍的技巧十分重要。良好的表达不仅可以展现自己，而且可以让交际对象产生交际好感，这对自己的职业生涯会大有益处。

四、求职场合自我介绍的程序

工作面试的自我介绍一般在 3 分钟，这个自我介绍是主考官为了更多地了解求职者，所以在这 3 分钟内，求职者要尽可能传递更多的信息。

工作面试一般分为以下几个部分：姓名、毕业于哪里、曾担任过的职务、曾主要负责过哪方面、有什么样的经历以及擅长哪方面。

（一）我是谁

自我介绍的第一步是要让面试官知道你是谁。在这个环节，求职者主要介绍自己的个人履历和专业特长，包括姓名、年龄、籍贯等个人基本信息，教育背景以及与应聘职位密切相关的特长，等等。生动、形象、个性化地介绍自己的姓名，不仅能够引起面试官的注意，而且能够使面试的氛围变得轻松。个性化地介绍姓名有多种方式，可以从名字的音、义、形或者名字的来历进行演绎。

（二）我做过什么

"我做过什么"代表着求职者的经验和经历。在这个环节，求职者主要介绍与应聘职位密切相关的实践经历，包括校内活动经历、相关的兼职和实习经历、社会实践等。求职者要说清楚确切的时间、地点、担任的职务、工作内容等，这样会让面试官觉得真实可信。特别需要注意的是，求职者的经历可能很多，介绍时不可能面面俱到，与应聘职位无关的内容，即使你引以为荣也要忍痛舍弃。

（三）我做成过什么

"我做成过什么"代表着求职者的能力和水平。在这个环节，求职者主要介绍与应聘职位所需能力相关的个人业绩，包括校内活动成果和校外实践成果。求职者介绍个人业绩，就是摆成绩，把自己在不同阶段做成的有代表性的事情介绍清楚。求职者在介绍个人业绩时，需要注意以下方面。

(1) 业绩要与应聘职位需要的能力紧密相关。如果应聘文员，求职者就不需要介绍销售业绩。

(2) 介绍自己的业绩而不是团队业绩，因为用人单位要招聘的是你，而不是你们；业绩要有量化的数据，不要用笼统的"很好""很多"，也不要用"大概""约""基本"等概数。例如，我一周内卖出了 34 箱方便面。

(3) 介绍的内容应当有所侧重，不要说流水账，要着重介绍能体现自己能力的重点。

(4) 介绍业绩取得的具体过程时，要巧妙地设伏笔。例如，求职者在介绍校外实践成果时，可以这样描述："在工作中遇到了很多的问题，不过我还是成功地克服并达成了业务目标。"引导面试官提问"遇到了哪些问题"，然后进一步阐述细节内容，体现出自己处理问题的能力。

（四）我想做什么

"我想做什么"代表着求职者的职业理想。在这个环节，求职者应该介绍自己对应聘职位、行业的看法和理想，包括职业生涯规划、对工作的兴趣与热情、未来的工作蓝图、对行业发展趋势的看法等。求职者在介绍时，还要针对应聘职位合理编排每部分的内容。与应聘职位关系越密切的内容，介绍的次序就越靠前，介绍得就越详细。

求职者在自我介绍时，还应该避开介绍内容的禁忌——忌讳主动介绍个人爱好，忌讳使用过多的"我"这个字眼，忌讳头重脚轻，忌讳介绍背景而不介绍自己，忌讳夸口，忌讳说谎，忌讳过于简单，忌讳没有内容。

当求职者讲完这四个方面时，其实面试官对你已经有了基本的了解。

五、求职场合自我介绍应把握的要点

(1) 突出个人的优点和特长，并要有相当的可信度。特别是具有实际管理经验的求职者，要突出自己在管理方面的优势，最好是通过自己做过什么项目这样的方式来验证一下。

(2) 展示个性，使个人形象鲜明，可以适当引用别人的言论，如老师、朋友等的评论来支持自己的描述。

(3) 不要夸张，坚持以事实说话，少用虚词、感叹词之类。

(4) 符合常规，自我介绍的内容和层次应合理、有序地展开。

(5) 符合逻辑，自我介绍时应层次分明、重点突出，使自己的优势很自然地逐步显露，不要一上来就急于罗列自己的优点。

六、求职场合自我介绍的礼仪

(1) 正式场合的自我介绍，一定要使用谦语和敬语。谦语和敬语体现了求职者的修养。它体现在两个方面，即对人使用敬语时，对己则使用谦语。常见的谦语有"错爱""斗胆""不才""才疏学浅""过奖""不敢当"等，常见的敬语有"请""您""阁下""贵方""尊夫人"等。

(2) 接到面试通知后，最好在家打个自我介绍的草稿，然后试着讲述几次，做好准备，免得在场时失了礼仪。

(3) 自我介绍时首先应礼貌地做一个极简短的开场白，并向所有的面试官(如果有多个面试官的话)示意，如果面试官正在注意别的东西，可以稍微等一下，等他注意力转过来后才开始。

(4) 注意掌握时间，如果面试官规定了时间，一定要注意时间的掌握，既不能超时太长，也不能过于简短。

(5) 自我介绍不宜太多地停留在姓名、工作经历、时间等内容上，因为这些在你的简历表上已经有了，应该更多地谈一些跟所应聘职位有关的工作经历和所取得的成绩，以证明你确实有能力胜任所应聘的工作职位。

(6) 求职者自我介绍时，眼睛千万不要东张西望，四处游离，显得漫不经心的样子，这会给人你做事随便、注意力不集中的感觉。眼睛最好注视面试官，但也不能长久注视。此外，要尽量少加一些手的辅助动作，因为这毕竟不是在做讲演，保持一种得体的姿态也很重要。

(7) 求职者自我介绍完了不要忘记道声"谢谢"，有时往往会因此影响面试官对你的印象。

课 后 练 习

1. 为自己设计"名片"——采用巧妙的方法，让人记住你的名字。

2. 如果你被邀请参加一次联谊活动并表演节目，你将如何自我介绍？

3. 假如你负责主持一项工程竣工仪式，到会的有省、自治区、直辖市各级领导，你将如何把他们介绍给与会者？

4. 试着把一位你所熟悉的人(如父亲、母亲、同学、老师……)得体地介绍给大家。

5. 你是证券公司的一位咨询顾问，周女士带来了她的几位朋友到你们公司咨询业务，面对老顾客周女士和其他陌生的顾客，你应该如何做自我介绍呢？

第六章
职场演讲的技巧与方法

演讲思维是每个职场人士都应该具备的基本能力与素质。职场人士在很多场合(如自我介绍、竞聘上岗、产品介绍、工作总结、主持会议等)都需要表达自己的观点，都需要演讲思维与能力的支撑。本章我们主要学习职场演讲的技巧与方法。

第一节　演讲的准备技巧

要使你的演讲达到思路清晰、主题明确、言简意赅的效果，你在演讲前就需要做好充分的准备工作。演讲时面对的听众是谁？这次演讲要突出什么主题？演讲时碰到一些突发情况应如何应对？演讲时应穿什么服装？演讲需要准备哪些资料或道具？这一系列问题都是演讲者需要思考并精心准备的。

一、演讲内容准备技巧

（一）拟定论题

一次成功的演讲离不开一个好的论题。拟定论题是指选择演讲所要阐述的主要问题，即"讲什么"。拟定论题，必须遵循两条基本原则。

(1) 需要性原则。需要性原则要求选择需要亟待回答的论题。每准备一次演讲都要从客观实际出发，认真考虑自己所选择的论题是否符合现实需要，是否属于听众所亟待得到解答而有意义的问题。如果论题本身毫无价值，客观上又不需要，那就不要它。有的论题虽有一定价值，但客观现实并不迫切需要，也不要选它。

(2) 适合性原则。适合性原则要求选择那些适合演讲听众、演讲时间、演讲场合和演讲者实际的论题。在演讲前，演讲者应了解听众及自身的年龄、身份、气质、能力等，掌握听众及自身的思想水平、文化程度、职业状况、兴趣爱好等基本情况，抓住听众普遍关心的及适合自身的问题，真正做到有的放矢。例如，对农民谈减轻农民负担，对机关干部论国内外时事政治，对大学生介绍就业形势，对专业服装设计师讲服装设计，就有可能切合听众的口味及适合演讲者的演讲。如果对中老年谈追星族，对工人讲解科学种田，对美食家谈政治，那么谈得再好恐怕也不受欢迎。

拟定论题只有同时符合需要性和适合性这两个原则，才能拟好、拟准。

（二）撰写演讲稿

演讲稿是进行演讲的依据，是对演讲内容和形式的规范及提示，它体现着演讲的目的、手段、内容和形式。它可以把演讲者的观点、主张与思想感情传达给听众，使他们信服并在思想感情上产生共鸣。所以，撰写的演讲稿要具有以下三个特点。

（1）针对性。演讲是一种社会活动，是用于公众场合的宣传形式。它为了以思想、感情、事例和理论来晓喻听众、打动听众、"征服"听众，就必须有现实的针对性。所谓针对性，一是作者提出的问题是听众所关心的问题，评论和论辩要有雄辩的逻辑力量，要能为听众所接受并心悦诚服，这样才能收到应有的社会效果；二是懂得听众有不同的对象和不同的层次，而"公众场合"也有不同的类型，如党团集会、专业性会议、服务性俱乐部、学校、社会团体、宗教团体、各类竞赛场合，撰写时要根据不同场合和不同对象，为听众设计不同的演讲内容。

（2）可讲性。演讲的本质在于"讲"，而不在于"演"，它以"讲"为主，以"演"为辅。演讲由于要诉诸口头，拟稿时必须以易说能讲为前提。如果说，有些文章和作品主要通过阅读欣赏与领略其中的意义和情味，那么，演讲稿的要求则是上口入耳。一篇好的演讲稿对演讲者来说要可讲，对听讲者来说应好听。因此，演讲稿写成之后，作者最好能通过试讲或默念加以检查，凡是讲不顺口或听不清楚之处(如句子过长)，均应修改与调整。

（3）鼓动性。演讲是一门艺术，好的演讲自有一种激发听众情绪、赢得好感的鼓动性。演讲者要做到这一点，就要依靠演讲稿思想内容的丰富和深刻，见解要精辟且有独到之处，发人深思；语言表达要形象、生动，富有感染力。如果演讲稿写得平淡无味，毫无新意，演讲者即使在现场"演"得再卖力，效果也不会好，甚至适得其反。

（三）透彻把握主题

主题是演讲者在演讲中所要表达的中心思想或基本观点，它体现着演讲者对所阐述问题的总体性看法，是整个演讲的"灵魂"和"统帅"。叶圣陶说过："一场演说，必须是一件独立的东西……用口说也好，用笔写文章也好，总得对准中心用功夫，总得说成写成功一件独立的东西。不然，人家就会弄不清楚你在说什么写什么，因而你的目的就难以达到。"演讲者只有透彻把握主题，才能准确地抓住演讲的"灵魂"，成为演讲的"统帅"，抓住事物的本质，进而谈得真切、讲得深入。

【拓展阅读 6-1】

孟晚舟深圳机场演讲

尊敬的各位领导，各位朋友：

晚上好！

烦劳诸位深夜在机场等候，我终于回家了！经过 1000 多天的煎熬，我终于回到了祖国的怀抱。异国他乡的漫长等待充满了挣扎和煎熬，但当我走下悬梯双脚落地的那一刻，家乡的温度让我心潮澎湃，难以言表。祖国我回来了！感谢伟大的祖国和人民，感谢党和政府的关怀，感谢所有关注和关心我的人。

作为一名普通的中国公民，遭遇这样的困境，滞留异国他乡三年，我无时无刻不感受到党、祖国还有人民的关爱与温暖。习主席关心我们每一位中国公民的安危，同样也把我的事情挂在心上，让我深受感动。我也感谢在这个过程中，所有相关部门对我的鼎力支持和帮助，他们坚定地维护了中国企业和中国公民的正当权益。

回首三年，我更加明白个人命运、企业命运和国家的命运是十指相连的，祖国是我们最坚强的后盾，只有祖国繁荣昌盛，企业才能稳健发展，人民才能幸福安康。作为一名普通的中国人，我以祖国为傲。作为一名奋斗的华为人，我以华为为傲。艰难彰显勇毅，磨砺使得玉成，所有的挫折与困难，感激与感动，坚守与担当都将化作我们前进的动力和拼搏的勇气。我们坚决拥护以习近平同志为核心的党中央，忠于自己的国家，热爱自己的事业，在政府的管理规则下努力发展好企业，为国家为社会多做贡献。

国庆即将来临，提前祝祖国母亲生日快乐。我想说有五星红旗的地方就有信念的灯塔，如果信念有颜色，那一定是中国红。再次感谢大家，因为我还要做防疫隔离，所以在此祝愿大家国庆快乐，谢谢大家。

资料来源：http://www.mnw.cn/ news/china/2518678.html

二、演讲选题准备技巧

演讲的选题非常重要。选题的确立决定着演讲构思的取舍，也决定着演讲的价值。新颖、独特、充满真知灼见的题目能使演讲的价值倍增，陈旧、俗套的题目会使演讲黯然无光。因此，演讲者撰稿前，应特别注重演讲稿选题的确立。

（一）选题要适合演讲者

选择自己比较熟悉并能胜任的主题，即选择适合自己的题目，可以使演讲更加深入、透彻、有说服力。但演讲者要注意做到如下两点。

(1) 选择自己熟悉并为之所动的有特长的论题。选择话题，必须选择自己熟悉的内容。只有熟悉，才能拥有大量的素材，才能具有自己切身的体会，也才能谈得真切、讲得深入。如果让一名解放军战士讲"高校管理与改革"，他恐怕难以胜任，若讲"战士肩上的重任"，因其深有体会，自然会滔滔不绝。

(2) 选择适合自己年龄、身份和气质的论题。选题如果不考虑演讲者的年龄、身份、气质、能力等，那么其论题再好，也无法搞好演讲。例如，一个中学生做美食方面的演讲肯定不够专业，也没有多少人有兴趣听。

（二）选题要适合听众

演讲者发表自己的思想见解，就是对事物做出自己的评价。这种评价听众能否接受，将受到听众价值心理的影响，如政治价值、经济价值、人生价值、知识价值、审美价值、伦理价值等，都将影响听众对演讲的需要心理。因此，演讲稿的选题一定要有针对性，要适合听众的需求。只有从听众的实际需求出发，有针对性地选择听众所需的演讲题目，才能给听众深刻的影响，具有较大的感染力，唤起听众听演讲的热情和兴趣，收到事半功倍的效果。

(1) 选题必须能引起听众的兴趣。选题要看对象，做到有的放矢。演讲者应该大致了解听众的年龄、职业、文化程度和思想状况，然后再根据这些具体情况进行实事求是的分析，以选择听众最感兴趣的话题。

(2) 选题必须有意义。选题要有意义，符合现实需要。演讲者要从提高人们对客观世界的认识能力和改造能力出发，选择那些政治上重要的、为大众所注意的、涉及最迫切问题的主题来阐述，从而解决人们普遍关心、急于得到回答的问题。

(3) 选题必须适合特定的场合。根据演讲场合进行选题。场合不同，选题也应不同。例如，梁启超1922年在南京、苏州等地连续做了二十多场演讲，由于他的博学和善于选题，每一场都有独特的题目和新的内容。

(4) 选题必须适合规定的时间。选题要适应演讲的时间，即要按规定的时间选择题目。如果时间长，论题就可大些；时间短，论题就可小些。

三、演讲心理准备技巧

（一）有强烈的成功欲

拿破仑有句名言："因为我决心要成功，所以凡是我做的事都得到了成功。"欲望是人们共有的心理现象，也是人们的思想行动所共有的内驱力。成功欲望的强弱、大小与一个人未来的成就总是成正比的。在演讲活动中，只有具有强烈的成功欲，才可能触发演讲者的心理动机，使演讲者对演讲效果高度关注，进而引起演讲者对演讲内容的构成、演讲方法和技巧的运用、听众的有关情况、演讲进程中的反应等一系列问题的关注，从而不断改进和提高演讲质量。

（二）有充分的自信心

自信心是个体对自己认识活动和实践活动成功把握的一种预测反应，是一种推断性的心理过程。自信心是演讲者重要的心理支柱，演讲者自信心的强弱对于演讲效果具有重要的影响。

如果想演讲成功，演讲者在演讲之前应树立必胜的信心。当然，这种自信应建立在科学基础上，而不是盲目自信。盲目的自信，对演讲的成功有害无益，是不可取的。科学的自信，至少应具备三个因素：

(1) 熟悉演讲的规律、原则和具体方法，并有演讲的实际体验和感受。

(2) 对当代演讲的实际状况以及此时此地的演讲者和听众的水平有基本的了解。

(3) 对自己演讲的基本内容和所涉及的基本知识确有把握并确信能使听众受益。

（三）有坚强的自制力

自制力是个体根据需要对自我情绪或情感进行调节与控制的一种心理现象，这种自控能力也是心理自制力。自制力的根本作用是抑制和排除消极心理的影响，调动和发挥积极心理的功能，以保障演讲者主动适应各种环境，充分发挥自己的才能，达到在任何情况下都能获得成功的目的。

在演讲中，演讲者要有效地运用和发挥自制力的作用，应注意以下几点：

(1) 坚定目标方向。

(2) 用意志去纠正感觉。

(3) 保持头脑冷静。

四、演讲练习准备技巧

（一）自练

演讲者熟记演讲稿后可以对着镜子、墙壁练习，也可以对着录音机练习。

对着镜子练习演讲是非常有用的，也是很重要的。在做演讲时，演讲者的一举一动都会影响听众的注意力。通过对着镜子练习，演讲者会注意到自己的身体是否在不断地前后摇摆，是否会做一些不易察觉的且无用的细微动作，这些让人分心的小动作往往使得有水准的演讲变成糟糕的演讲，要加以避免。

对着墙壁演讲还有助于演讲者弄清不妥的内容——没有说服力的或是不得体的内容。通过这样的练习，演讲者能反复推敲用词和表达语气，获益匪浅。

（二）面对特定的听众练习

演讲者面对朋友、同学、老师进行练习，请其提出意见和建议。

对着朋友发表演讲，你会感到轻松。而且朋友可以提供诚实、坦白的反馈，帮助你找出演讲稿中的问题。

对着同学发表演讲也很有用，因为这样可以增加你的压力，以至于你在实际演讲中更容易克服压力。你在演讲完后可以询问一下同学，看他有哪些不太清楚的地方，或者不太明白的地方。

对着老师发表演讲，就如面对评审团演讲，不但可以增加压力，还可以得到更好的指导。这样可使自己清楚地知道演讲中的优缺点，并获得更好的演讲方法。

在选择特定听众时，需要注意的是，家人不是最佳的选择。因为家人虽是你最好的评论者，但他们唯恐伤害到你或给你增加不必要的压力，不一定会给你提供诚实的反馈。如果你的家人坚持要你对着他们演讲，那么你对他们的建议不要全信，因为他们的评论并不十分可靠。

五、演讲服装准备技巧

正如笛卡儿所说，最美的服装应该是"一种恰到好处的协调和适中"的服饰。总体来说，美的演讲服装应做到：

(1) 整洁大方，表现人格尊严。

(2) 轻便协调，表现潇洒风姿。

(3) 色彩和谐，表现优雅教养。

演讲服装的准备，必须注意以下两点：

(1) 不能过于华美，否则会分散听众的注意力或者引起嗤笑。

(2) 不能过于随便，这既是对听众的不尊重，也是缺乏教养的体现。

演讲服饰的选择要求：

(1) 符合自己的年龄、职业和身份。

(2) 符合自己的脸型、肤色和身材的特征。

(3) 符合时代精神、社会风尚和民族审美意识。

(4) 符合演讲内容、演讲场合。

服饰不仅体现人的地位，而且体现人的性情与修养。你穿什么样的衣服，就在无言地宣告你是什么样的人，追求什么样的生活。穿错了衣服，就会传递错误的信息，进而造成误会。

六、演讲道具准备技巧

道具本来是剧目中所需要的物品，但因为演讲具有"演"的性质，所以道具也常被演讲者借用。演讲中的道具有两个特点：一是你身旁的或身上的物品；二是小的，少的，容易拿取的。演讲中不需要大道具，也不需要多的道具，所以演讲者不必花大精力去准备它。演讲中道具的使用是为了增强听众的视觉效果，提高听众的注意力，让人看起来和谐自然，而无做作之感。道具太大、太奇或太多，就会分散听众的注意力，所以，演讲者在准备道具时应注意以下两点：

(1) 道具要少而精。

(2) 道具何时拿出、放何处要提前考虑好。

第二节　演讲态势语言的运用

演讲，不仅要讲，还要演。站在台上讲话与在台下讲话不是一回事；站着讲与坐着讲，感觉也不一样。站在台上，你的一举一动都会对听众产生重要影响。或许，你以为只要控制住自己，在台上不哭不笑、不走不动，就不会出现问题。其实不然，这样你就成了一具会说话的木偶，这样的演讲只能让听众觉得可笑。听众来到现场，不仅要听，也要看你的演讲。

演讲不是演戏，如果一个人演讲时带给听众的是演戏般的感觉，那么他即使不让听众觉得可笑，他的演讲也不能获得大家的信任和受到大家的欢迎。但是，演讲又的确需要懂得一定的表演艺术，否则你便不能自然从容、潇洒大方地走上讲台。即使走到台前，你也不知道怎样才能站得挺拔潇洒，让人看着舒服。也许你还会感到别扭，不知道手该往哪儿放，眼该往哪儿看，以及怎样配合自己的声音做表情、打手势甚至脸上还会不自觉地露出一些莫名其妙的表情，当你想表现一种表情时，出现的却是另一种表情，让听众觉得惊诧；你想微笑，表示友好，结果却让人觉得似笑非笑。这些在平常不太可能出现的问题，在台上却十分常见。不仅如此，你的头、肩、手、腰、腿、脚都可能会不听使唤，很容易出现一些习惯性的、多余的滑稽动作，让你感到难堪。

一、演讲时的手势

演讲者的手势指演讲者在演讲时手部动作的姿势。手势没有固定模式，是由演讲者的性格和演讲的内容以及演讲者当时的情绪支配的，但是手势挥动的高度却有个约定俗成的范围，手的各种姿势则反映不同的内容，代表不同的意思，这也是约定俗成的。

（一）手势挥动的高度

手势挥动的高度分上位、中位、下位三种。

1. 上位
肩部以上为上位，常在演讲者感情激烈，或大声疾呼，或发出号召，或进行声讨，或强调内容，或展示前景，或指出未来的时候使用。例如：

(1) 让我们团结起来，携手并肩，共同奔向美好的明天！

(2) 同志们，睁开你们的双眼看看吧！

2. 中位
从腹部至肩部为中位，常用于演讲者心绪平稳、叙述事实、说明情绪、娓娓道来、这时演讲者的双手往往自然相握，放在小腹处或放在齐腰处，不乱动，有时为了减少紧张，也可以手握一样东西，如提示卡、笔、讲稿之类，只是应急，不能真的指望去使用。

例如，"读小学的时候，我的外祖母过世了，外祖母生前最疼爱我，我无法排除自己的忧伤，每天在学校的操场上一圈又一圈地跑着，跑得累倒在地上，扑在草坪上痛哭……"演讲这一段内容时手不要做什么动作，面部带着哀愁的表情叙述即可。

又如，当演讲者说到"我和你们是一路人"时，可以单手掌指自己，然后再指向听众，这样的手势，能缩短演讲者和听众的距离。另外，手掌在齐腰处平端，可表示"大家"或是表示"我也一无所有"；或者与耸肩一起运用，表示"无可奈何"；等等。

3. 下位

腹部以下为下位，这个部位的手势有时指示方位，多用于表达厌恶、鄙视、不快和不屑一顾的情感。例如：

(1) 让懦弱离我而去吧！

(2) 我将和他不共戴天，一刀两断！

4. 手指和拳头

除了手势外，演讲者有时也会借助手指和拳头与听众交流。

(1) 手指。大拇指表示夸奖、很棒；拇指朝外伸表示胜利；五指张开有时表示打招呼，有时左右晃动表示拒绝等；十指交叉一般表示自信或对对方感兴趣；搓掌表示期待，快搓表示增加可信度，慢搓表示有疑虑；手掌向前表拒绝、回避；劈掌表示果断、决心；在手臂语言中手臂交叉表示防御；交叉握拳表示敌对；等等。

(2) 拳头。手握拳头放于肩部，如宣誓、表决心；高举拳头挥动，表示警告；拳头放于胸前表示暗下决心；放在双腿两侧则有胸中怒火燃烧而又强忍之意。例如，我们要团结起来，共同奋斗。

忌手一会儿放在前，一会儿放在后，显得局促不安，或抓耳挠腮，或摆弄衣角，或把手插于裤兜里。这些都是演讲时的大忌。

二、演讲时的眼神与表情

演讲者的表情如"荧光屏"，听众的眼神都集中在"荧光屏"上。因此，演讲者脸上的每个细胞、每条皱纹、每个神经都能表达某种意思、某种感情、某种倾向，演讲者的面部表情一般应该带有微笑。首先，要善于用目光接触听众，很多演讲者上台后就一直低着头，没有正确运用目光与听众进行目光交流。一场成功的演讲，在演讲前准备工作做完，开始演讲前，就应该先与听众进行目光交流，环视全场让自己的情绪稳定下来；在演讲过程中，演讲者要持续与全场听众有目光接触，特别是坐在后面和坐在前排两侧的听众，一方面，演讲者运用目光接触，可以获得并掌握听众的注意力，建立相互的信任；另一方面，演讲者可以透过目光接触来回应听众、阅读听众的表情。

（一）眼神

演讲时接触的方法主要有以下几种。

(1) 前视法：演讲者视线平直，向前面弧形流转，从听众席的中心线弧形照顾两边，直至视线落到最后的听众头顶。

(2) 环视法：目光向全场有目的地扫视，使所有听你演讲的人都注意到你，而不是觉得你在和某个人交流，这样可较全面地了解听众的心理反应，同时可根据你的环视随时调整演讲的节奏、内容、语调，把握演讲的主动权。

(3) 虚视法：似视非视，演讲时需要这样虚与实的目光交替，"实"看某一部分人，"虚"看大家，演讲者要做到"目中无人，心中有人"。

以上三种眼神交替使用，适合听众较多的场合，特别是演讲。

对演讲者而言，更为重要与直接的是眼神能塑造自我形象，给人鲜明的第一印象。眼神炯炯，给人健康、精力旺盛、热情自信的印象；眼神迟钝，给人虚弱麻木、不灵活的印象；眼神明澈，给人坦诚的印象；眼神闪烁，给人神秘、狡黠、机灵的印象；眼神如炬，给人威严正义的印象。

心理学研究表明，在人的各种感觉器官可获得的信息总量中，眼睛要占80%以上。人内心的隐秘、胸中的冲突，总是自觉或不自觉地在不断变换的眼神中流露出来，它犹如一面聚焦镜，凝聚着一个人的神韵气质。泰戈尔说："一旦学会了眼睛的语言，表情的变化将无穷无尽。"高尔基在回忆列宁的演讲时写道："在他那蒙古型的脸上，一双锐利的眼睛在闪闪发光，表现出一个不屈不挠的战士对谎言的反对以及对生活的忠实，他那双眯缝着的眼睛在燃烧着，使着眼色，讽刺地微笑着，闪烁着愤怒。这双眼睛的光泽使得他的演讲更加热烈、更加清新。有时仿佛是他精神上有一种不可战胜的力量，从他的眼睛里喷射出来，那内容丰富的话语在空中闪光。"这才是一个演讲大师的眼神，这样炽热的眼神使你不认真听他演讲都不行。

你的眼神还有一条妙用，当你注视着听众时，听众觉得你在盯着他，便不会不听你讲，这也让听众不易于分神。这一做法尤其适于前排听众，就如教师盯着某个学生，这个学生便不得不强打精神认真听课。在听众有不良反应时，可以大胆地用眼神注视法，这对制止听众中的骚动情绪有很大作用。

在演讲中最忌眼神空洞呆滞，这最易损坏自己的形象。眼神畏缩慌乱也是不良表现。另外，眼神毫无目的地左右乱看也应极力避免。有的人总是毫无理由地闭眼或眨眼，让人觉得莫名其妙，这种不良习惯也应避免。

总之，眼睛是心灵的窗户。演讲者应该善于运用自己的眼神，辅助有声语言，来表达自己炽热的情感，维系听众的注意力，使听众透过心灵的窗户——眼睛窥见演讲者的内心世界，让听众感到你的友善、真诚、热情、自然，你就成功了。

那么，在演讲实践中，演讲者应当如何运用眼神呢？

1. 尽量看着听众说话

脱稿的演讲应该如此，不脱稿的演讲也应该如此。这样才能使听众看到演讲者的眼神，看到你内心的真情实感。有的演讲者，仰视天棚，或俯视地板，或左顾右盼，或东张西望，或躲避听众的眼睛，显得很不庄重，很不礼貌。演讲者也不应该一味直视，或者眼睛滴溜溜乱转，而应该将两眼略向下平视，眼神自然、亲切、专注，以吸引听众的注意力。

在演讲时要敢于正视听众的眼睛，用眼神表示你的友善与真诚，与他们进行情感交流。如果你是初次登台者，在众目睽睽之下确实感到一种"视线压力"，不敢直视听众，那么你可以用眼神虚视法，眼看着台下听众，却不把眼神停留在具体的人身上，做到"眼中无听众，心中有听众"。千万别因为紧张便不看听众，这样更会暴露你的紧张。

还有一种方法便是把自己的视线投向听众中频频向你点头的人，从而增强演讲的信心。等到平息了紧张的心理时，你再平视、扫视全场听众。以明亮有神、热情友善、充满智慧的眼神向对方表达你的坦诚、灵活、自信和修养，获得良好的第一印象。

2. 多和听众的眼神构成实在性的接触

看着听众说话，有虚看(扫视)和实看(凝视)两种，两者在演讲中都是需要的。在演讲之初或演讲中，演讲者不妨有几次遍及全场的扫视，但绝大多数时间都应该凝视。这样不仅能增强与听众的感情联系，而且可以通过察言观色，和听众建立灵敏的信息交流和反馈，迅捷地获得听众的反应，掌握听众的表情和心理变化，以便随时调节演讲内容，改善演讲方法。

演讲时，眼神一般应正视，并适当地扫视和环视，既显得庄重、严肃，又全面照顾，不会冷落了任何一个角落里的听众，演讲时眼神不要总是盯着某几个人或某一小块地方的听众。眼神停留时间过长、过多，也容易让人感到不自在，也让其他听众觉得你仅是对着一小部分人演讲，厚此薄彼最易失去听众。

3. 注重眼神运用的复杂多样

眼神的运用，显然都是面向听众的情感交流与信息传播。但有的是依据演讲的具体内容，有的是依据对听众的态度，有的是依据自己特殊的情绪、情感、体验等，有的是兼顾听众范围局部和全场的关系。如果情况错综复杂，眼神的运用自然也是丰富多彩的。如果演讲者总是用一种无动于衷的眼神，就会给听众一种麻木、呆滞的感觉，就无法使听众提神、凝思。

演讲者的视线应该跟着头部动作、身体姿态的变化而变化。当演讲者运用眼神表示希望、请求、祝愿和思索时，头微微向上抬，视线也应随之上升；当演讲者运用眼神表示谦虚、沉痛等情绪时，稍稍低头，视线也应下垂。总之眼神一定要与整个表情协调。

汉语中描述"看"这一眼睛动作的词语有五十多个，如盯、瞅、瞪、瞟、白、翻、斜、睨、使眼色、眉目传情、眉开眼笑、目不转睛、暗送秋波、横眉怒目、愁眉不展等。不同的眼神惟妙惟肖地传递着不同的信息，交流着不同的情感。因此，演讲内容波澜起伏，演讲情感抑扬跌宕，无不可以通过不同的眼神，配合有声语言、手势、表情、姿态，和谐地反映出来。

（二）表情

在演讲过程中，演讲者的面部表情无论好坏都会带给听众极其深刻的印象。紧张、疲劳、喜悦、焦虑等情绪无不清楚地表露在脸上，演讲者应根据演讲内容的需要灵活运用表情。一些演讲者不善运用自己的面部表情，即使演讲的内容再精彩，如果始终都是一种表情，不仅会留给听众呆板、单调的感觉，而且不利于演讲者情感的表达，从而影响演讲的效果。

总而言之，态势语言是演讲表达的重要方式之一。它不仅有效地帮助演讲者传情达意，使演讲者站在台上不至于太呆板，还能塑造演讲者的形象，给听众留下深刻印象。演讲者使用态势语言一定要自然大方，有过程、有过渡，不要太牵强、太局促、太突然，不能与演讲内容脱节。

第三节　情感融贯始终

让情感融贯始终是指让感情贯穿整个演讲过程。有些演讲者刚开始还挺有激情，到后来不知是自己已声嘶力竭，还是越讲越没劲，总之，越到后面就越显得有气无力，声音也越低，结果前功尽弃。有的相反，前面总是进入不了状态，后来才好一些。这两种演讲状态都应尽力避免。演讲者在演讲前便应该调整情绪，及时进入状态，台上演讲时应该保持最好的精神面貌，保证一气呵成。

一、想要感动别人，先要感动自己

一位诗人曾说："如果你想引出别人的眼泪，必须自己先悲痛起来。"的确，感情是发于外而形于内的东西，不自然的情感感染不了全场的听众，反而让人感到别扭。想要感染别人，最根本的便是自己先进入情绪状态，用自己的心来讲述，让自己先为之感动不已。如果自己都没有激情，那么如何感染他人？

如果一个人竭力想把自己伪装得善良和敏感来博取观众的欣赏，那么他一定会失败。但如果他的话是从内心真挚地发出来的，即使有一点小错误，听众也能感受到他真正的感情。成功的演讲家大都是富有活力和精神抖擞的人，他们具有超常的爆发力，能把他们内心的情绪释放出来。美国大政治家柏寿安说："通常所谓口才流利，就是说那人说话是从心底里发出来的，里面充满了热诚。一个诚恳的演讲者，不怕缺乏知识；一篇能够说服听众的演讲，能够把自己的心与听众的心融合为一，而不是单单把自己的记忆移入对方的记忆。演讲者要欺骗听众比欺骗自己都要难。"

二、情绪不要太夸张

我们听别人演讲，有时觉得演讲者感情太夸张，不自然，看着别扭，或者觉得演讲者说的话是唱高调，这其实是因为演讲者所表达出来的感情和他表达的内容脱节、不合拍。因此，演讲者的情绪必须和内容相符。很多演讲者缺少真切体会，感受并不深，但为了尽量向重大题材靠近，便拼命拔高、夸大自己的感受，言过其实还尽量表现得深情无限，这种情绪的表达就会让听众极度不舒服。越是表情丰富，就越让人觉得虚假。一旦听众觉得你的感情是假的，你的演讲就已失败了。

三、逐步升华情感

情感需要铺垫，应该一步一步地提升，逐步到达高潮。有的演讲者一上台便慷慨激昂，高声呼喊，讲到高潮时甚至声嘶力竭，手舞足蹈，令人感到莫名其妙；有的演讲者则从头至尾都平淡如水，没有波澜起伏的时候。显然，这两种演讲都是不成功的。演讲时，演讲者要注意控制情绪，逐步提升感情，一浪高于一浪，最后达到情感高潮。情感激发来得太突然，让听众不能接受，听众便只能瞪着眼睛看你在台上大呼小叫地"演戏"，只会觉得很滑稽，却不会产生共鸣。为此，演讲者先要把握好感情的基调，起调不要过高，气氛渲染到一定程度再把积蓄已久的情感释放出来，这样才能情多不溢。

在演讲前，演讲者就要开始调动情绪，把自己的心理状态调整为预定的情绪，注重演讲的情感定位。如果演讲基调是轻松、热情、向上的，演讲前就应该酝酿这种情感。

演讲的内容和语言安排也很重要。演讲者在写演讲稿时便要注意一步一步地深化，演讲时，演讲者的情绪也就自然地调动起来了，即使刚上台因为紧张不能马上进入状态，按部就班地讲下去，也会渐入佳境。所以，写演讲稿时要慢慢地把自己征服，这一点不可小视。

逐步升华情感的技巧有以下几点。

（一）由点及面地扩展

演讲中的事实材料是灵活多样的，诸如一次亲身经历、一个小故事、一段人物描写，甚至人物的片言只语等，这些富有个性却很典型的材料，往往成为升华演讲主题的"点"。由对"这一个"事实的叙述推及包含"这一类"的全部或部分事实内涵的概括，就是由点及面地扩展演讲主题的技巧。

（二）由表及里地深化

有些蕴含着深层意义的事实材料，不经点破，听众也许理解不透，而一旦经过演讲者的揭示与深化提炼，就如同在沙砾中发掘出闪亮的金子，在贝壳里发现晶莹的珍珠，催人感悟，发人深思。这种由外表行动或客观存在事实的叙述，升华为内在思想或深层含义的表达方法，就是由表及里地深化演讲主题的技巧。

（三）由此及彼地引申

在演讲中，以某一典型事件或自然现象为触发点和媒介加以引申，联系另一类相关事物和事理，以升华演讲的主题。这种由此及彼地引申演讲主题的技巧，通过形象化的渲染，不仅可以启迪听众的智慧和洞察力，还可以创设充满哲理美的境界和氛围。

（四）由陈及新的点化

在演讲中，演讲者套用或仿拟一些过去的材料，并且进行由陈及新的点化，挖掘出具有现实意义的深刻内涵。这种由陈及新的点化也是一种较好的升华演讲主题的技巧。

课 后 练 习

1. 思考题

(1) 为什么说演讲是一种最高级、最完美、最富有审美特征的口语表达形式？

(2) 演讲和口才的含义是什么？两者之间存在什么关系？

(3) 如何理解演讲是一门实用艺术？

(4) 你认为演讲者应当具备什么样的素质？

(5) 如何培养自己良好的演讲素质？

(6) 什么叫作有声语言？演讲有声语言的要求是什么？

(7) 什么叫作态势语言？演讲态势语言的要求是什么？

2. 实践题

(1) 你认为你的口才如何？做一个口才自我评价。

(2) 你目前在交际、演讲、口才上存在哪些问题？希望在哪些方面有所收获？

3. 训练题

(1) 当众说话进行勇气训练。

① 模仿秀。模仿动物的动作或叫声，模仿名人的动作或演讲片段。

② 表演秀。表演小品或哑剧。

训练目的是培养学生的心理承受能力，积累上台的经验，减少对讲台的恐惧心理。

(2) 普通话语音训练。

① 词语朗读。

② 诗词朗读。

③ 绕口令练习。

④ 气息训练。

⑤ 共鸣训练。

⑥ 语气语调训练。

训练目的是培养学生良好的有声语言表达能力，在朗读、朗诵、演讲时做到语音标准，字正腔圆，声情并茂。

(3) 态势语言训练。

① 站姿练习。

② 上台站立，微笑练习。

③ 手势练习。

训练目的是培养学生良好的外在形象和气质。

4. 讨论题

(1) 如果让你去做一场演讲，你该如何选题？

(2) 点明主旨的方法有哪些？选出你认为最常用的方式。

(3) 演讲主要讲材料，你对这种说法是如何理解的？

5. 情感激发训练

(1) 演讲题目：

① 妈妈的眼睛。

② 悠悠那一缕父子情。

③ 风中那一缕白发。

④ 感恩父母。

⑤ 师恩难忘。

(2) 即兴演讲思维训练：

① 发散思维训练。给出词语，进行拓展演说。

② 联想思维训练。限时连缀，触发连点。

③ 逆向思维训练。成语新解，观点反驳。

④ 纵身思维训练。以"由……想到的"为题做一分钟演讲。

(3) 即兴演讲备选题目：

① 人生处处是考场。

② 莫让年华付流水。

③ "沉默是金"之我见。

④ 学会放弃。

⑤ 当你被人误解时。

第七章
社交礼仪与口才

社交礼仪是指人们在人际交往过程中所具备的基本素质和交际能力等。在社交中，受欢迎的人基本是社交礼仪良好的人。

第一节　拜访与接待

一、拜访技巧

语言的交流与运用在拜访活动中起着至关重要的作用。得体的拜访语言使你处处受欢迎，因此我们应当给予足够的重视。

（一）拜访的含义

拜访又叫拜会、拜见，是指前往他人的工作单位或住所，去会晤、探望对方，进行接触。通常是为了礼仪或某种目的而进行的访问。

（二）日常拜访语的结构

不同形式、不同目的的拜访，其会话语言各不相同，但它们在结构上存在共性。就日常拜访而言，有进门语、寒暄语、晤谈语和辞别语四个部分。

（三）拜访的语言技巧

1. 进门语
(1) 拜访时要轻轻敲门或短促地按门铃。
(2) 与主人见面后，应立即打招呼，如"一直想来拜访您，今天终于如愿了！""给您添麻烦了！""对不起，让您久等了！""好久没有来看您了，一直想着。"

(3) 注意礼貌。

(4) 不宜使用调侃语言，如"我又来了，您不讨厌我吧？"这很不礼貌，也会使主人感到尴尬。

2. 寒暄语

(1) 话题要自然引出，内容符合情景。例如，天气冷暖、小孩的学习情况、老人的健康以及最近发生的新闻趣事、墙上的挂历、耳际的音乐等都是寒暄的内容。例如，"今天变天了，外面风真大！""这挂历不错，画面好像是……"

(2) 寒暄内容一定要符合习惯，避免犯禁忌，如不问年龄、不问婚姻、不问收入、不问工作等。

总之，令别人不悦的话题应避免提及，如一群人在一起谈话，问："你们都是什么学校毕业的？""南开大学。""同济大学。""对不起，我不是大学毕业。"是不是很令人尴尬？

(3) 寻找主客共同关心的话题。这样可以沟通感情，为双方进一步交谈创设一个融洽、和谐的气氛。

【拓展阅读 7-1】

客："这副对联是你自己写的吗？写得真不错。"

主："你过奖了。我不过是跟王田老师学过一段时间。"

客："呀，你也是王田老师的学生呀，我也曾跟他学习过。"

主："太好了！看来我们应该称师兄弟了。"

资料来源：https://www.docin.com/p-957463417.html，编者有删改

这段寒暄话不多，但贵在求同，一下子缩短了双方的心理距离。

3. 晤谈语

在拜访中，晤谈应注意以下几个方面：

(1) 内容节制，拜访目的明确。一般来说，交谈的时间以半个小时为宜(朋友间的随意性拜访除外)，以免耽误主人的时间。所以，主客寒暄后，客人应选择适当的时间，言简意赅地说明来意。

【拓展阅读 7-2】

同事拜访

曾有位同事不会做客，给我留下了深刻的印象。那时，我的孩子还小，我带着孩子刚下班迈进家门，他就来了。孩子闹，既要忙孩子，又要招待客人，我身心疲惫。无奈，我只好耐着性子陪他。一个小时后，我见其仍无离去之意，只好一边做饭，一边与其聊天，也没什么招待他吃的，好在是自己的同事，将就吃吧。饭后坐着陪他聊天，他仍无走意。问："有事吗？"他回答："没有。"最后我一看时间，已 21:20 了，只好说："太晚了，早点回去吧，不然我不放心。"时至今日，我也没有搞清楚他来我家的目的。

资料来源：口语交际：拜访，http://www.doc88.com/p-0307333658477.html，编者有删改

(2) 控制音量。客人谈话应降低音量，保持适度，忌无所顾忌地高谈阔论，打搅主人及其家属的安静生活，引起主人的反感。我们经常有这样的感受：隔壁邻居家来了客人，高声谈话，朗声大笑。此时，你的感觉一定不会很好。

(3) 注意态势语言。人们常说，听其言还需观其行。作为客人，应举止文明，避免手舞足蹈、来回踱步或指手画脚等不雅动作，避免不经主人允许翻东西、四处走动或随意参观居室等。

4. 辞别语

(1) 表示感谢，请主人留步。例如，"十分感谢您的盛情，再见！""就送到这吧，请回。""这件事就拜托您了，谢谢！"等等，这些表示感谢的辞别语要礼貌得体。

(2) 邀请对方来自己家做客。客人告辞时，除了向主人表示感谢外，还可邀请主人及家属来自己家做客，如"老同学，告辞了。你什么时候也一定来我家坐坐！"

（四）拜访的注意事项

(1) 拜访应选择适当的时间，如果双方有约，应准时赴约；万一因故迟到或取消访问，应立即通知对方。

(2) 到达拜访地点后，如果与接待者是第一次见面，应主动递上名片或自我介绍；对于熟人可握手问候。

(3) 如果接待者因故不能马上接待，应安静地等候；有抽烟习惯的人，应注意观察该场所是否有禁止吸烟的警示标志；如果等待时间过久，可向有关人员说明，并另定时间，不要显现出不耐烦的样子。

(4) 当与接待者的意见相左时，不要争论不休；对接待者提供的帮助应致以谢意，但不要过度。

(5) 谈话时开门见山，不要海阔天空，浪费时间。

(6) 注意观察接待者的举止表情，适可而止。当接待者有不耐烦或有为难的表现时，应转换话题或口气；当接待者有结束会见的表示时，应立即起身告辞。

(7) 做客时举止要稳重得体，不经允许不可闯到其他房间里去，除了翻阅摆在桌面的书刊外，随便翻动书柜里的书籍、笔记、信件等行为都会令人反感。

(8) 不要过多地对房间里的摆设进行评论和批评，也不要随便乱动这些摆设。

(9) 谈话中应注意分寸，避开主人家里对一些话题的忌讳；避免发生争执，即使对某问题的探讨达到高潮，情绪非常激动，也要控制，不能大声叫嚷。

(10) 做客时，遇有其他客人，应礼貌地打招呼；若其他客人有急事，应主动起身告辞。一般是先来做客的客人先告辞，以示对后来客人的尊重。

二、接待技巧

接待又叫迎访，即迎接客人来访。古人云："有朋自远方来，不亦乐乎？"然而不善言谈的主人，会使客人感到尴尬。那么，一位热情好客的主人在言谈上应该注意哪些技巧呢？

（一）接待言谈技巧

(1) 对来访者的进门语要礼貌、热情地应答。

例如，"我也想在家里同你聊聊，快请进！""哎呀！上次已经打搅了，还让你再跑一趟，叫我怎么感谢你呢？""哎呀，你来了，我可真高兴！"

(2) 招待热情、周全。例如，简单地寒暄、端茶果等。

(3) 尽快弄清来访者的意图，以便迅速确定谈话主题。主人要顺应客人心愿，给客人愉快的感受。

(4) 知人善谈。语速、语量要根据来访者的年龄和个人表情达意的需要而定。例如，对老年人用较慢的语速、较大的语量交谈，能使对方产生被人尊敬的喜悦感；对年幼的儿童交谈，则宜轻言慢语、语调柔和，能使小客人产生安全感、信任感；与同龄人交谈，讲究语速快慢适应，语量高低变化，富有节奏感，使客人不疲劳、不紧张。

(5) 礼貌送客。当客人离去时，主人先要诚恳地挽留；客人如执意要走，就不必强留。送客要送到门外，并说些分手告别的话，如"您走好""欢迎再来""经常来玩"等；主人送别客人不要急于回转，客人请主人"留步"后，主人要目送客人走，招手"再见"再回转；主人送别客人回屋时，关门的声音不可太重，否则客人听到也许会产生误会。

（二）与客人交谈的方法

在客人的拜访过程中，主客谈话是不可避免的，因此掌握好与客人谈话的礼节和方法是十分重要的。在礼节上，注意事项主要有以下几点。

(1) 在谈话之前最好能够了解客人的身份，以便使自己的谈话更得体、有针对性。

(2) 和客人谈话时，要实事求是，不轻言许诺。

(3) 与两位以上的客人谈话时，不要冷落任何一方。

(4) 与客人交谈时，更多给对方讲话的机会，不要随便打断对方的话头。如果因未听明白或了解情况而必须插话，应先征得对方同意，如用这样的方式："对不起，让我插一句""请允许我打断一下""请等一等，我想问一下……"这样可避免使客人感到你轻视他或你对他不耐烦之类的误解。

(5) 主人在与客人交谈的过程中，切忌看手表，不然会被认为是不耐烦或下逐客令。谈话时，主人态度要诚恳、自然、大方，语言要和气亲切、表达得体。谈话应正视讲话者，精力集中地倾听，不要做一切不必要的小动作，如玩弄指甲、摆弄衣角、挠痒、抓头皮等，这样做不仅失礼，也显得没有教养。谈话中伸懒腰、打哈欠或不等客人说完，视线和注意力就转向他方，也是不礼貌的。例如，主人在接待过程中要接听电话，应先向客人打个招呼："对不起，我接个电话。"若接待过程中有人来找，主人同样也要招呼。如另有要事，不能再谈下去了，主人要向客人说明，另约时间。如果不想再谈下去，主人可以减少谈话或不再主动添加饮料以暗示。但注意接待过程中，主人不可与个别人交头接耳。

(6) 对方的讲话没听清时，可以再问一次，如发现有误，应该进一步解释。

(7) 客人间互相交谈时，不可凑上去旁听。

(8) 表达意思要委婉。主人说话尽量采用与人商量的口气或自谦的口吻，避免使用主观、武断的词语。

(9) 说话时掌握分寸。在说话之前，主人要思考一下措辞是否妥当，如有不妥之处一定要反复修改一下，以免影响形象。

(10) 多用敬语、谦语。生硬而难听的话，不仅会伤害对方，对自己也无益，同时表现出自己不懂礼仪，缺乏教养，格调低下的形象。

(11) 送客。送客的礼貌用语应恰当，主人一般可送至房门口，如对上级、长辈可送至电梯口，甚至大门口，但不要送到门口后再大声长谈。

得体的接待体现的是一个人的教养与素质，它为我们建立了与人沟通的桥梁；反之，它会带来不必要的麻烦。

第二节 赞美与批评

赞美与批评是人际交往中必不可少的交际手段。但在日常生活中，许多人却常常因赞美或批评不得法，引起一些不必要的误会，甚至是成见，造成与他人交往的困难。有的人千方百计、搜肠刮肚找出一大堆的好话进行赞美，结果却事与愿违；有的人好心好意指出别人的缺点，诚心诚意想帮助别人，却遭到别人的反感、厌恶甚至憎恨。须知，成功的赞美和批评是要讲究一定的技巧的，赞美与批评是一门艺术。

一、赞美

在现代职场沟通与社交场合中，赞美已成为不可缺少的部分。适度的赞美可使对方产生亲和心理，为交际与沟通提供前提。喜欢被赞美是人的天性，人既想客观地了解自己，又想得到好评。如果一个人的长处得到别人的肯定，他就会感到自我价值得到了认可，从而为职场沟通创造新局面。美国心理学之父威廉·詹姆士曾指出："人性中最为根深蒂固的本性就是渴望收到赞赏。"

（一）赞美的含义

赞美是指发自内心地对自身所支持的事物表示肯定的一种表达。恰如其分的赞美能使人们更好地与朋友、同学交往，从而增进相互之间的友情和友谊。

（二）赞美的原则

1. 因人而异

因人而异，突出个性，个性化的赞美往往要比一般化的赞美收到更好的效果。对做生意的人，我们可以赞美他头脑灵活，生财有道；对有地位的干部，我们可以赞美他为国为民，廉洁清正；对知识分子，我们可以赞美他知识渊博、宁静淡泊；对年轻人，我们不妨语气略夸张地赞美他的创造才能和开拓精神，并举出几点实例证明他的确能够前程似锦；而老年人总希望别人不忘记他"想当年"的雄风，交谈时，我们可以多多赞美他最引以为豪过去……

曾经有一位心理医生，当他在银行排队取款时，看到前面有一位老先生满面愁苦的样子，而且只要有人稍碰撞他一下，他就会骂人。这位心理医生当时在想：这位老人心情不好，要让他开朗起来，他就不会以这种不满的态度对待别人了。于是，心理医生一边排队一边寻找老先生的优点，他终于看到老先生的优点了，老先生虽驼背哈腰，却长着一头漂亮的头发。当这位老先生办完事情走到心理医生面前时，心理医生衷心地赞道："先生，您的头发真漂亮！"老先生一向以一头漂亮的头发而自豪，听到心理医生的赞美非常高兴，顿时面容开朗、精神焕发起来。

2. 情真意切

并非任何赞美都能使被赞美者高兴，只有那些基于事实、发自内心的赞美才能让对方欢喜。若是无根无据、虚情假意的赞美，对方除了感到莫名其妙，更会觉得你油嘴滑舌、诡诈虚伪。因此，赞美对方就一定要出于真诚，这不仅会使被赞美者产生心理上的愉悦，还会使你经常发现别人的优点，从而使自己对人生持有乐观、欣赏的态度。

【拓展阅读7-3】

另一个就是我

陈毅、粟裕大军在孟良崮战役中消灭了张灵甫的王牌师后，名声大震，得到了广泛的赞誉。一次，毛泽东见到粟裕时，幽默地说："孟良崮战役打得好，打得很突然，有两个人没有想到，你猜是谁？"粟裕先猜了一下说："蒋介石没想到？"毛泽东说："对，另一个是谁？"粟裕又猜了何应钦、张灵甫，毛泽东都说不对，粟裕猜了半天却没猜着，丈二和尚摸不着头脑。毛泽东望着他大惑不解的样子，笑着说："另一个就是我。"

资料来源：赞美与批评的技巧，https://wenku.baidu.com/view/97d6c18316fc700aba 68fc6b.html，编者有删改

3. 具体翔实

在社会上，能够取得非常显著成绩的人并不多。因此，你在交往中应从具体事件入手，善于发现别人哪怕是最微小的长处，并不失时机地予以赞美。赞美用语越翔实具体，说明你对对方越了解，对他的长处和成绩越看重。用具体的赞美让对方感到你的真挚、亲切和可信，你们之间的距离也会越来越近。如果你只是含糊其词地赞美对方，说一些"你工作得非常出色""你是一位卓越的领导"等之类的空泛的话语，就很容易引起对方的反感，甚至误解和不信任。

4. 把握时机

赞美的效果在于见机行事、适可而止。当别人计划下决心做一件有意义的事时，开头时的赞美能激励他下次做出成绩，中间的赞美有益于对方再接再厉，结尾时的赞美则可以肯定他的成绩，指出其进一步努力的方向，从而达到整体赞美的最大效果。

5. 雪中送炭

俗话说："患难见真情。"最需要赞美的不是那些早已功成名就的人，而是那些因被埋没才能而产生自卑感或身处逆境的人。他们平时很难听到一声赞美的话语，一旦被人当众真诚地赞美，便有可能振作精神，大展宏图。因此，最有实效的赞美不是"锦上添花"，而是"雪中送炭"。此外，赞美并不一定用一些固定的词语，见人便说"好……"。有时，投以赞许的目光、做一个夸奖的手势、送一个友好的微笑也能收到意想不到的效果。当我们目睹一位经常赞美子女的母亲是如何创造出一个完满快乐的家庭，一位经常赞美学生的教师是如何使一个班集体团结友爱、天天向上，一位经常赞美下属的领导者是如何把他的团队管理成和谐向上的集体时，我们也许就会由衷地接受和学会人与人之间充满真诚和善意的赞美。

（三）赞美的技巧

1. 赞美要具体化

赞美要依据具体的事实进行评价，除了用一般性的夸奖语言，如"你很棒""你表现得很好""你不错"等，最好加上具体事实的评价。例如，你可以这样赞美："你文章写得可真好！角度新颖，人物刻画入木三分，文字读起来特别有快感，内容结构逻辑严谨……"

2. 赞美要差异化

人的素质有高低之分，年龄有长幼之别，特点也各有千秋，而赞美也需要差异化。对年长者，要在他的健康、阅历、经验、成就上做文章；对年轻人，可在他的事业、精力、仪表、风度上找话题；对初见者，可从他的表现和直观的外表谈起……总之，每个人都有自己独特的、值得赞美的亮点，只要你认真挖掘，总能找到对方的闪光之处。

3. 赞美他人得意之处

到位的赞美建立在细致地观察与由衷地欣赏之上，所以赞美对方一定要赞美对方的长处。如果你去赞美肥胖者的身材，对方一定会认为你是在讽刺他；如果你去赞美口吃者很有口才，对方一定想暴打你一顿。只有赞美对方最为得意和自认为值得炫耀的事情，才会令对方对你产生好感。

4. 在第三者面前赞美

当事人不在场时，你可以在第三者面前进行赞美，这样赞美的效果有时会出乎意料得好。比如，你可以王老板面前说："杨光工作认真负责，而且喜爱钻研，业绩非常出色，还有创新能力，是一个不可多得的人才啊！"这话日后传到杨光耳里，他自然会对你万分感激。通常，背后对人评价的好话或坏话都能传达到本人那里。好话，除了能起到赞美的激励作用外，更能让被赞美者感到你对他的赞美是真诚的，更能增强赞美的效果。

5. 赞美相关的人和事

有时候，赞美与对方相关的人或事，能收到比赞美他本人更好的效果。例如，赞美一位母亲时，你可以夸奖她的孩子很聪明伶俐；赞美一位男士时，你可以称赞他的妻子很漂亮贤惠。

总之，赞美的原则及技巧值得认真总结、仔细揣摩。

二、批评

批评就像一面镜子，反映了他人的缺点和不足，能帮助他人保持清醒的头脑，防微杜渐，不断进步。正所谓："良药苦口利于病，忠言逆耳利于行。"

批评是一门口才艺术，指出别人的错误应让别人心服口服地接受，且不怨恨你。

我们每一个人都不是生活在真空里，就像我们身上会沾染许多病菌一样，在我们的思想意识和言谈行为上，也会不可避免地出现一些缺点、错误。只有积极开展批评，才能使我们保持身心健康。但是，我们在开展批评时，一定要讲究方式、方法和艺术性，否则难以达到预期效果。

（一）批评的含义

批评的含义有两种：

(1) 指出所认为的缺点和错误。

(2) 对缺点和错误提出意见。

本章所讨论的批评侧重于后者。

（二）批评的方法

1. 请教式批评

请教式批评是用请教的口气包含批评的意思，给个梯子，别让人下不了台。

例如，有一个人在一处禁捕的水库网鱼，远处走来一位警察，捕鱼者心想这下糟了。警察走来后，不仅没有大声训斥，反而和气地说："先生，你在此洗网，下游的河水会怎么样呢？"这番话令捕鱼者感到意外，连忙道歉。这个案例便体现了请教式批评。

2. 暗示式批评

暗示式批评最大的特点是具有一定的隐蔽性，可以避免在批评下属时的直接对立或尴尬。

例如，某单位工人小王要结婚了，工会主任问他："小王，你们的婚礼准备怎么办呢？"小王不好意思地说："依我的意见，简单点，可是丈母娘说，她就只有这个独生女……"主任说："哦，咱们单位还有小李、小张都是独生女。"这段话双方都用了隐语。小王的意思是婚礼不得不大办。而主任则暗示：别人也是独生女，但能新事新办。这个案例便体现了暗示式批评。

3. 模糊式批评

模糊式批评运用弹性语言和模糊语言，一般用于比较大型的场合和公开的会议。

例如，某单位为整顿劳动纪律，召开员工大会，会上领导发言："最近一段时间，我们单位的纪律总体是好的，但也有个别同志表现较差，有的迟到早退，上班吹牛谈天……"这里用了不少模糊语言："最近一段时间""总体""个别""有的""也有的"等。这样既照顾了员工的面子又指出了问题，看似没有指名，实际上却指了名，并且说话具有某种弹性。这个案例便体现了模糊式批评，通常这种批评法比直接点名批评效果更好。

4. 委婉式批评

委婉式批评又称间接式批评。它一般都采用借彼批此的方法声东击西，让被批评者有思考的余地。其特点是含蓄蕴藉，不伤被批评者的自尊心。

例如，一位顾客坐在一家高级餐馆的桌旁，把餐巾系在脖子上。这种不文雅的举动很是让其他顾客反感。经理叫来一位侍者说："你去让这位绅士懂得，在我们餐馆里，那样做是不允许的。但话要说得尽量含蓄。"

待者寻思：怎么办呢？既要不得罪顾客，又要提醒他。侍者想了想，走过去很有礼貌地问了那位顾客一句话："先生，您是刮胡子，还是理发呢？"话音刚落，那位顾客立即意识到自己的失礼，赶紧取下了餐巾。

5. 渐进式批评

渐进式批评是指逐渐输出批评信息，有层次地进行批评。这种方式可以使被批评者对批评逐渐适应、接受，不至于一下子"谈崩"或让受批评者背上沉重的思想包袱。这类批评方式主要用于工作单位中领导者对下属的批评。

在批评时，领导者由浅入深，逐步指出被批评者的缺点和错误。有时，领导者担心被批评者一次不能接受，可以分几次谈，让被批评者从思想上逐步适应，渐进提高认识，不至于一下子将被批评者的缺点错误"和盘托出"，使其背上沉重的思想包袱或"崩溃"，这样反而达不到预期目的。

在批评这类员工时，领导者要善于用肯定的方式来促进批评效果的达成。假若员工的错误很多，领导者可以将他的缺点按照最易到最难的改正程度排列，然后依次提出批评，责令员工改正。在员工改正后，领导者应及时告诉员工，并适时提出下一个缺点："通过我近期的观察，你在与顾客交流和互动方面的进步很大，我听到过好几位顾客夸你了。不过，也有顾客反映你在拍照的过程中会带入个人情绪，下次，我们共同注意这个问题，相信你会有所改进的。"

6. 三明治式批评

所谓三明治式批评，是指厚厚的两层表扬，中间夹着一层薄薄的批评，即表扬—批评—再表扬。这种批评方式效果较好，被批评者容易接受。当批评一个人时，我们首先对其表扬一通，使其心情愉快，自信心增强；其次为使其做得更好，话题一转，提出其应改进之处，此时被批评者并没有批评之感，而是觉得确有改进的需要；最后趁机加以表扬，使其心情更加愉快。这种批评方式如能熟练运用，就能做到批评人而不得罪人，有助于改进人际关系，提高情商。

例如，批评某人上班迟到，可采用三明治式批评："你一向表现不错的，最近是否身体不佳？要不然你是不会迟到的。迟到按单位规定是要给你一点惩罚的，你说对不？身体不好的话要早点去看的，如果家里有事，你可以跟我打个招呼，我们大家都可以帮助你的。小伙子，好好干吧！"

与三明治式批评相对的是破坏式批评。而破坏式批评就会从头到尾都是火药味，同样是上班迟到，这种破坏式批评就会如此进行："××，你看看现在几点了，就你迟到，你要不要岗位了？请你给我记住，以后别再让我碰上，要不然，你就别再来上班了！臭小子!"这样的批评方式怎能不使对方大失面子呢？

7. 指出"错"时也指明"对"

大多数的批评者往往会把重点放在指出对方"错"的地方，却不能清楚地指明"对"应怎么做。例如，有的人批评别人说："你非这样不可吗？"这是一句废话，因为没有实际内容，只是纯粹表示个人不满意。又如，一位丈夫埋怨妻子说："家里一团糟，又有客人要来，你怎么只顾坐在那儿化妆？"这种话也不会起作用，因为他只说了一半。他可以这样说："亲爱的，你今天的妆容真美，特别有气质。不过你看家里还乱糟糟的，一会客人就到了，你除了装扮自己，是不是还要抓紧时间给我们的家化化妆呢？"

(三) 批评的禁忌

批评必须有度，轻了达不到改正错误的作用，重了会使对方受到严重的伤害，甚至产生反作用。如果要使批评能被人接受，领导者就要规避批评的几大禁忌，讲究方法和艺术，使批评发挥应有的作用。

1. 忌无中生有

忌无中生有指批评的前提是事实清楚、责任分明、有理有据。但是，在现实中，我们常常见到有的领导者批评他人时，事先不调查、不了解，只凭一些道听途说，或者只凭某个人打的"小报告"，就信以为真，胡乱批评人，给人留下"蓄意整人"的坏印象。

2. 忌发火时批评人

人人都有自尊心，即使犯了错误的人也是如此。领导者批评时要顾及别人的自尊心，切不可随便加以伤害。因此，领导者批评时应当心平气和，力戒发怒；不要以为横眉怒目才能显示自己的威风，实际上，这样做最容易伤害对方的自尊心，导致矛盾的激化。当你怒火正盛时，最好先别批评人，待心情平静下来后再去批评。

切忌讽刺、挖苦、恶语伤人。员工虽有过错，但在人格上与领导者完全平等，领导者得不能随意贬低甚至污辱对方。

3. 忌不分场合，随处发威

批评人必须讲究场合和范围。有的批评可在大会上进行，而有的只能进行个别批评。批评者若不注意批评的场合和范围，如随便把只能找个人谈的问题拿到大会上讲，就会使对方感到脸上无光，不利于问题的解决。特别要注意的是批评人不要随便当着对方下级的面或客人的面。否则，对方会认为你是故意丢他的脸、出他的丑，使他难堪，更会引起对方的公开对抗。许多争吵往往是由于批评的场合不对引起的。

4. 忌过分挑剔

批评人不能事事都要批评。对于那些鸡毛蒜皮的小问题、小毛病，只要无关大局，领导者应当采取宽容态度，切不可斤斤计较、过于挑剔。过分挑剔只能使人谨小慎微、无所适从，导致他们工作时不求有功，但求无过，甚至产生离心作用。

5. 忌突然袭击

批评人时，最好事先打个招呼，使对方有一定的心理准备，然后再批评，这样对方不至于感到突然，即忌突然袭击。比如，有的人做错事，但本人并没有意识到。这时，批评者应当先通过适当时机或指定与对方关系较好的人提醒他，使其先自行反省，然后再批评他，指出其错误所在。这样他有了心理准备，不至于感到突然，就比较容易接受批评。反之，如果当对方尚未认识到自己有错，你就突然批评，不仅会使人不知所措，还会怀疑你批评人的目的。

6. 忌清算老账

批评忌清算老账，对于过去的问题尽量不要拉扯出来，应当针对当前发生的问题。有些领导者为了说服对方认识问题，或为了证明对方当前的行为是错误的，便把心中积存的有关"问题"全部数落出来。这样做只能使对方感到你一直暗地里收集他的问题，这一次是和他算总账，从而使对方产生对立情绪。

7. 忌以势压人

批评人忌以势压人，在平等的气氛中进行才容易被人接受。领导者如果摆出居高临下、盛气凌人的架势，说不服就压服，动不动就说："是我说了算还是你说了算？"或下最后通牒："必须……否则……"这样，对方的逆反心理就产生了。对方可能会想，为什么一定要听你的？或者反过来挑衅地说："悉听尊便，请吧，我才不怕呢。"结果是逼而不从、压而不服，激起对方反抗情绪。

8. 忌全盘否定

批评人忌全盘否定，应尽可能准确、具体，对方哪件事做错了，就批评哪件事，不能因为他某件事做错了，就论及这个人如何不好，以一件事来论及整个人，把他说得一无是处、一贯如此。例如，用"从来""总是""根本""不可救药""我算看透你了"等来否定人都是不可取的。

9. 忌背后乱说

中国有句俗语："当面批评是君子，背后议论是小人。"这句话反映了人们的一种心态：不喜欢背后批评人。当面批评可以使对方听清楚批评者的意见和态度，也便于双方的意见得到交流，最终消除误会。如果背后批评，会使对方产生错觉，认为你有话不敢当面讲。再说，不当面讲，经他人之口转达，很容易把话传错，造成难以消除的误解。

10. 忌随处传扬

批评人不能随处发威，更不能随处传扬。有的人前脚离开下级，后脚就把这件事说给了别人；或者事隔不久批评另一个人时，又随便举这个例子，弄得人尽皆知，满城风雨，增加了当事人的思想压力和反感情绪。这是一种不负责任的工作作风。

11. 忌一批了之

批评只是解决思想问题的手段，而不是目的。一个人受到批评后，心理上会产生疑虑：是不是领导对我有成见？带着这种情绪，他会特别留心领导的有关言行，从而揣测领导对他的看法。当发现领导不理睬他时，他就会认为领导对他有成见；当领导无意批评到与他相似的问题时，他会神经过敏地认为领导又在讲他，在与他过不去。为了消除被批评者的这种猜忌心理，领导者要细心观察他的变化，对他表示关心和体贴，当他有了点滴成绩，及时给予肯定；当他有了困难，及时帮助。这样才能消除猜忌心理，达到批评的目的。

12. 忌反复批评

批评不能反复批评，有的批评应点到为止。一个人受到批评后，已经很不自在了，如果再重复批评他，他会认为你跟他过不去，把他当成反面典型。

（四）批评的原则

1. 就事论事

批评并不是回顾过去，而应该站在如何解决当前的问题，将来如何改进的立场上进行，最重要的是将来、现在，而不是过去。不追究过去，只将现在和将来的问题纳入需要解决的范畴，也就是不责备已成的结果，而是对今后如何做有所"鼓励"。就事论事的批评法才是理想、得当的说服法。

2. 只论此事

如果一次批评许多方面，不仅会使内容相互冲突，还可能把握不住重点，也容易使受到批评的人意志消沉。因此批评应只论此事。

在现实生活中，尤其是面谈时很容易出现这种情形。在日常工作场合中，说话的机会很少，所以便趁着面谈的机会把过去的一切全盘托出。这会使被批评者会产生对抗的心理，为了有效地说服被批评者，领导者应该尽量避免这样的情形出现。

3. 关门批评

批评人应关门批评，若有他人在场，被批评者会有屈辱感，心生反抗，找理由辩解，而无心自省，也就无法达到批评效果。因此，不到不得已，领导不要当众批评部下，除非是与自己有信赖关系的部下。

4. 别用批评来发泄心中的不快

"别用批评来发泄心中的不快"，是指责备别人时要公事公办，不要混杂私人之间的不快，而是进行冷静的批评。虽然批评是人的感情行为，不可能脱离感情，但是那种如同戴面具的批评是令人生厌和有违自然的。因此，如何正确地表达感情就成为批评重要的一环。

第三节　打圆场与说服

一、打圆场

在交际中遇到尴尬的场面时，应做到审时度势，准确把握双方的心理，然后运用说话技巧，借助恰到好处的话语及时出面打圆场，化解尴尬，维护交际活动的正常进行，显得十分重要和宝贵，值得引起重视。

（一）打圆场的话语技巧

成功地打圆场，是指针对实际情况灵活对待，或用幽默的话语转移话题，制造轻松气氛；或指出各方观点的合理性，强调尴尬事件有其合理性；或故意歪曲对方话里的意思，做出双方都能接受的解释；或肯定双方看法的合理性，找到双方都能接受的解决方法。打圆场的技巧如下。

1. 转移话题，制造轻松气氛
在交际场合中，如果某个较为严肃、敏感的问题使得交谈双方很对立，甚至阻碍了交谈的顺利进行，我们可以暂时回避，通过转移话题，用一些轻松、愉快的话题来活跃气氛，转移双方的注意力；或者通过幽默的话语将严肃的话题淡化，使原来僵持的场面重新活跃起来，从而缓和尴尬的局面。例如，当朋友之间为了某个问题争得面红耳赤，僵持不下时，我们可以适时说一句"要把这个问题争得明白，比国家足球队赢球还难"；或者说一个笑话，让双方的情绪平缓下来，在轻松的气氛中让尴尬消失殆尽，使交际活动得以顺利进行。

有时，当人们因固执己见而争执不休时，僵持局面难以缓和的原因往往已不是双方的看法本身，而是彼此的争胜情绪和较劲心理在做怪。实际上，对某一问题的看法本身常常并不是固定不变的，随着环境的变化和角度的转移，不同乃至对立的看法可能都是合理和正确的。因此，我们在打圆场时要抓住这一点，帮助争论双方换一个角度来看待争执点，灵活地分析问题，使他们认识到彼此看法的相对性和包容性，从而让双方停止无谓的争论。

2. 找个借口，给对方台阶下
有些人之所以在交际活动中陷入窘境，常常是因为他们在特定的场合做出了不合时宜或不合情理的举动。在这种情形下，最行之有效的打圆场方法莫过于换一个角度或找一个借口，以合情合理的解释来证明对方有悖常理的举动在此情此景中是正当的、无可厚非的和合理的。这样一来，对方的尴尬解除了，正常的人际关系也能得以继续下去了。

【拓展阅读7-4】

过时的衬衫

一位朋友过生日，请亲戚朋友在饭店里吃饭。他特意穿上了他以前去香港旅游时买的一件乳白色的蚕丝衬衫，自我感觉非常好。酒席宴前，他神采奕奕地向大家敬酒。结果一个来宾突然冒出了一句: "哥们儿,这衬衫可过时了啊,什么年代的东西了? 看,上面什么啊疙疙瘩瘩的!"

过生日的朋友听了脸色很不好看,半天说不出一句话。有人赶紧站起来打圆场,对那个不会说话的朋友说: "你小子外行了吧! 这是蚕丝衬衫,贵着呢,而且这种衬衫不会有褶皱,不管多少年照样跟新的一样。"饭桌上的其他人也立即应和着,纷纷称赞主人的衬衫珍贵而漂亮。过生日的朋友这才舒心地笑了。只是短短的几句话,便使这顿生日宴会在欢乐的气氛中继续进行。

资料来源: 巧说圆场论,给人台阶下! 明白后,生活中最受欢迎的人,就是你,https://baijiahao.baidu.com/s?id=1659341498138169957&wfr=spider&for=pc,编者有删改

3. 善于化干戈为玉帛

在交际活动中,交际的双方或第三者由于彼此言语之间造成误会,常常会说出一些让别人感到惊讶的话语或做出一些怪异的行为举止,导致尴尬和难堪场面的出现。为了缓解这种局面,我们可以采用故意"误会"的办法,装作不明白或故意不理睬他们言语行为的真实含义,即从善意的角度做出有利于化解尴尬局面的解释,对该事件加以善意的曲解,使双方或第三者化干戈为玉帛,促进局面缓和。

【拓展阅读 7-5】

清末官员陈树屏口才极好,善解纷争。他在江夏任知县时,张之洞在湖北任督抚,谭继洵任抚军,张谭两人素来不合。一天,陈树屏宴请张之洞、谭继洵等人。当席间谈到长江江面宽窄时,谭继洵说江面宽是五里三分,张之洞却说江面宽是七里三分。双方争得面红耳赤,本来轻松的宴会一下子变得异常尴尬。陈树屏知道两位上司是借题发挥,故意争闹。为了缓和气氛,更不能得罪两位上司,他说: "江面水涨就宽到七里三分,而落潮时便是五里三分。张督抚是指涨潮而言,而谭巡抚是指落潮而言,两位大人说得都对。"陈树屏巧妙地将江宽分解为两种情况,即一宽一窄,让张、谭两人的观点在各自情况下都显得正确。他们两人听了下属这么高明的圆场话,也不好意思再争下去了。

资料来源: 为人处世之道"打圆场",https://www.163.com/dy/article/FAR9 599S0542FKH0.html,编者有删改

4. 说让双方都满意的话

有时在某种场合中,当交际双方因彼此不满意对方的看法而争执不休时,很难说谁对谁错,调解者应该理解争执双方此时的心理和情绪,不要偏袒一方,以免加深双方的矛盾,而要对双方的优势和价值都予以肯定,在一定程度上满足他们的自我实现心理,在这个基础上,调解者再提出双方都能接受的建设性意见,这样就容易为双方所接受。

例如,学校举行文娱活动,教师和员工分成两组,自行编排和表演节目,然后进行评分。表演刚结束,坐在下面的人就分成两派,吵得不可开交。眼看活动将陷入僵局,主持人灵机一动,对大家说: "到底哪个组能得第一,我看具体情况应该具体分析。教师组富有创意,激情四溢,应该获得创作奖; 员工组富有朝气,精神饱满,应该获得表演奖。"随后

宣布两个组都获得了第一名。

这位主持人清楚文娱活动本身的目的并不在于真正分出高下，重要的是激发教职工参与文娱活动的激情。基于这一点，在评比出现矛盾的局面时，主持人并没有和人们一起争论孰优孰劣，而是强调了两个组的不同特点和优势，对两个组的努力都给予肯定，结果就很容易地被大家接受了。这样的打圆场方法是职场交际中必不可少的方法。

（二）说服技巧

1. 先了解对方再说服别人

"知己知彼，百战百胜"这句俗话是很有道理的。打仗如此，说服人也必须如此。在说服对方之前，你必须透彻地了解对方的有关情况，以便有针对性地进行说服工作。

（1）了解对方的性格。

苏洵的《谏论》中举了一个有趣的例子："有三个人，一个勇敢，一个胆量中等，一个胆小，将这三个人带到深沟边，对他们说：'跳过去便称得上勇敢，否则就是胆小鬼。'那个勇敢的必定毫不犹豫地一跃而过，另外两个则不会跳。如果你对他们说：'跳过去就奖给千两黄金。'这时那个胆量中等的就敢跳了，而那个胆小的人仍然不跳。突然来了一头猛虎，咆哮着猛扑过来，这时不待你给他们任何承诺，他们三个都会先你一步腾身而起，就像跨过平地一样。"从这个例子可以看出，不同性格的人，接受他人意见的方式和敏感程度是不一样的，有针对性地采取不同的方法，更容易说服对方。

办事严谨、诚恳、老练的人喜欢听流利而稳重的话。这时，你说话要注意态度和蔼，既不可高谈阔论，也不可婉转如簧，而应朴实无华、直而不屈、话语简单、言必中的，以给人淳厚的印象。

假如遇到性情豪放、粗犷的对象，他们喜欢耿直、爽快的话，那么你的言辞应该直接、坦白，知无不言、言无不尽，以表现出强烈的爱憎态度。

如果遇到学识渊博的高雅之士，他们崇尚旁征博引而少芜杂的言论，那么你不妨引经据典、夹叙夹议，使谈话富有哲理，所用言辞应表现出含蓄文雅、谦逊好学。

对于一些刚刚结识，又不知性格如何的人，你就要采取摸底的办法，设法了解。首先，在对方不愿开口时，你要适当提一些问题，借此观察对方。当然，这种谈话是漫话式的，话题可以包罗万象：哲学、经济、时装、吃喝……目的是洞察对方的爱好、习惯，从而判断对方的个性。其次，对一些不善开口的人，你也可以用激将法，就是用一连串带刺激性的问题攻击对方，使其兴奋。总之，首要的一步是设法打开对方的"话匣子"，通过观察对方表情、语言、举止，了解对方的性格类型，再决定自己下一步该说些什么样的话。

在一般情况下，"因人而异"要考虑以下几个方面。

① 性别的差异。对男性，需要采取较强有力的劝说语言；对女性，则可以温和一些。

② 年龄的差异。对年轻人，应采用煽动性的语言；对中年人，应讲明利害，供他们斟酌；对老年人，应以商量的口吻尽量表示尊重的态度。

③ 地域的差异。对生活在不同地域的人，所采用的劝说方式应有所区别。比如，在我国，对于北方人，可采用粗犷的态度；对于南方人，则应细腻一些。

④ 职业的差异。不论遇到从事何种职业的人，都要运用与对方所掌握的专业知识关

联较密的语言与之交谈，这样会大大增强对方对你的信任。

⑤ 性格的差异。若对方性格豪爽，便可以单刀直入；若对方性格迟缓，则要"慢工出细活"；若对方生性多疑，切忌处处直白，应该不动声色，使其疑惑自消。

⑥ 文化程度的差异。一般来说，对文化程度低的人所采用的方法应简单明确，多使用一些具体的数字和例子；对于文化程度高的人，则可以采取抽象的说理方法。

⑦ 兴趣爱好的差异。凡是有兴趣爱好的人，当你谈到有关他的爱好这方面的事情时，对方都会兴致盎然，也会在无形中对你产生好感，从而为下一步的劝说工作打下良好的基础。

(2) 了解对方的长处。

一个人的长处就是他最熟悉、最了解、最易理解的领域。例如，有人对部队生活熟悉，有人对农村生活比较熟悉；有人擅长文艺，有人擅长语言，有人擅长交际，有人擅长计算，等等。

在说服对方的时候，要从对方的长处入手：第一，能和他谈到一起去；第二，在他所擅长的领域里，谈论起来他容易理解，较容易说服他；第三，能将他的长处作为说服他的一个有利条件。

(3) 了解对方的兴趣。

有人喜欢绘画，有人喜欢音乐，有人喜欢下棋、养鸟、集邮、书法、写作等，人人都喜欢从事和谈论其最感兴趣的事物。你从这方面入手，打开他的"话匣子"，再对他进行说服，较容易达到说服的目的。

(4) 了解对方当时的情绪。

一般来说，影响对方情绪的因素有三个：一是谈话前对方因其他事被影响的心绪仍在起作用，二是谈话当时对方的注意力，三是对说服者的看法和态度。所以，说服之前，你要设法了解对方当时的思想动态和情绪，这是说服成败的一个重要环节。

(5) 了解对方的看法和态度。

一个人坚持一种想法，绝不是偶然的，他必定有自己的理由，而且他讲的道理一般都符合国家政策、集体利益或人之常情。但这常常不是他的真实想法，他的真实想法怕拿出来被人瞧不起，难以启齿。你如果能真正了解他的苦衷，就能有针对性地加以解决。

例如，有一位歌星特别爱摆架子，一次要参加一个大型义演的现场节目，时间是晚上九点。可是到了七点，这位歌星忽然打电话给唱片公司的总监，说她身体不舒服，喉咙很痛，要临时取消当天的演出。唱片公司的总监没有破口大骂，而是用惋惜的口吻说："哎！真可惜，这次义演最大牌的歌星才有机会亮相，如果你现在取消，公司里还有很多小牌明星挤破头呢，可是如果换了人，电视台一定会不满，有那么多后起之秀想取而代之，你这样做恐怕不妥吧。"歌星听后小声地说："那好吧！要不你八点来接我，我想那时我身体应该会好一点吧。"这位唱片公司的总监很清楚这位歌星，她根本就没什么毛病，只是喜欢摆摆架子，他找准了对方拒绝的真实原因，进而有针对性地进行说服，成功说服了她。

(6) 了解对方的思维习惯。

在职场中，每个人都有自己处事的思维方式和习惯。了解对方是有许多学问的。许多人不能说服别人，是因为他不仔细研究对方，不使用适当的表达方式，而是急忙下结论，还以为"一眼看穿了别人",这种想法是错误的。

【拓展阅读7-6】

鼓励的魅力

有个理发师傅带了个徒弟。徒弟学艺3个月后正式上岗,他给第一位顾客理完发,顾客照照镜子说:"头发留得太长。"徒弟不语。

师傅在一旁笑着解释:"头发长,使您显得含蓄,这叫作藏而不露,很符合您的身份。"顾客听罢,高兴离去。

徒弟给第二位顾客理完发,顾客照照镜子说:"头发剪得太短。"徒弟不语。

师傅笑着解释:"头发短,使您显得精神、朴实、厚道,让人感到亲切。"顾客听了,欣喜离去。

徒弟给第三位顾客理完发,顾客一边交钱一边笑道:"花时间挺长的。"徒弟无言。

师傅笑着解释:"为'首脑'多花点时间很有必要,您没听说'进门苍头秀士,出门白面书生'?"顾客听罢,大笑离去。

徒弟给第四位顾客理完发,顾客一边付款一边笑道:"动作挺利索,20分钟就解决问题。"徒弟不知所措,沉默无语。

师傅笑着抢答:"如今,时间就是金钱,'顶上功夫'速战速决,为您赢得了时间和金钱,您何乐而不为?"顾客听了,欢笑离去。

晚上打烊。徒弟怯怯地问师傅:"您为什么处处替我说话?反过来,我没一次做对过。"

师傅宽厚地笑道:"不错,每一件事都包含着两重性,有对有错,有利有弊。我之所以在顾客面前鼓励你,作用有二:对顾客来说,是讨人家喜欢,因为谁都爱听吉言;对你而言,既是鼓励又是鞭策,因为万事开头难,我希望你以后把活做得更加漂亮。"

徒弟很受感动,从此,他越发刻苦学艺。日复一日,徒弟的技艺日益精湛。

资料来源:韩焘,《我最想要的说话艺术大全集》,宁夏人民出版社,2012年

2. 循序渐进地说服别人

说服不能一蹴而就,在你说服别人时,别人会条件反射地产生反说服的心理,结果加强了对方的反对决心。因此,循序渐进、诱导的方式就成为说服中不可缺少的方式。

(1)"是"字战术。

古希腊著名的哲学家苏格拉底被称为最有智慧的说服者,他的秘诀就是巧用"是"字战术。他总是问对方同意的问题,然后渐渐引导对方转到既定的方向,当对方觉察到时,结论已统一了。两个人谈话,如果一开头就比较投机,这样的谈话一般都会有好的结局。即使在谈话中间出点差错,双方也会碍于情面而表示谅解。如果一开始就话不投机,双方谈不拢,各抒己见,那接下来要改变这种局面是比较困难的。

因此,说服人一定要有好的开头,一开始就让对方不得不点头称"是",接下来让他继续不断地说"是",直到说服对方。

巧妙运用"是"字战术,对说服别人是相当重要的。日本教育家多湖辉认为,要说服人,应从对方不得不回答"是"的问题开始,这样,他的自我防卫就会松懈,接下来的问

题也会很容易回答出"是"。如果一开始就让对方回答"不"的问题，他的防备心会更强，你也就无从下手了。

美国明尼苏达大学的马可·辛德和麦可·康尼汉做了一项试验。他们随机打电话给 30 个人，问他们是否愿意回答公共服务机构的 8 个问题，结果有 25 个人同意。接着他们又打电话给另外 32 个人，问他们是否愿意回答 50 个问题，结果有 24 个人拒绝。过了两天，他们以另一研究机构的身份，打电话给第一批愿意回答的人，问他们是否愿意回答 30 个问题，结果近 70%的人表示愿意，接着又打电话给第二批拒绝回答的 24 个人，问他们是否愿意回答 30 个问题，结果，只有 12%的人同意。这项研究表明，开始说"是"的人，他就会继续说"是"；相反，开始说"不"的人，就会一直说"不"。

(2) 设法先了解对方的想法与凭据来源。

曾经有一位很优秀的管理者这样说："假如客户很会说话，那么我就有希望成功地说服对方。因对方已讲了七成话，而我们只要说三成话就够了！"

事实上，很多人为了说服对方，精神十足地拼命说，说完了七成，只留下三成让客户"反驳"。这样如何能够顺利圆满地说服对方？所以，我们应尽量将原来说话的立场改变成听话的角色，去了解对方的想法、意见，以及其想法的来源或凭据，这才是最重要的。

(3) 先站在对方的立场发言。

当你感觉到对方仍坚持他原来的想法时，其原因是该想法尚有可取之处，所以他反对你的新提议。此时，最好的办法是先接受他的想法，甚至先站在对方的立场发言。

"我也觉得过去的做法是有可取之处的，确实令人难以舍弃。"我们先接受对方的立场，说出对方想讲的话。为什么要这样做呢？因为当一个人的想法遭到别人一无是处地否决时，极可能为了维持尊严或咽不下这口气，反而变得更坚持己见，排拒新建议。若是这样，成功说服的希望就不大了。

因此，如果我们要说服别人，让他人改变主意，必须使他明白利害得失。

【拓展阅读 7-7】

盲人的灯笼

从前，有一个盲人。他有一个奇怪的习惯，那就是在夜间出门时，常爱提着一盏明晃晃的灯笼。开始的时候，人们皆迷惑不解。有一天，一个年轻人终于忍不住上前问道："大哥，您眼睛看不见，打这个灯笼有用吗？""有用！有用！"盲人道，"我是让你们看到我，以免在黑暗中把我撞倒了。"

资料来源：优方舟，https://www.jianshu.com/p/01202c0f938b，编者有删改

善于观察与利用对方的微妙心理，是帮助自己提出意见并说服别人的要素。一般来说，被说服者之所以感到忧虑，主要是怕被说服之后，发生意想不到的后果；如果你能洞悉他们的心理症结，并加以防备，他们还有不答应的理由吗？

职场中人一般自我意识较强，你叫他做事，给他讲道理，他总是要掂量这件事、这个道理是否符合他的需要？对他有什么好处？只有在他认为有好处或非如此不可时，他才会服从。至于令对方感到不安或忧虑的一些问题，要事先想好解决之道以及说明的方法，一

旦对方提出问题，可以马上说明。如果你的准备不够充分，讲话时模棱两可，反而会令对方感到不安。所以，你应事先预想一个引起对方可能考虑的问题。

3. 说服别人要有足够的耐心

如果没有耐心，无论如何是说服不了别人的。在说服过程中，强烈的说服决心会使对方妥协。

如果你的观点是对的，一时不能说服别人，很可能会犯心急的毛病。当然，如果对方听了你的话，立刻点头叫好，并称赞你"一言惊醒梦中人"，这自然是最妙不过的。实际上，这样的情况并不多见。别人的看法、想法、做法，不是一天形成的，因而要对方改变看法也绝非一日之功。相反，即使他当时表示了认同，你还要让他回去好好考虑，以免会出现反复。如果真是如此，千万不能指责对方是"当面一套，背后一套"。正确的做法是第一要耐心，第二要耐心，第三还是要耐心。当不能说服对方的时候，甚至被人抢白后，也不要生对方的气，更不能生自己的气。"算了，管这闲事干什么？"这种想法是不应该有的。要有长期做说服工作的准备，逐步解释一些细节和要点，日积月累，成见就会渐渐消除。

此外，你还应当扩大阵线。有时，别人不难被你说服，但他被其他因素影响，可能被人怂恿几句，思想就又会有波动。所以，你要有足够的耐心。

4. 说服别人的程序和步骤

说服不是告诉对方"你应该如何"这么简单，而是让对方信服的一个过程。

说服别人应按照什么样的程序来进行呢？大致有以下步骤。

(1) 吸引对方的注意力。

为了让对方同意自己的观点，首先应吸引对方将注意力集中到自己设定的话题上。例如，利用"这样的事，你觉得怎样？""这对你来说，是绝对有用的……"之类的话转移他的注意力，让他愿意并且有兴趣往下听。

(2) 明确表达自己的思想。

你需要具体说明你所想表达的话题。例如，利用"如此一来，不就大有改善了吗？"之类的话，更进一步深入话题，让对方能够充分理解。

明确、清晰的表达是成功说服中不可缺少的要素。对方能否轻松地倾听你的想法与计划，取决于你如何巧妙地运用语言技巧。

为了让你的描述更加生动，可以引用一些比喻、举例来加对方的印象。

适当、现实、贴切地引用比喻和实例能使对方产生具体的印象，能让抽象、晦涩的道理变得简单、易懂，甚至使你的主题变得更明确。如此一来，你的说服就能顺利地让对方在脑海里产生鲜明的印象。

说话速度的快慢、声音的大小、语调的高低、停顿的长短、口齿的清晰度等，都不能忽视。除语言外，你也必须以适当的表情、肢体语言来辅助。

(3) 提示具体做法。

在前面的准备工作做好之后，你就可以告诉对方该如何付诸行动了。你必须让对方明白他应该做什么、做到何种程度等。此时，对方往往就会很痛快地按照你的指示去做。

(4) 用高尚的动机激励他。

一般情况下，每个人都崇尚高尚的道德、正派的作风，都有起码的做人道德。所以，在说服他人转变看法时，一个有效的办法就是用高尚的动机来激励他，分析这样做将给企业、公司带来什么好处，或将给家庭、子女带来什么好处，或将给自己的威信有什么影响，等等。这样往往能够很好地启发他，让他做他应该做的事。

(5) 通过交换信息促使他改变。

实践证明，不同的意见往往是由于双方掌握了不同的信息所造成的。有些人学习不够，对一些问题不理解；有些人习惯于老的做法，对新的做法不了解；有些人听人误传，对某些事情有误解，等等。在这种情况下，只要能把信息传给他，他就会觉察到行为不是像原来想象得那么美好，进而采纳说服者的新主张。

(6) 建立信任的关系。

有的人在说服时，特别向对方表示亲密的态度或用甜蜜的语言与之接近，不仅无法达成说服的目的，还会引起对方戒备，甚至受其轻视。所以信任非常重要。古人云："言必行，行必果。"有的人"用人朝前，不用人朝后"，这种观念是错误的。所以如果有意与人交流，保持信任的关系是必不可少的条件。信任的关系，寓于日常生活中，只要得到他人认同，而你也自认不会辜负他人时，你们双方就能建立信任，达到圆满地说服。做到这些，相信你就能发现说服的乐趣与效果了。

(7) 努力寻找彼此的共同点。

社会心理学家认为，人际吸引中相似性是个重要的因素，它包括年龄、性别、社会地位、经济状况、教育水平、职业、籍贯、兴趣、价值观、信念、态度等的相似，其中态度、信念和价值观为主要因素。因为相似的人彼此容易沟通，较少因意见传递的困难而造成误会和冲突，即使是初次见面，也有"相见恨晚"的亲切感。所以，在说服别人之前，你要努力在双方的经历、志趣、追求、爱好等方面寻找共同点，诱发共同语言，为交际创造一个良好的氛围，进而赢得对方的支持与合作。但这种"套近乎"也要讲求策略，否则，不看对象而随便"套近乎"，很可能适得其反。

(8) 站在对方的立场思考。

说服别人应站在对方的立场来看待问题确。许多口才不错的人都能做到这一点。因为若不如此做，成功说服的希望是很小的。然而，他们也并非一开始就能做得很好，而是从一次次的说服过程中吸收经验、吸取教训，不断训练自己养成这种习惯，最后才能成功说服他人。

5. 说服的口才技巧

(1) 理喻法。

理喻法指利用双方的利益原则做基础，通过向对方摆事实、讲道理，使对方放弃已经形成的意见，接受自己比较合理的建议。

(2) 情感法。

人有理性的一面，也有情绪的一面。情感法指劝说不仅要晓之以理，还要动之以情。当说理说不通时，可先从情绪上打动对方，突破对方的情感心理防线，从而改变对方的立场、态度，接受自己的建议。

（3）现身说法。

现身说法指劝服别人时以自己的经历开展、教育对方，或站在对方的立场上，从对方的利害得失的权衡中说服对方同意自己的主张与见解。

（4）以退为进。

以退为进指先掩盖自己的真实想法，肯定对方，并理解对方的处境和主观想法，使对方不至于产生对立情绪，认为你能理解他，之后再用相反的话去刺激他，达到劝服对方的目的。

二、拒绝

在人际交往中，我们总会遇到一些为难的事情，有人邀请你，可邀请的因由或地点你却认为不该到场；有人向你馈赠礼品，而接受的代价却是丧失原则；有时，人之所求实在无能为力……如何才能使自己既不陷于被动又不伤害对方的自尊呢？这就要求我们必须学会"推辞"。简单地说，"推辞"就是拒绝。"推辞"的结果往往有两种：一是双方不欢而散，甚至因此而生隙；二是皆大欢喜，成为深交的契机。生活中难免遇到不值得交往的人，若要"推辞"得尽如人意，就必须先怀着一颗与人为善的诚心。

（一）应当拒绝的几种情况

1. 在没有准备好的时候

很多人会在什么都还没有就位的时候就对老板或顾客说"没问题"。要知道，完美的工作需要充分的准备，完美的团队需要完美的组织。如果你的团队没有准备好和组织好，你就去对一件困难的任务说"没问题"，将会导致巨大的灾难。很多年轻的企业都会在其组织架构和商业模式都还没有就绪的时候就试着加速前进，但最终只会在白白花了投资人大量的金钱后，还破坏了自己的梦想和声誉。这时候你要说"不行"！当事和人都准备好的时候你就能自信地说"没问题"了。

2. 在不合适的时候

销售人员和企业家倾向于在每件事和每个人身上都看到潜在的商机。正因如此，大量的时间都浪费在了发展那些不可能成为客户、不可能投资或是不可能成为优秀员工的人身上。你与其把所有精力用于研究为什么会成功，不如花时间去关注它们为什么不会成功。即使你一开始说了"不行"，但当你自身水平提高后，你还是有机会再去抓住那些潜在的机会的。

3. 当你操劳过度的时候

有些人害怕说"不行"，甚至在他们已经承担了过量的工作的时候。他们觉得任何时候都应该积极回应，以免让别人失望。最后，他们也没能很好地把事情做完。在这种情况下，一句根本不可能的"没问题"反而会引发巨大的挫败。所以，你应该在一开始就说"不行"！你要对你的工作能力有一个清晰的认识，不要超过你的极限。

4. 当某事已经不现实的时候

你不能指望每个要求都已经得到了充分的考虑。很多时候，人们提出他们想要什么的时候根本就没有好好考虑要做到这些需要哪些必要条件。当别人向你提要求的时候，你一定要专业。如果你不知道那件事如何才能成功，你一定要做好功课，只有当你完全明白要怎么做才能成功的时候再说"没问题"，否则就只能说"可能"。

5. 当机遇不能帮助你前进的时候

想要在稳步前行的同时不失去已获得的东西是很难的。当你遇到一个机会，而那个机会并不一定能帮助你前进的时候，就要问问自己："我对这个机会感兴趣吗？"你或许会惊讶地发现，根本就没有理由说"是的"。当这种情况发生时，果断说"不"，然后转向另一个和你的目标更相符的机会。

6. 当交易不划算的时候

人们进入职场可能出于各种各样的原因，但几乎所有人进入职场都是为了盈利，但并非所有的盈利都和金钱有关。虽然年轻企业家必须明白持续的金钱盈利对其可持续发展和价值的成长是非常有帮助的。例如，一项交易能让你在人脉、曝光率、知识以及满意度上获得回报，但是当这项交易对所有人都没有好处的时候，就该说"不"!

7. 当你不能达到期望的时候

人们总是对快速成功地做好某件事抱有乐观的期望。当你把这种乐观的期望和满足客户的需求联系起来的时候，你往往会承诺太多你做不到的事情。因此，你必须对那些你做不到的事情说"不"! 以减少你的过错。不管你做什么，都不要因为你预计能做到就承诺下一桩交易。一旦承诺，客户就不得不接受你在质量、时间和价格上产生的变化，一旦他们明白发生了什么，就很少有人会回来和你说"没问题"并继续与你合作。

(二) 职场中常见的不合理现象

1. 上级对下级有问必答

传统的管理观念是领导者一定要比员工有能力。所以，很多领导者生怕员工认为自己能力低、不称职，因此事无巨细，尽量满足员工的请求，从而取得员工的依赖。殊不知，结果往往适得其反。

你的一位员工在办公室的走廊与你不期而遇，员工忙停下脚步："哎呀，老板，好不容易碰上你了。有一个问题，我一直想向你请示一下该怎么办。"

接下来，他将问题汇报一番。尽管你有事在身，但还是不太好意思让这急切想把事情办好的员工失望。你非常认真地听着，可实际上你心急如焚，因为你有很重要的事务要处理……

几分钟后，你看了看手表："噢，不好意思，我现在有急事处理。这个问题，看来我一时半会儿答复不了你。这样吧! 让我考虑一下，过两天再给你回复好不好？"你赶忙离开，不知不觉中也背上了一个重重的心理包袱。

两天后，员工如约打来电话："老板，前两天向你请示的问题，你看我该怎么办？"

忙乱中，你想了一下，才记起他讲的是哪一件事。"哦，实在不好意思。这两天我特别忙，还没有顾得上考虑这个问题，你再过几天来看看，好吗？""没有问题，没有问题。"员工非常能体谅你。

一周之后，你又接到员工的电话。不等他开口，你已经感到十分抱歉，并再一次让他"宽限"几日……此刻，你似乎有些焦头烂额，因为现在你的内心已满是内疚，你不知不觉成为问题的真正中心……

对此，正确的处理方法是不要"问答题"，只要"选择题"。实际上，我们只需要把前面的案例改一下。有一天，你的一位员工在办公室的走廊里与你不期而遇，员工忙停下脚步："哎呀，老板，好不容易碰上你了。有一个问题，我一直想向你请示该怎么办。"接下来，他如此这般将问题汇报一番……

你一直在认真倾听，并不时点头，几分钟后，你对他说这是一个非常不错的问题，很想先听听他的意见，并问："你觉得该怎么办？"

"老板，我就是因为想不出办法，才不得不向你求援的呀。"

"不会吧，你一定能找到更好的方法，"你看了看手表，"这样吧，这件事我一时半会儿也拿不出更好的主意，我现在正好有急事，不如这样，明天下午四点后我有一点点空，到时你先拿几个解决方案来一起讨论讨论。"

告别前，你还没有忘记补充一句："你不是刚刚受过'头脑风暴'训练吗？实在想不出，找几个搭档来一次'头脑风暴'，明天我等你们的解决方案。"

第二天，员工如约前来。从他的表情可以看出，他似乎胸有成竹："老板，按照你的指点，我们已有了 5 个觉得都还可以的方案，只是不知道哪一个更好，现在就请你拍板了。"

即使你一眼就已看出哪一个更好，也不要急着帮他做决定。否则，以后他对你依然会有依赖的习惯，或者万一事情没办好，他一定还是会说："老板，这不能怪我，我都是按照你的意见去办的。"

那些对员工有问必答的领导应记住以下准则。

(1) 该员工做决定的事，一定要让他们自己学着做决定。

(2) 做决定意味着为自己的决定负责任。不想做决定，常常是潜意识里员工不想承担做决定的责任。

(3) 员工不思考问题，不习惯做决定的根源一般有几个：一是有"托付思想"，自己不想承担责任，依赖领导或别人，这样的员工不堪大用；二是领导习惯代替员工做决定或喜欢享受员工听命于自己的成就感，这样的领导以及他所带领的团队难以胜任复杂的任务。

(4) 让员工自己想办法、做决定，就是训练员工独立思考问题的能力和勇于承担责任的行事风格。但这一点与领导不敢承担责任，任由"集体"来承担责任，以便自己到时好借口"下属办事不力"来推卸责任的"官僚作风"有本质差异。

2. 同事之间界限不清

领导者不仅要清楚自己作为一名从业者的职责界线，更要清楚自己作为一个正常人的心理底线。

某企业的两位车间主任争论不休：甲说乙应将模具送给他，乙说甲应自己来取。最后他们闹到总经理那里。究其原因，甲说："在我担任车间主任以前，送模具的工作是由两个车间轮流来做的，我新上任车间主任以后，乙说他的车间工作繁忙，需要我的车间多担待一点，出于对老主任的尊敬，我没说二话。可是半年过去了，这个工作不知不觉完全变成了我们车间的事儿，我的工人都跟我抱怨，我没办法才去找乙理论，可是他却说这本来就是我们的工作……"

有些人在拒绝对方时，因感到不好意思而不敢据实言明，致使对方不清楚自己的意思，进而产生许多不必要的误会。例如，当你语意模糊地回答别人："这件事似乎很难做得到吧！"这是拒绝的意思，却可能被认为你同意了，如果你没有做到，别人反而会埋怨你没有信守承诺。

所以，拒绝时应大胆地说出"不"字，这是相当重要却又不太容易的课题。当然，在实际的工作和生活中，有人喜欢你直截了当地告诉他拒绝的理由；有人则需要你以含蓄委婉的方式拒绝。具体的做法还需根据实际情况区别对待。

3. 下级对上级有求必应

由于中国人传统的官本位思想以及潜意识中对权力的莫名敬畏，大多数做下级的人员对于来自上级的指令唯命是从。

(1) 必须听领导安排的错误思想。

对下级来说，想做个有求必应的好好先生或好好小姐并不容易，领导的要求永无止境，往往是合理的、悖理的并存，如果你一直不好意思当面说"不"，总是轻易承诺了自己无法履行的职责，将会带给自己更大的困扰和沟通上的困难。

其实拒绝领导只是一个表面现象，更重要的是，你要让领导了解你的真实状况，如果你不能把自己的真实情况有效地传递给领导，就会出现以下境况：当你的领导看到你有一丝犹豫或异议的时候就会随心所欲；你在分派给你的分内工作之外的任务中都表现出色，虽然这在某些情况中是好事，但没有人的精神和体力是取之不尽、用之不竭的；多数人把你在处理某些艰难险阻时所表现出的"我能行"的态度当成了"我凡事皆行"。

(2) 领导的话必须听的错误思想。

对领导来说，其更应该自省。领导总是容不得员工说"不"，甚至到了听"不"必怒的地步，那就会很危险。

俗话说："上有所好，下必甚焉。"员工不敢说"不"，领导就要好好地检讨一下自己。

拒绝接受不善体谅他人又十分苛刻的领导的要求，通常都被视为极度艰难甚至不可能的事。但是，有些老练的员工却深谙回拒方法：经常将来自领导的原已过多的工作，按轻重缓急编排出办事优先次序表，当领导再提出额外的工作要求时，即展示该优先次序表，令他决定最新的工作要求在该优先次序表中的恰当位置。这种做法有三个好处：

① 让领导做决定，表示对领导的尊重。

② 办事优先次序表既已排满，则任何额外的工作要求都可能令原有的一部分工作要求无法按原定计划完成，除非新的工作要求具有高度重要性，否则领导将不得不撤销它或找他人代理。就算新的工作要求具有高度重要性，领导也将不得不撤销或延缓一部分原已指派的工作，以使新的工作要求能被办理。

③ 员工若采取这种拒绝方式，将可避免领导误以为他在推卸责任。因此，这是一种极为有效的拒绝方式。

正如喜剧大师卓别林所说的："学会说'不'吧！那你的生活将会美好得多……"如何拒绝他人呢？在什么情况下可以拒绝别人？怎样做才能使自己不做违心的事，又不影响友谊呢？拒绝是人际交往中一个至关重要的处世行为艺术。

（三）拒绝应把握的原则

我们既有求人的时候，也有被人求的时候，自然免不了被人所求而力所不及。这就要求我们"推辞"有术。

1. 诚恳、灵活
如果对方的邀请或馈赠是出于诚意，而你在权衡利弊之后决定不接受，那你就应当诚恳地向对方解释不能接受的理由，以免对方由于你的拒绝而抱怨或误解；或者视对方情况采取一些灵活的方式。

2. 寻找恰当的借口
有时要拒绝对方的某一要求而又不方便说明原因，不妨寻找某个恰当的借口(托辞)，以正当的、不至于被对方责怪的理由来回避对方的请求，从而达到拒绝的目的。

因此，借口要符合客观实际，能自圆其说，令人信服；表达时态度应诚恳，不装腔作势、忸怩作态。

3. 转移对方的注意力
心理学研究表明，当人的注意力专一时，如果另有一种新的刺激参与，那么人的注意力就很容易转移到这种新的刺激上去。在社交中碰到对方提出自己一时难以答复的问题或难以满足的要求时，我们不妨用转移注意力的办法，把对方吸引到另一件你可以办到的事情上去，这样既能使自己摆脱困境，又能满足对方，使其不因你没能解决那个难以解决的问题而责怪你。

（四）拒绝的技巧

当我们想拒绝别人时，往往心里在想："不，不行，不能这样做，不能答应！"嘴上却支支吾吾地说："这个……好吧……"这种口不应心的做法，一方面是怕得罪人，另一方面是担心过于直率地拒绝不利于待人接物。事实上，说"不"可以掌握以下诀窍。

1. 用沉默表示"不"
如果一位不熟识的朋友邀请你参加晚会，送来请帖，你可以不予回复。它本身表明你不愿参加这样的活动。

2. 用拖延表示"不"
有人想和你约会，在电话里问你："今天晚上8点钟去跳舞，好吗？"你可以回答："明天再约吧，到时候我给你打电话。"

你的同事约你星期天去钓鱼，你不想去，可以这样回答："其实我是个钓鱼迷，可自从成了家，星期天就被妻子没收啦！"

3. 用推脱表示"不"

一位客人请求你替他换个房间，你可以说："对不起，这得值班经理决定，他现在不在。"

有人想找你谈话，你可以看看表："对不起，我还要参加一个会，改天行吗？"

4. 用回避表示"不"

你和朋友去看了一部拙劣的武打片，出影院后，朋友问："你觉得这部片子怎么样？"你可以回答："我更喜欢抒情点的片子。"

一位名叫金六郎的青年去拜访本田宗一郎，想将一块地产卖给他。本田宗一郎很认真地听金六郎讲话，只是暂时没有发言。本田宗一郎听完金六郎的陈述后，并没有做出"买"或者"不买"的直接回答。而是在桌子上拿起一些类似纤维的东西给金六郎看，并说："你知道这是什么东西吗？""不知道。"金六郎回答。"这是一种新发现的材料，我想用它来做本田宗一郎汽车的外壳。"本田宗一郎详细地向金六郎讲述了一遍，共讲了15分钟之多，谈论了这种新型汽车制造材料的来历和好处，又诚恳地讲他明年的汽车拟取何种新的计划。这些内容使得金六郎摸不着头脑，但令他感到十分愉快。在本田宗一郎送走金六郎时，才顺便说了一句，他不想买他的那块地。

如果本田宗一郎一开始就将自己的想法告诉金六郎，金六郎一定会问个究竟，并想方设法地劝说本田宗一郎，让他买地。本田宗一郎不直接言明的理由正是如此，他不想与金六郎为此而争辩。所以，拒绝对方的提议时，我们最好采用毫不触及话题具体内容的抽象说法。

5. 用反诘表示"不"

你和别人一起谈论国家大事，当对方问："你是否认为物价增长过快？"你可以回答："那么你认为增长太慢了吗？"

你不喜欢的人问："你喜欢我吗？"你可以回答："你认为我喜欢你吗？"

6. 用客气表示"不"

当别人送礼品给你，而你又不能接受的情况下，你可以采用三种方式客气地回绝：一是说客气话；二是表示受宠若惊，不敢领受；三是强调对方留着它会有更多的用途；等等。

7. 以友好、热情的方式说"不"

一位作家想同某教授交朋友，作家热情地说："今晚我请你共进晚餐，你愿意吗？"教授正忙于准备学术报告会的讲稿，实在抽不出时间。于是，他亲切地笑了笑，带着歉意说："对你的邀请，我感到非常荣幸，可是我正忙于准备讲稿，实在无法脱身，十分抱歉！"他的拒绝是有礼貌而且愉快的，但又是那么干脆。

8. 降低对方对你的期望

大凡来求你办事的人，都是相信你能解决这个问题，对你抱有很高的期望。一般来说，对你抱有的期望越高，你越是难以拒绝。因此，你在拒绝要求时，倘若多讲自己的长处或过分夸耀自己，就会在无意中抬高对方的期望，增大拒绝的难度；如果适当地讲一讲自己的短处，就降低了对方的期望，在此基础上，抓住适当的机会多讲别人的长处，就能把对方的求助目标自然地转移过去。这样不仅可以达到拒绝的目的，而且可以使被拒绝者因得到一个更好的求助目标，由意外的成功所产生的愉快和欣慰心情取代其原有的失望与烦恼。

（五）拒绝应注意的问题

(1) 不要立刻就拒绝。立刻拒绝，会让人觉得你是一个冷漠无情的人，甚至觉得你对他有成见。

(2) 不要轻易拒绝。有时候轻易地拒绝别人，会失去许多帮助别人、获得友谊的机会。

(3) 不要在盛怒下拒绝。在盛怒之下拒绝别人，容易在语言上伤害别人，让人觉得你一点同情心都没有。

(4) 不要随便拒绝。太随便地拒绝，别人会觉得你并不重视他，容易对你产生反感。

(5) 不要无情地拒绝。无情地拒绝指表情冷漠、语气严峻地拒绝，毫无通融的余地，令人很难堪，甚至反目成仇。

(6) 不要傲慢地拒绝。一个盛气凌人、态度傲慢不恭的人，任谁也不会喜欢亲近他。何况当别人有求于你，而你以傲慢的态度拒绝，别人更是不能接受。

(7) 婉转地拒绝。你真正有不得已的苦衷时，如能委婉地说明，以婉转的态度拒绝，别人还是会感动于你的诚恳。

(8) 有笑容地拒绝。你拒绝的时候要面带微笑，态度庄重，让别人感受到你对他的尊重、礼貌，就算被你拒绝了，他也能欣然接受。

(9) 有代替地拒绝。他提要求你帮不上忙，但你用另外一个方法来帮助他，这样一来，他还是会很感谢你的。

(10) 有出路地拒绝。你拒绝的同时，如果能提供其他的方法，帮他想出另外一条出路，实际上还是帮了他的忙。

课 后 练 习

1. 自我检测。

(1) 你去拜访朋友，在友人家中，好客的女主人给你端上一杯茶，正当你端起要喝时，却发现杯中有头发。这时你该怎么办？应该怎么说？

(2) 有位朋友到你家拜访，天很晚了，你也很困，他却没有离去的意思。这时，你该怎么办？又应该怎么说？

(3) 当你登门拜访时，在门口就听见里面在争吵，这时你该怎么办？

(4) 利用星期天去拜访一位久未联系的年长朋友或老师。除了礼节性的目的外，最好想一个拜访目的。拜访归来，对拜访情况做反思评价。

(5) 注意收集拜访与接待中经常使用的寒暄语、告别语，并在实践中注意运用。

(6) 去拜访一位名人，进屋之后发现主人家喂了一只小猫。以此为话题，设计一场 2

分钟左右的谈话。

2. 训练题。

两人一组，围绕联系社会(毕业)实习单位的问题创设情境，自选角色进行电话交谈。一次通话时间不超过 5 分钟。

3. 当你学服装设计的朋友经过几个晚上的努力后，终于完成了他的作品。但事实上这件"时装"却不值得恭维，因为太一般了。而你的朋友却没意识到这一点，他很得意地拿给你看，内心很希望得到你的赞美。这时，你会怎么说？

4. 家具厂的锯木车间，新工人小李忍不住烟瘾，在小憩时抽起烟来。这时厂长来了，大家都望着小李，而小李却还没意识到这里不能抽烟。如果你是厂长，你会怎么批评他？

5. 学校实验室里的一面凸透镜不见了。一天中午，李老师经过操场，却见前两天帮忙搬运实验器材的几位学生正拿着这面凸透镜做"聚焦"实验。现在请你以李老师的身份批评教育这几位学生。

6. 简单谈谈赞美和批评的语言技巧。

7. 分角色模拟说服劝解。

要求：

(1) 由几名学生分别扮演不同角色，完成劝解的全过程。

(2) 评议角色模拟的逼真性。重点在于评议劝解人的语言运用是否恰当？是否巧妙？

① 居民楼三楼有一住户，女主人是四十岁左右的叶某，此人心胸狭窄、蛮不讲理，她常常把一些杂物放到楼道，使得楼上住户上下很不便。有一天，四楼的张某忍不住，要她把杂物搬走，但叶某不听，双方争吵起来。请你来劝解，要求结果是叶某搬走杂物，两家和好。

② 刘某将自家的临街房子改作饭馆做生意，结果排出的油烟和怪味直冲楼上住户李某家窗户。李某和相邻几家深受其苦。李某等多次要求对方采取措施均遭拒绝。双方几乎要对簿公堂，街道干部来劝解。要求劝解成功，应如何劝解？

8. 评析下面的案例，你认为有哪些成功的经验值得吸取？

(1) 卡耐基是美国著名的演说家、教育家。他常租用某家大旅馆的礼堂，定期地举办社交培训班。一次，卡耐基突然接到这家旅馆增加租金的通知。更改日期和地点已经不可能了，他决定亲自出面与旅馆经理交涉，下面是两人对话的内容。

卡耐基："我接到你们的通知时有点震惊。不过，这不怪你。假如我处在你的地位，或许也会做出同样的决定。作为这家旅馆的经理，你的责任是让你的旅馆尽可能多地盈利。你不这么做的话，你的经理职位就难以保住，也不应该能保住，对吗？"

经理："是的。"

卡耐基："假如你坚持要增加租金，那么让我们来合计合计，看这样对你有利还是不利。我们先讲有利的一面。如果大礼堂不租给我们讲课，而出租给别人办舞会、晚会，那么你获利就可以更多，因为举行这类活动时间不会太长。他们能一次付出很高的租金，比我们出的租金当然要高很多，租给我们你显然感到吃亏了。现在我们再分析一下不利的一面。首先，你增加我的租金，从长远看，你却是降低了收入，因为你实际上是把我撵跑了，我付不起你要的租金，势必再找别的地方办训练班；其次，这个训练班将吸引成千受过教育的中上层管理人员到你的旅馆来听课，对你来说，这难道不是起到了不花钱的活广告作用吗？事实上，你花 5000 元钱在报纸上做广告，也不可能邀请这么多人到你旅馆来参观，可我的训练课却给你邀请来了，这难道不划算吗？"

经理："的确如此，不过……"

卡耐基："请仔细考虑后再答复我好吗？"

结果经理最终同意不加租金。

(2) 过去无锡某厂有个外号叫"螳螂"的青年工人，很多人对他几乎失去了信心。刘吉任厂党委书记时主动找他谈了一次话，使这位青年从此改变了。

刘吉一见他，就说："你好啊！"

青年冷冷地回答："不敢说好，众所周知我不好。"

刘吉问："为什么抽水烟？"

青年答："有劲儿，过瘾，没钞票。"

刘吉问："你每月收入多少？"

青年答："每月 386 角，奖金年年无。"

刘吉又问："为什么？"

青年："因为我是全厂有名的坏蛋！"

刘吉："你一不偷，二不抢，三不搞腐化，怎么会是坏蛋？"

青年："有人说我不可救药嘛！"

刘吉坚定地说："这种说法是错误的，你不是坏人。说你不可救药，不仅是否定了你，也是否定了教育者自己。"

听到这里，这位青年也笑了："哈哈，我与你见解略同。"

刘吉问："我听说你曾救过人。"

青年："那是过去，好汉不提当年勇。"

刘吉接过话茬说："对，有志气！过去你曾经是一个好汉。可如今呢？你骂人、打架、恐吓人、逞英雄，干的是蠢事。我今天来这里是第一次拜访你，想和你交个朋友。我还要拜访你的父母、你的妻子、你的师傅、你的朋友，共同探讨一下青年人如何生活。孔子曰：'三十而立'，你今年整整三十岁了，好花迟开也该开了。"

这位青年当场激动地站起来说："够朋友！"

后来，这位青年果然发生了很大的转变。

(3) 据说，著名作家李准有"三句话叫人落泪"的本领，电影艺术家谢添有点不大相信。在著名豫剧表演艺术家"常香玉舞台生活五十年纪念会"上，谢添与李准不期而遇，谢添抓住机会想证实一下。

"李准，我想当众试试你。你说几句话，能叫常香玉哭一场，我才服你！要不，你签字认输也行！"

李准皱皱眉，摊摊手，对常香玉说："你看看老谢，今天是你的大喜日子，他偏要让你哭。这不是为难人吗？"

常香玉痛快地说："你今天能让我掉泪，算你真有本事！"把李准的退路给堵死了。

面对宴会上喜庆的气氛，李准款款道来："香玉，咱们能有今天真不容易啊！你还是我的救命恩人呢！我10岁那年，跟着逃荒的难民群到了西安，眼看人们都要饿死了，忽听有人喊‘大唱家常香玉放饭了！河南人都去吃吧！’哗——人们一下子都涌出去了！我捧着粥，泪往心里流。心想日后见了这个救命恩人，我得给她叩个头！哪里想到，‘文化大革命’中，你被押在大卡车上游街……我站在一边，心里又在落泪——我真想喊一声让我替她吧，她是俺的救命恩人哪！"

"老李，你……别说了！"常香玉捂住脸转过身，满眼泪水滚了下来。整个大厅没一点声息，人们都沉浸在一种伤感的情绪中，就连谢添也轻轻地吸了吸鼻子，他的表情使人感到他已经忘记了这是在和李准打赌——分明是信服了。

9. 话题训练。

(1) 有个人向他人借了一笔钱做生意，先去贩鱼，谁知接连高温天气，鱼变了质，亏了本；后来做布匹生意，被人骗，真是连连不顺。他懊恼地把自己关在家里。如果你是其朋友，你怎样劝他？

(2) 你的同学沉溺于网聊，无心学习，对老师的批评也很抵触。请你跟他谈谈，说服他改过。

(3) 小王从大学一年级就开始谈恋爱，到毕业时女友却提出分手。小王非常悲伤，从此一蹶不振。请你以老师或好朋友的身份劝说他振作起来。

(4) 同学小明与小林为一件小事发生争吵，两人各不相让，甚至挥拳相向。假如你是班主任，你如何劝解两人？

(5) 小王和小李是一对好朋友。有一天，小王来到小李的单位，请求小李帮他一件事——为他的未婚妻出气。原来小王的未婚妻当众被车间主任批评了，小王发誓要为未婚妻出气，并买了一把锋利的弹簧刀，要放倒那小子，但考虑到车间主任人高马大，自己对付不了他，于是请小李帮忙。小李听后，心里很明白，尽管车间主任批评得不得法，应该纠正，但如果感情用事放倒了他，那就是触犯法律。因此，小李决定说服小王。假如你是小李，你该如何说服他？

(6) 望子成龙的母亲为了改变儿子吊儿郎当的态度，与他进行对话："儿子呀，高考迫在眉睫，你得加紧用功才行呀，你看看你整天只知道弹吉他，这样下去不行呀。唉，真不知道你心里是咋想的！""哼，怎么想？我觉得读不读大学都无所谓。那些书呆子们拼了命考上了一流大学，进了大企业。结果又怎样？像爸爸在公司做那么久了，还不是一遇到裁员就失业了。"请接着话题替这位母亲说服儿子，要求成功。

(7) 一位内地干部到广州出差，在一货摊上买了件衣服，付款时发现刚刚还在的100多元外汇券不见了。这里只有他和摊主，他明知与摊主有关，但没有抓住把柄。他一提此事，摊主反说他诬陷人。假如你是这位干部，该如何说服摊主交出外汇券？

10. 话题训练。

(1) 学校即将召开运动会或举行篮球比赛，请你以班长的身份在班上做鼓动宣传。

(2) 某公司最近接到很多订单，为了按时交货，需要员工加班加点突击，可很多人不愿加班。假如你是负责人，召集员工开会，你如何进行宣传动员？

(3) 明天要去旅游，机票已订好，公司突然要求你去加班，怎么办？

(4) 小程去一家知名外企应聘，面谈时，面试官称赞小程的业务素质符合企业需求，然后介绍了一番该企业的企业文化：吃苦耐劳、忠心爱企、诚实守信等。接着，对方问了小程这样一个问题：怎样为企业逃更多的税？假如你是小程，如何回答这个问题？

11. 在推销中遭到顾客拒绝，一般应如何处理？

12. 一位北方的客人到上海的一家绣品商店买绣花被面，有一条一对白头鸟的被面吸引了他，但他还有点犹豫，为什么呢？图中鸟的姿态很像，但是嘴太尖了，按当地风俗，以后夫妻要吵架。售货员察言观色，看出顾客的心理，就微笑地对他说了一些话。你觉得说的内容是什么呢？

13. 一位客人在一家商店里，表示出对一件工艺品感兴趣，营业员上前取出工艺品，然后对客人说："先生，这件不错，又比较便宜。"客人听了她的话后，放下商品，转身就走。

(1) 请说说为什么客人会转身就走呢？

(2) 如果你是该商店的经理，该如何挽留客人，并最终促成交易呢？

14. 名医扁鹊见到蔡桓公后，告诉蔡桓公他的疾病已侵入皮肤，要赶快治疗。蔡桓公觉得自己的身体很好，认为扁鹊是想邀功，就没有理睬。十天后，扁鹊劝说蔡桓公趁病只侵入到肌体，要尽快诊治，蔡桓公还是不吱声。又过了十天，扁鹊说蔡桓公病入肠胃，蔡桓公还是不信。再过十天，扁鹊见到蔡桓公，一句话没说，转身便离开了。蔡桓公派人去问他，扁鹊说，病在皮肤、肌体、肠胃，可以通过敷药、熏洗、针灸、服用清火药剂等手段治疗，现在病已入骨髓，治不好了。五天以后，蔡桓公浑身疼痛，而扁鹊已逃往秦国。不久，蔡桓公就因伤病发作，治疗无效而死去。

问：

(1) 文中的蔡桓公因为刚愎自用、讳疾忌医而丧命，但是医术高超的扁鹊是否也存在失误呢？蔡桓公为何没有把扁鹊的话当回事？

(2) 请从语言艺术、沟通技巧等方面考虑，扁鹊应该如何劝说蔡桓公？

15. 某大学在竞选学生干部时，有名身体弱小的学生面对云集的强手，大声疾呼："请投我一票，我将竭尽全力为大家服务。"最终他以强烈的自信心和切实可行的措施，以及具有很大吸引力和感召力的语言获得了成功。

问题：

(1) 你在生活中是否善于说服别人？你是否会像案例中的那名学生一样当面说服？

(2) 请讨论，进行当众说服要注意什么因素？

16. 几个朋友喝酒猜拳，夜深了，邻居都要休息，你该如何劝说这些正在兴头上的朋友散席回家？

17. 你该如何劝说一些孩子停止在禁火区玩火呢？

18. 某人不止一次地向你复述同一件事或同一个笑话，而且讲一次要花很长时间。这次他又开始讲了，你该如何说服他别讲了？

第八章
营销沟通与交流技巧

"没有营销，就没有企业。"可见，营销对于企业是多么重要。对市场营销人员来说，做成生意最需要好口才，营销的奇迹80%是由口才创造的。

第一节　营销口才的作用

人员营销既是一种最古老、最简单的销售方法，也是现代营销中特别有效的方法。人员口头推销具有其他推销方式无可比拟的优势和特点。人与人之间用语言沟通能产生特别的效应，是其他推销手段无法比拟的。

营销口才具有如下作用：

(1) 企业和客户之间的联系纽带，帮助顾客认识其产品和解决有关问题，在顾客心目中建立起企业和其产品的良好信誉，使顾客最终成为其产品的买主。

(2) 针对性强，工作弹性比较大，可以直接对顾客进行预测分析，确定重点对象，进行面对面的推销，签订销售合同，克服广告销售无法立即购买的不足。

(3) 可以使推销员在本职工作范围内独立地、创造性地工作，稳妥、有效地实现企业的销售目标。

很多企业都知道"顾客就是上帝"。企业的宗旨就是要让顾客满意且忠诚。"满意的客户不一定忠诚，忠诚的客户一定是满意的客户。"因此，企业经营者必须意识到，只有培养、选用能说会道的高级人才去开拓市场、促进销售，才能占领市场、扩大市场，企业的生命之树才能常青。推销人员应力求提供客户满意的服务，防止客户流失，让更多的客户成为回头客；牢固树立起良好的服务品牌，使企业财源滚滚，从而形成企业发展壮大的基石。

例如，在送别顾客时，服务员说："先生，吃了我们的火锅还满意吧？如果满意，欢迎您全家人也来品尝一下，花钱不多，到这里过一个快乐的周末吧。"

这种充满人情味的推销语言，就容易使人满意。即使顾客消费结束，付款结了账，服务员也要用规范的服务语言送客，给顾客留下良好的印象。

【拓展阅读8-1】

你能便宜点吗

一般顾客都是进门就问："这车多少钱？""239800。""便宜点吧！"很多顾客连产品都没看完，只是看了个大概就压价。顾客没喜欢上产品之前，谈价格肯定要吃亏。

首先我们不能说："不能！"强烈的拒绝会让顾客对你反感。当遇到这种问题的时候，我们要把顾客的问题绕开，不要直接回答，因为只要一进入价格谈判我们都会比较被动。此时钱在顾客手里，而我们的优势是产品，因此我们要让顾客充分了解产品。

任何顾客来买东西都会讲价，我们应先绕开价格，要让商品吸引住顾客，而不要过多地在价格上纠结。只要东西物有所值，不怕顾客不买，当然也不能在顾客面前太骄傲。

应对：

(1) 运用同理心，肯定对方的感受，充分理解顾客。

(2) 巧妙地将价格引导到优质的服务和产品质量上。

(3) 询问顾客与哪类产品比较后才觉得价格高。

(4) 切忌不要只降价，而不改变其他附加条件。

顾客总会说同行的某某公司产品和你们的产品一样，可是人家卖得比你们低。此时，我们常说自己的质量、服务等比人家好，想以此拉住顾客的视线，但顾客往往会回答："你们的产品都是一样的，不管如何，你的价比别人高，不能接受……"其实，价格高不是问题，关键要让顾客觉得贵得合理。

资料来源：销售小白面谈客户时如何回应这 8 个问题，https://club.1688.com/threadview/47879718.html，编者有删改

第二节　营销语言的基本原则

视顾客为朋友、为熟人，想方设法地让服务用语既贴心、自然，又令人愉悦，这是营销语言的基本出发点。

一、顾客中心原则

设身处地地为对方着想，急顾客之所需。主动说明顾客购买某种东西所带来的好处，对这些好处做详细、生动、准确的描述是引导顾客购买商品的关键。"如果是我，为什么要买这个东西呢？"这样换位思考，就能深入顾客所期望的目标，也就能抓住所要说明的要点。我们最好用顾客的语言和思维顺序来介绍产品，安排说话顺序，不要一股脑儿地说下去，要注意顾客的表情，灵活调整营销语言，并力求通俗易懂。

二、倾听原则

"三分说，七分听"，这是人际交谈的基本原理——倾听原则在营销语言中的运用。在推销商品时，营销人员要"观其色，听其言"：除了观察对方的表情和态度外，还要虚心倾听对方的议论，洞察对方的真正意图和打算，找出双方的共同点，表示理解对方的观点，并要扮演比较恰当、适中的角色，向顾客推销商品。

三、忌语原则

在保持积极的态度时，沟通用语也要尽量选择体现正面意思的词，选择积极的用词与方式。营销人员要保持商量的口吻，不要用命令或乞求的语气，尽量避免使人沮丧的说法。

例如，"很抱歉让您久等了"(消极的说法)，可转换为"谢谢您的耐心等待"(积极的说法)。"问题是那种产品都卖完了"，可转换为"由于需求很多，送货暂时没有接上"。

四、"低褒微感"原则

"低"是态度谦恭，谦逊平易。"褒"是褒扬赞美。"微"是微笑。营业员要常带微笑，给顾客带来好的心情。"感"是感谢，由衷地感谢顾客的照顾。例如，"谢谢您，这是我们公司的发票，请收好。""谢谢您，我马上就通知公司。""谢谢您，正好是××元。"

第三节 让顾客接受自己的方法

在与一些成功的营销人员进行交流时，我们不难发现一些规律，面对顾客时，营销人员语言表达是否大方、得体，是否能与顾客产生共鸣，从而在感情上与顾客拉近距离，这将决定顾客能否从心底里接受你，进而接受你产品。

一、主动接近顾客

营销人员应设法主动接近顾客，使自己从"不速之客"变成受欢迎的人。初次接触顾客，营销人员选择恰当的时机和话题是决定成败的关键。

广交朋友是获取信息、打入市场、推销商品的有效方法。友谊是保持长久关系的关键，要建立真正的友谊，就必须做到以下几点：

(1) 主动热情、乐于助人，给对方留下一份情谊。营销人员要时不时表达关切之情，而不要临时抱佛脚，用得着的时候才想起对方。

(2) 在保证企业利益不受损失的情况下，宽宏大量，给人留下公正、大方、讲理、可深交的印象。

(3) 对对方的事情守口如瓶，不谈论对方的个人隐私，使对方认为营销人员完全可以信赖。

二、争取顾客的好感

人们常说"做事先做人"，营销人员不妨以自己愉快的个性、悦耳的声音和高超的谈话技巧等沟通基本功赢得顾客的好感，实现与顾客的良好沟通。

营销人员可采用以下两种方式。

(1) 服务式。营销人员提供资料，介绍产品，结合顾客需求和产品特征，提出技术方面或经济方面的问题并进行讨论，供顾客购买决策时参考。

(2) 交流式。一位资深寿险经纪人这样介绍他的经营之道："您以为我是怎么去推销那些种类繁多的保险商品的啊？我的客户90%都没有时间真正去了解他们保了一些什么，他们只提出希望有哪些保障，他们相信我会站在他们的立场替他们规划。所以，对我而言，我从来不花大量的时间解释保险的内容和细节。我认为，我的销售就是学习、培养、锻炼一种值得别人信赖的风格。"

三、接近顾客的方式

接近顾客是有效营销的一个重要步骤，也是一个讲究技巧的工作。营销人员如果接近顾客的方式不当或者时机不对，不仅起不到赢得顾客的作用，还可能将顾客赶跑；相反，如果处理得好，给顾客留下良好的第一印象，对于进一步了解顾客需求、拉近心理距离和促成销售大有帮助。

接近顾客的方式有以下几种。

(1) 陌生拜访法：直接登门拜访完全陌生的准客户，又称直冲式拜访。

(2) 缘故法：因亲友、邻里、同学等社会关系，发展成业务关系。

(3) 介绍法：利用关系网，滚雪球式地扩大营销空间。

(4) 通信法：通过书信交谈，与潜在客户结为知己，创造与顾客面谈的机会。

(5) 咨询法：设咨询柜台，为顾客排忧释疑。

(6) 电话约谈法：省时、便捷。

四、接近话语

专业营销中，初次面对客户时的营销语言至关重要，称为专业的接近话语。

通常是在礼貌用语之后，营销人员以轻松愉快的语言方式开始接近潜在顾客；一两句赞美或略带俏皮且幽默的话语，则往往可以很快缩短与准顾客之间的距离。

【拓展阅读8-2】

您是谁

一位业务员这样接近顾客。

业务员："先生，您好！"

老板:"您是谁?"

业务员:"我是××公司业务员,今天我到贵府,有两件事专程来求教,您是这附近最有名气的老板。根据我打听的结果,大伙都说这个问题最好请教您。"

老板:"哦,大伙真的这么说?真不敢当,到底什么问题?"

业务员:"实不相瞒,事情是这样的……"

老板:"站着不方便,请进来说吧。"

资料来源:营销口才技巧,http://www.docin.com/p-670960174.html,编者有删改

每个人都渴望获得别人的重视和赞美,只是大多数人把这种需要隐藏在内心深处罢了。因此,只要说"专程来请教您这位附近最有名的××"时,几乎屡试不爽,没有人会拒绝。

【拓展阅读8-3】

赞美你的顾客

营销时不要一见到顾客就跟他谈你销售的项目,应先赞美你的顾客:

您气质真好!您刚刚一走进来我就注意到您了!

您形象真好!服饰搭配得真时尚!

您长得真漂亮!我的眼睛一下子就被您吸引住了!

您打扮得真时尚!我们同事刚刚都在看您呢!

您发型真好看、真特别!跟您的气质特别搭配!

您的眼镜(配饰)真特别!跟您的衣服搭配起来特别出色!

看您的穿着搭配,就知道您一定是个很讲究品位的人!

您的身材真好!同样是女人,我都忍不住多看两眼呢!

您的头发真好,又黑又亮!真让人羡慕!

这条裤子(裙子、丝巾、包、衬衫)真特别!非常与众不同。

资料来源:做销售的技巧对话,https://jingyan.baidu.com/article/066074d688087b82c21cb097.htm,编者有删改

第四节　了　解　需　求

消费者之所以购买产品,是因为受需求的驱使。由于缺少某些令人满意的东西,人们便产生了需求。不同的购买者对想要的东西有着不同的购买动机,但都是为了满足他们获得尊敬、方便、舒适、健康、美丽或者其他方面的需求。

一、客户的需求与客户的认同

客户的购买行为源于购买动机,而购买动机又源于需求。客户之所以会产生需求,是因

为客户期望改变现状，以达到一个新的高度。达到一个新的高度需要一定的硬件和软件两方面的条件作为支撑，销售商提供的产品和售后服务就是客户需要的硬件和软件。例如，一份报纸要提高发行量，目标的改变就可能带来两个需求：一个是设备的改进，另一个是人员素质的提高。设备的改进是硬件方面的需求，而人员素质的提高则是软件方面的需求。销售商了解客户的需求后，应有的放矢，有针对性地满足客户的需求。

针对不同的客户群，营销人员要用不同的营销语言来对待。例如，保险销售人员对待有责任心的男士，不妨讲"如果您对您的太太和孩子有爱心、有责任心的话，不妨选择我们的产品。在生日或者节假日，投一份保送一份爱心，您会意外获得一份好心情，更能加强家人的凝聚力。"如果面对的是 40 多岁的女士，你可以说："当我们老了以后，最难过时，有所安排，还不让孩子们有负担，您觉得怎么样？"为客户着想，就能得到客户的认同。

二、客户的需求与实现销售

客户的需求产生于已经得到的和希望得到的之间的差异。需求的本质就是客户的现状和期望之间的差值。了解需求的目的是了解和发掘客户的现状与其所期望达到的目标两者之间的差距。这个差距是最终促使客户购买某种商品的实质性需求。营销人员所提供的产品或售后服务能够弥补这个差距，方能顺利实现销售。

所以，促销的原则是帮助顾客或客户了解自己真正的需求，然后努力帮助他们去实现并满足这一需求；同时，营销人员应设法将产品的各种实际价值提升到客户所期望的高度，甚至比他的期望更高的水平。

【拓展阅读8-4】

电器促销

某电器商场位于一家生意极其火爆的大型购物广场旁边，离短途客运汽车站也不远。该电器商场制定了 3 千米范围内免费送货上门的服务规则，而享受这项服务的顾客，购买的一般都是比较大宗、价值不菲的商品，如冰箱、彩电、洗衣机等。

一天，一位大爷拎着两大袋从大型购物广场采购的日用物品，又从电器商场选购了两台电烤炉，说他儿子下周结婚要用，然后要求送货。从大爷提供的具体住址来看，距离商场有 5 千米左右，已到郊区，两台电烤炉的价格也就几百元，打包重量不超过 10 千克，体积也不会令一个成年人拎着难以承受。怎么办？不送吧，大爷肯定弄不回家，生意也就因此做不成了；送吧，不符合商场的服务规则。

于是，推销员不得不向大爷解释大宗商品和 3 千米以内免费送货的服务规则，大爷的失望之情都写在了脸上，他问："为什么每个店都一样？"经理碰巧路过，听到了这句话，是啊，为什么每个店都一样呢？这些一样的规则当然是有利于成本利润的分析，但这样一来，服务就失去了创造差异化的意义，就只能算作行业准则而已！当然，如果只是为了差别而实行无原则的服务不仅不利于收益，也会让行业陷入恶性竞争中。望着窗外的车流，经理有了主意，于是他快步走上前去跟大爷商量，可以免费派人送他到车站。

当店里的小伙子提着大爷的两大袋日用物品，大爷则轻松地拎着两个电烤炉到了车站后，小伙子帮大爷放置好物品并买好车票送大爷上了车，大爷既高兴又感动。

没过几天，大爷就又领着新婚的儿子来买冰箱了，而商场也首次推出了"3千米内免费送货上门，3千米外送上车"这一与其他商场不一样的且更加人性化的服务原则。

在上面的情景中，卖场经理及时变通，帮助大爷解决了实际困难，并因此激发灵感，修改了商场的服务规则，不仅令大爷满意，还引发了二次销售，也解决了部分顾客大型电器运送难的问题。这种勇于创新和变通的服务意识，值得每一位推销员学习。

一般来说，服务创新不是一次就能成功的，针对售后服务的各个方面，企业负责人以及推销员都要不断地对其进行优化、细化和人性化修正，从而使本企业的服务内容和流程越来越人性化，越来越专业化，以此让越来越多的顾客忠诚于企业，忠诚于商品，为实现再次成交，保证企业销售之树长青打下基础。

资料来源：https://www.docin.com/p-2652503857.html，编者有删改

三、沟通供需

营销人员和客户的关系体现为两个过程：一是销售的过程，即营销人员向客户推荐自己的产品和售后服务；二是购买的过程，即客户是否购买产品。可以说，销售的过程决定着购买的过程，客户是否购买产品，关键在于营销人员的销售工作做得好与坏。

沟通供需在于理解购买动机与找出购买动机。动机决定行为，购买动机是客户购买过程的第一步。为此，营销人员应全面地找出客户的购买动机，了解客户购买动机的强弱。例如，"请全家一起来吃一次火锅或水饺，过一个快乐的周末吧！"这样的说法让人深感亲切、温馨，因而极具诱惑力。

营销人员可以通过了解顾客现在的情况、面临的困难和不满，仔细倾听其回答，就可以掌握顾客真正的需求。例如，超市收银系统的客户需求调查。

(1) 相关情况问题。营销人员询问潜在顾客与自己产品相关的基本问题。比如，"你们店每月的营销额有好几百万吧？"这将有助于大致了解顾客的需求。

(2) 疑难问题。营销人员询问潜在顾客觉察到的与自己问到的基本情况有关的具体问题、不满或者困难。比如，"销售高峰期间顾客付款等待时间长不长？"通过询问疑难问题，营销人员能够了解潜在顾客所面临的或亟待解决的问题，也有助于潜在顾客认清自己的问题和明确需求，进而激发营销人员解决问题的欲望。

(3) 暗示性问题。营销人员询问潜在顾客存在问题的内在含义，或者这些问题对其家庭、日常生活和工作产生的不良影响。比如，"顾客付款等待时间过长，会不会影响下次光顾？"暗示性问题能够潜移默化地引导潜在顾客主动去讨论目前存在的问题，并且认真思考如何加以改进，激发潜在顾客的购买欲望。

(4) 需求确认问题。营销人员询问潜在顾客是否有重要或者明确的需求。比如，"如果有一套系统能够缩短一半的付款时间，想不想看看？"如果回答是肯定的，表明这一需求对潜在顾客而言很重要，这样就可以重新问其他疑难问题、暗示性问题、需求确认问题，以便进一步发掘潜在顾客的其他需求。如果回答是否定的，表明这一需求对潜在顾客而言

无足轻重，但仍可以继续从其他疑难问题、暗示性问题、需求确认问题入手，寻找顾客的其他需求。

以上涉及提问的方式。营销人员精心设计问题，逐步掌握潜在顾客的实际需求，并把产品的利益和潜在顾客的特定需求结合起来，解决顾客面临的问题，实现顾客的购买目标，这将大大增加销售成功的可能性。

第五节　营销语言技巧

在销售过程中，营销人员需要灵活运用营销语言技巧，向顾客介绍产品或服务等方面的情况，以便成功地促使顾客决定购买或消费。当销售过程中顾客有异议时，恰当的营销语言表达技巧是转移或搁置矛盾、缩小或化解分歧的主要手段。同时，营销人员在阐述意见和要求时，合理的营销语言表达方式既可以清楚地说明自己的观点，又不至于引起顾客的不良反应。另外，想顾客之所想，能够帮助顾客得到更多、更好的服务。如果这些都能做到，经营者就会发现，顾客不仅是满意，而且会消费营销人员推销的商品。

一、销售陈述

销售陈述就是在销售过程中，营销人员向顾客进行的产品或服务方面的清晰而简明的介绍。其目的在于以下三个方面。

(1) 让客户通过销售陈述能清晰地了解自己的需求。营销人员应适时且及时地找出其购买动机，为下一步的销售陈述做铺垫。

(2) 创造消费、享受的氛围，让顾客有满足的感觉。当顾客有了购买的动机后，往往需要咨询相关的商品、技术原理、使用技巧和复杂设备运行的可行性等。营销人员应积极、主动地充当专家的角色，为顾客做产品介绍、评估和提供相关服务。这种销售陈述是销售过程的核心部分。

(3) 通过销售陈述化解顾客异议，进入购买程序，实现商品销售。销售陈述讲得好，将对促进顾客愉快消费产生重要影响。例如："这种传真机目前的速度已经达到 12 秒一张了。"这样纯性能的说明让人感觉不到有什么直接的好处。如果换一种说法："使用这种传真机，每传送一张，在市内可以节省 1 元钱的费用，在市外则可以节省 2 元。"这就让顾客直接体验到新产品带来的可喜价值，具有显著的促销作用。

基于销售陈述在推销业务中的重要作用，在销售陈述之前，营销人员需要明确目的，做好充分的准备：首先，从顾客角度出发，以顾客为中心来组织陈述要点，才能获得成功。其次，优化陈述序列。一个产品的相关信息有很多，其中有些是顾客所关心的，有些是营销人员必须知道，但顾客却不感兴趣的。比如，营销人员要了解产品的成分、工艺等，而顾客对此并不感兴趣，而更关心的是功能、结果。所以在做销售陈述时，营销人员要把已知的信息进行分类，按照优先次序排列。营销人员应把重点放在顾客必须知道的信息上，特别是在顾客提供的时间有限时，要首先保证快捷而准确地传达给顾客必须知道的、关键的信息。

好的销售陈述所产生的效果要大于企业和产品的知名度对顾客的影响。因此，营销人员不必因为自己的产品没有做过广告或知名度低而产生畏惧心理，实际上完全可以凭借自己专业的销售陈述来成功地打动顾客。因此，营销人员一定要练就扎实的销售陈述功底。

二、理解顾客异议

（一）提出异议

在与顾客沟通的过程中，顾客对营销人员所提供的产品或服务提出异议，这是很常见的。所谓异议，指顾客的不同意见，其实质是顾客对于产品或服务不满意。顾客表达异议的方式多种多样，可能直接说对产品没兴趣，也可能借口要开会或需要和其他人进行商量。这些异议有可能是真的，也有可能是假的。但即使是假的异议，背后也往往隐藏着真的反对意见。人们平常见到的冰山只是冰山整体上露出海面的很小一部分，更大的冰体都隐藏在水下，是看不到的。顾客的异议往往如同冰山，异议本身只是顾客的一部分意思，真正的异议是顾客隐藏起来的更大的部分，需要营销人员进行深入发掘。

（二）理解异议

异议的存在和积累往往造成交易的失败。营销人员只有正确理解异议，才能科学地化解异议，进而解释顾客的疑惑，化解顾客的不满。

从顾客方面来看，有的顾客对具有新功能的新产品、新的推销方式缺乏认识，没有认识与发现自己新的需要，还是固守原来的购买内容、对象、方式，因而对新事物提出异议；有的顾客由于缺乏支付能力，因而对自己喜爱的商品提出价格方面的异议；等等。

从销售方面来说，有的异议来源于产品质量与顾客的需求有差距，有的异议是因为商品定价不稳定，有的异议则是因为营销人员的服务态度与质量欠佳，产生矛盾的根源是极其复杂的。所以，营销人员又怎么能要求顾客的一切异议都必须完全合理呢？

解决问题的关键不在于营销人员能不能有理有据地驳倒顾客异议中的不合理因素，而在于首先树立"顾客是上帝"的宗旨，并由此去理解顾客的不满，了解顾客提出异议的合理性和客观性，从而更加欢迎顾客的批评意见，以改进自己的服务，化解顾客的不满和抱怨。

（三）化解异议的语言方式

因为异议的普遍存在，商品交易经常出现磕磕碰碰的情况。顾客抱怨，而营销人员也怒目相向。有时确实是顾客挑剔，如果营销人员也脾气暴躁、心胸狭窄，势必影响交易。而聪明的营销人员往往善于给顾客一个"台阶"，让对方恢复心理平衡，这样既赢得了顾客，也平息了双方的矛盾，使顾客在购买自己的产品时有愉快的心情。

(1) 劝说式。传统的优秀营销人员善于采用说服的方式进行"劝说式的销售"。当遇到顾客坚定的异议时，营销人员可以选择暂时搁置的处理方法，但这仅仅是一种缓兵之计，还需要积极探明顾客的真实需求，依循"以顾客为中心"原则来争取解决问题。平庸的营销人员则往往坚持己见，最终导致交易的失败；要不然就走另一个极端——让步太多，最终导致卖方利益大大受损。

(2) 竞争式。竞争型的营销人员着眼于最大的利益，主张找到问题，即顾客的真正异议所在，然后加以消除。但其结果往往导致顾客也坚持最大的利益，最终可能由于双方利益的严重冲突而导致交易的彻底失败，甚至使营销人员永远失去顾客。

(3) 合作式。合作式通常主张双方共同协商找到解决问题的办法，从而克服异议。合作型的营销人员更注重考虑双方共同的利益，着眼于双方都能接受的、较为妥善的解决分歧的方式，共同获得最大的利益，达到"双赢"。合作型的营销人员善于给自己的主张限定一定的范围，只要双方达成的协议且有利可图就可以接受，并非坚持使自己获得最大的利益。

无论采用何种化解异议的方式，营销人员都要以平和与欣赏的话语让顾客感到受尊重，这样营销沟通才能顺利地进行。

【拓展阅读8-5】

改变客户的固有想法

固执的人很少能够听进别人的解释与劝告，这就决定了营销人员遇到此类顾客时的主要任务就是让顾客听进劝告，使其改变固有想法。只要能削弱顾客的固执观点，那么销售就很可能取得成功。因为一旦顾客的固执观点有所动摇，也就证明了其已经开始接受营销人员的意见和观点了。

一位孕妇挺着大肚子走进孕婴生活馆，在货架前左看右看，后在维生素专卖区停了下来，并拿起一瓶仔细地看着。这时，营销人员小丽迎了上去。

小丽："您好，小姐，请问您想选择哪一类商品呢？"

顾客："这里的维生素都是孕妇可以吃的吗？"

小丽："是的，小姐。我们这里是孕婴生活馆，一切商品对孕妇和胎儿都是没有任何危害的。"

顾客："嗯，我就是担心，怕对婴儿有害。"

小丽："这里的产品都是经过高科技提取的纯植物型产品，不含有害物质，请问您需要什么类型的维生素呢？我们会针对您的需要帮助您。"

顾客："我也不知道，怀了宝宝后，感觉头发有点儿脱落，脸色也不好。"

小丽："哦，那您还是选择维生素E吧，它有生发、改善肤色的好处。"

顾客："嗯，医生也这么说。可是你这里的产品真的是无害的吗？"

小丽："是的，这些都是纯植物产品，完全适合您。"

顾客："嗯，应该行吧，对了，你这里有适合孕妇的防晒霜吗？医生说吃了维生素后，还要尽量避免紫外线的照射。"

小丽："有啊，您旁边那个货架上的都是适合孕妇使用的防晒霜，都是纯植物提炼的。"

顾客："但是我的皮肤容易过敏，曾经用过植物类型的防晒霜也不行。"

小丽："您是如何使用防晒霜的呢？"

顾客："就是洗干净脸之后涂上啊。"

小丽："我想您可能是使用方法不够正确。正确涂抹防晒霜的方法是先涂一层爽肤水，然后涂一层薄薄的乳液，最后才涂防晒霜。一般防晒霜都需要事先涂一层乳液来保护肌肤。"

顾客："但是我身边的人几乎都是直接涂防晒霜的啊！"

小丽："因为他们没有您的皮肤这样敏感，所以您在涂抹的时候就更需要注意使用方法啊。"

顾客："可是我知道我的过敏很严重，可能不是使用方法的问题。我只想找一款用起来比较安心的产品。"

小丽："这是护肤专家编写的美容秘籍，相信您对她并不陌生。您可以看一下这段美容知识介绍，这里详细介绍了关于使用防晒用品的正确方法。"

顾客："哦，那可能是我的使用方法不太正确。"

小丽："是的，您的过敏问题很大程度都是使用方法不正确导致的。只要您按正确的方法和步骤涂抹防晒霜，一般都是不会过敏的。对了，因为您是怀孕期，您在使用所有产品的时候，都必须注意，我们这里的防晒霜还有配套的乳液和爽肤水，我建议您还是都用无害、无刺激的吧。"

顾客："哦，是吗？那好。这款乳液和防晒霜、爽肤水各拿一瓶吧。"

案例中的顾客在购买维生素的时候，总担心是不是有害；在挑选防晒霜的时候，也总是担心会过敏。当然，因为顾客是孕妇，这很正常，但这名顾客是比较固执的。营销人员小丽自有一套，她抓住顾客害怕产品对婴儿有害这一点，不仅成功地推销了维生素和防晒霜，还顺便推销出去了爽肤水和乳液。其实，营销人员销售的过程就是一个征服顾客心理的过程。顾客固执也并不是没有原因的，案例中的营销人员就是抓住了顾客的固执点，并能够深入解决，从而取得了销售的成功。

资料来源：销售成功案例故事，https://wenku.baidu.com/view/b86c2a8611a6f524ccbff121dd36a32d7275c774.html，编者有删改

课 后 练 习

1. 一天，一位农民模样的中年妇女走近美容护肤品柜台，左看右看都拿不定主意。请你设想这位妇女可能出现的几种情况，并进行接待。

2. 某商场的鞋帽柜上有两双因有一点小问题而需要降价处理的皮鞋。一位中年知识分子看到后问："这鞋为什么这么便宜，不是真皮的吧？"请你设计营销语言，并设法卖一双鞋给他。

3. 一位营销人员在向一位40岁的妇女推荐一件时装。顾客提出异议："这件衣服对我来说太时髦了，我这年纪怎么穿得出？不要！不要！"请你设计一段营销语言，说服她购买这件衣服。

4. 营销语言的基本原则是什么？为什么要遵循这些原则？

5. 营销人员在推销过程中常会遇到顾客的哪些异议？针对这些异议应该如何解决？

6. 小王从事人寿保险推销不到 2 个月，他一上阵就一股脑儿地向顾客炫耀自己是保险业的专家，在谈话中把一堆专业术语塞给顾客。顾客听后感到压力很大。当与顾客见面后，小王又接二连三地发挥自己的专长，什么"豁免保险""费率""债权""债权受益人"等一大堆专业术语让顾客如同坠入了云雾中。顾客反感的心理由此产生，拒绝也就是顺理成章的事了。

问题：根据以上案例分析小王犯了什么沟通错误。

7. 儿媳妇正怀孕，老奶奶去市场买酸李。

老奶奶走到摊贩 A 面前，摊贩 A 主动打招呼："大娘，要不要李子啊？我的李子又大又甜。"老奶奶听了，没理他就走开了。

老奶奶走到摊贩 B 面前，问："李子怎么卖？"摊贩 B 说："我这儿有两种李子，一种又大又甜，另一种酸酸的。请问您要哪种？"老奶奶说："那就来一斤酸的吧。"

当她经过摊贩 C 跟前的时候，摊贩 C 说："老奶奶，来买李子呢？""是啊，我来买酸李。"

摊贩 C："老奶奶啊，别人都喜欢买甜李，您为什么买酸李呢？"

老奶奶说："我儿媳妇怀孕了，特别想吃酸的东西。"

摊贩 C 笑着说："真恭喜您啊！您对儿媳真是用心啊，如今像您这样疼晚辈的人已经不多了啊。给怀孕的儿媳妇买水果，确实是要又酸又甜的。猕猴桃营养丰富，味道酸酸的，很适合孕妇吃，不如买一斤半斤的回去给儿媳妇尝尝啊？"老奶奶听了很高兴，就买了一斤猕猴桃。

接着摊贩 C 说："老奶奶啊，我这儿也有酸李子，今后您可以长期到我这儿来买，我给您特别优惠，不论多少都九五折。这给您包好了，老奶奶好走，下次记得过来啊。"老奶奶听了连连点头，乐呵呵地走了。

问题：请你分析一下摊贩 C 的成功之道。

8. 正值秋日旅游旺季，两位外籍专家客人入住上海某大宾馆，来到前厅总台，总台新手服务员小刘查阅两位客人的订房记录，却怎么也找不到，于是小刘断定客人没有预订，现客房也已出租完毕，于是对两位外籍客人说："你们没有预订，这电脑里没有记录。"两位客人听了非常生气，坚持说已经预订，小刘坚持认为没有预订，双方争执不下，于是客人找到大堂经理小王去投诉。

根据以上资料回答下列问题：

(1) 小刘的做法是否正确？如不正确，错在哪里？

(2) 大堂经理小王应该怎样处理客人的投诉？

(3) 假设你是小刘，你应该如何做？

第九章
商务谈判沟通与交流技巧

谈判是什么？"谈判"一词起源于拉丁语，意思是"做生意"，现泛指为了化解冲突、协调彼此之间的关系，满足各自的需求或利益目标，通过磋商而达成意见统一的行为和过程。广义地说，凡是生活中的讨价还价都是谈判。狭义地说，谈判是指有准备、有步骤地寻求意见、利益协调，通过口头协商，并以书面形式予以反映的磋商过程。

谈判其实是一种普遍的人类行为。日常生活中每天都在发生各种谈判行为，如与同学讨论旅游度假计划、在商场购物时的讨价还价、与同事协商分工合作等，平时我们没有把这些活动当作谈判，但它们的确是谈判行为。

简而言之，所谓谈判口才，就是指在谈判时口语表达的才能，即谈判时所使用的口语表达的艺术和技巧。具体言之，谈判口才指在一定的时空条件下，谈判主体运用准确、得体、恰当、有力、生动、巧妙、有效的口语表达策略与对手进行磋商，以达到特定的经济或政治目的，获得圆满的口语表达效果的艺术和技巧。

第一节　谈判口才的特征

谈判是"谈"出来的，离开了话语言谈，就不能称其为谈判。谈判与口才密不可分，一切谈判都要经过双方人员的口才较量才能达成协议。谈判的过程就是口才的运用和发挥的过程。

一、目的的功利性

(1) 促使谈判的动力是人们的需要。谈判各方都是为了满足自己的需要而走到谈判桌前的。因此，无论是个人间的、组织间的还是国家间的谈判，都具有明显的功利性。

(2) 谈判不同于闲谈聊天。其主要目的是说服对方接受自己的意见，维护或实现本方或双方的利益，而对方也要维护自身利益，主张自己的观点。商务谈判与其他谈判的最大区别就是它的物质属性，可以说谈判应有明确的目的，如果没有目的，就算不上真正意义上的谈判。

二、话语的随机性

谈判必须根据不同的对象、内容、阶段、时机来随时调整话语的表述方式，包括及时根据谈判对象的细节变化，随机应变地运用自己的口才技巧，与对方周旋。谈判应注意的细节如下：

(1) 谈判对象不同的句型表达不同的含义。

(2) 谈判对象的语气、修辞透露出的情感与思想。

三、策略的智巧性

谈判与论辩一样，既是口才的角逐，也是智力的较量：或言不由衷，微言大义；或旁敲侧击，循循暗示；或言必有中，一语道破；或快速激问；或絮语软磨……出色的谈判大师总是善于鼓动，如簧巧舌，利用手中的筹码，取得理想的成果。

四、战术的实效性

谈判不同于朋友之间的聊天，也不同于情人之间的绵绵絮语，而是注重效率。谈判在战术上具有实效性的特征，这也是它独具的特征之一。谈判之初，参谈各方都有自己预定的谈判决策与方案，其中包括各谈判阶段所安排的内容、进度、目标以及谈判的截止日期等。这种实效性特征可以用作迫使对方让步的武器。

五、参与的多人性

一个人也可以谈判，但那是模拟，模拟另一个人与自己"谈判"，而他模拟的对方必定与自己分别代表不同的利益，所以实际谈判时至少要有两个或两个以上的主体参与。有些谈判的主体成百上千。

六、平等互利性

无论谈判的规格高低，各参与方彼此间的人格和法律地位都应是平等的，利益都应是相互的，不应该存在任何隶属关系，更不应该存在一方压迫另一方就范的问题。谈判只有在各参与方主体意志独立、地位平等的前提下，才有可能坐下来深入对话，准确地表达各自的意见与观点。例如，一个应聘者谈劳务合同或谈薪酬时，他完全是以独立和平等的身份与招聘方对话，不存在下级服从上级的问题，双方的谈判是平等互利的。

七、商谈的艺术性

商务谈判者常说:"商务谈判既是一门科学,又是一门艺术。"说商务谈判是科学,是指商务谈判活动是有规律可循的,也就是其有科学性。商务谈判学作为一门学科应该具有科学性,而它的科学性是理念性的、高层面的,所以要想在现实的商务谈判活动中游刃有余地驾驭,不能只是通过书本和课堂所学,因为每一次的商务谈判都是一次全新的、具体的过程,谈判者应有艺术"悟性",并利用它在不断的实战实践中积累谈判经验。

第二节 商务谈判的类型与基本形式

商务谈判是买卖双方为了促成交易而进行的活动,或为了解决买卖双方的争端,并取得各自的经济利益的一种方法和手段。商务谈判是在商品经济条件下产生和发展起来的,它已经成为现代社会经济生活必不可少的组成部分。可以说,没有商务谈判,经济活动便无法进行,小到生活中的讨价还价,大到企业法人之间的合作、国家与国家之间的经济、技术交流,都离不开商务谈判。与其他谈判相比,商务谈判更加重视谈判的经济效益。

一、商务谈判的类型

(一)根据谈判标的划分

根据谈判标的划分,商务谈判可分为以下三种类型。

(1) 商品贸易谈判。商品贸易谈判是指来自不同国家与地区的进出口方,就某项商品的买与卖,就商品数量、包装、品质、价格、装运、支付方式、索赔与仲裁等交易条件与方式进行磋商的过程。

(2) 服务贸易谈判。服务贸易是指非实物形态的各种服务以买卖方式在供需方之间的转移。服务贸易包括劳务出口、运输、医疗、评估、音像、体育交流、技术指导、设计、审计、法律等的咨询和服务。服务贸易谈判是目前国际贸易中应用十分广泛并且发展得较快的谈判,包括运输、咨询、广告、项目管理、设计、劳务、旅游等方面的商务合作谈判,特点较为复杂,附加条款多,谈判难度也较大,且卖方一般占据较主动的地位。

(3) 技术贸易谈判。技术贸易谈判是指一方的技术或设备等转让给另一方的商务谈判,谈判内容是就某项技术或设备的性能、价格、购销方式等进行协商的过程。广义的技术贸易包括相关设备的买卖以及技术(专利)使用权的买卖。狭义的技术贸易则指专有技术或专利的买断以及专利使用权的买卖。技术贸易谈判通常比普通商品贸易谈判复杂得多,并且需要相关的专家或技术人员参与。在专利保护期内,技术贸易的卖方一般在谈判中处于强势地位。

(二)根据谈判形式划分

(1) 一对一形式谈判。一对一形式谈判是指买卖或合作双方均各派一名代表进行谈判,一对一进行磋商。这类谈判多为商品贸易或小型项目合作的非正式磋商或最高层次的正式谈判，谈判双方均能运用同一种语言或借助翻译来进行，对谈判标的的市场行情或项目合作细节非常熟悉，并经过了充分的准备，谈判的目标也非常明确。

（2）小组成员谈判。小组成员谈判是指谈判各方由多名谈判人员组成一个小组参与谈判。在商务谈判中，正式谈判一般是以小组形式进行的谈判，特别是涉及面重大或内容较复杂的谈判。例如，广东某机械厂欲购进一套法国先进的制造设备，谈判中，机械厂方的谈判小组由主管生产的副厂长、一位总工程师、一名财务部经理组成，面对法方公司派出的销售经理和一名翻译，机械厂方在人数、人员结构、相关专业知识方面形成一定优势。这样，在谈判前可以集思广益，小组成员相互补充支援，既便于把握技术要点，又能很好地运用谈判技巧，必要时还可以由副厂长当场拍板定夺，快速达成交易。不足之处是小组谈判需要投入较多的人力、财力；如果小组成员之间协调不当，反而会削弱自身整体谈判实力。

（3）多方谈判。多方谈判又称多边谈判，是指由三方或三方以上的利益方代表参与的商务谈判。这类谈判因涉及的利益面更广、人员更复杂、协调更困难，难度也更大。例如，世界贸易组织(WTO)的多哈回合谈判、东盟成员之间自由贸易区的谈判等。多方谈判过程往往会形成一个或若干个利益重心，从而对其他谈判方构成一定压力，结果要么是因某一方或若干方拒绝合作而造成谈判失败，要么是以不合作的一方退出而使多方谈判效果打了折扣。

二、商务谈判的基本形式

商务谈判的类型很多，可把它分成以下三种基本形式。

（一）主场谈判与客场谈判

按照谈判地点分类，商务谈判可分为主场谈判、客场谈判、主客场轮流谈判及第三地谈判。

（1）主场谈判。主场谈判是指将谈判地点设在本方所在地进行的谈判。

主场谈判的优点：节省差旅费用；较熟悉谈判场所与环境；当地各类资源便于利用；便于直接向上级领导汇报，及时得到指示。

主场谈判的缺点：须花费时间和精力安排场地、接待工作，也增加了谈判费用；谈判人员容易被日常事务分心，影响到整个谈判进程。

（2）客场谈判。客场谈判是指将商务谈判场所设在对方所在地进行的谈判。

客场谈判的优点：本方省去繁重的接待工作；身在外地的本方谈判人员可以不受干扰、专心致志地投入谈判；本方遇到难题时有回旋的借口；必要时，可要求与对方上司直接谈判。

客场谈判的缺点：出差费用高；旅途劳顿加上对环境不熟悉，可能在生理和心理上会产生微妙影响；因时差或通信障碍，不便与上级领导取得联系；不能及时得到信息、资料及人员方面的支援。

（3）主客场轮流谈判。在涉及金额较大、谈判时间较长的商务谈判中，为了平衡利弊关系，同时能够加深各方面的相互了解，谈判双方通常会将谈判地点在主场和客场之间变换。主客场轮流谈判，使谈判各方在谈判过程中都能享受主场的优势，既分摊了客场谈判的费用，也在一定程度上平衡了各方的谈判风险，这种程序的应用在适用性上更显公平、公正。

(4) 第三地谈判。第三地谈判是指将谈判地点设在其他"中立"的某个地方。相对来说，谈判双方都是客场谈判，第三地谈判往往发生在因各方存在较大利益冲突，彼此关系相对紧张的时候，利益纠葛变得微妙，谁都不愿主动让步，稍有让步就会被视为"示弱"。

第三地谈判的优点：选择在双方均可接受的中立地点，有助于营造相对客观、理性的谈判氛围；在异地他乡，各方均会重视本方的形象、礼节和声望；谈判代表不会受到干扰，参与各方也不想将谈判时间拖久，都想尽快取得进展。

第三地谈判的缺点：谈判费用增大，不易得到各方后援团的支持。

(二)口头谈判与书面谈判

商务谈判类型很多，不仅有口头谈判的形式，从语言交往的分类上看，还有书面谈判这种形式。

(1) 口头谈判。口头谈判是指谈判各方面对面或通过各种通信介质进行磋商的谈判。许多商务谈判均采用这种谈判形式。例如，最简便的口头谈判通常发生在贸易博览会上，无论贸易博览会在哪个地方举办，谈判方都可边现场看商品样品，边就交易条件进行磋商，这种形式一般都能促使谈判双方很快达成交易意向。口头谈判通常适用于首次交易、大宗交易、合作等项目的谈判。

口头谈判的优点：谈判双方可以当面详尽地阐明交易条件，直接答复对方提出的疑问；可以直接展示和查看样品，便于贸易成交；便于察言观色，把握对方心理，施展各种谈判技巧；可以及时获取相关信息，便于在谈判中调整谈判策略；可以消除彼此之间的距离感，增进感性认识，有助于提高谈判的成功率。

口头谈判的缺点：回旋余地小，短时间内做出成交与否的决定，往往会因时间过于仓促、考虑不周，致使决策失误、出现损失；心理压力大，陌生的谈判对手会使本方谈判人员产生心理压力；谈判氛围变化大，在参与方的语言交锋中，除因语言本身具有的冲击性外，若使用的是外语，容易产生误会、误解，加之谈判气氛紧张，容易导致谈判人员表达失误和情绪激动，使谈判陷入被动和尴尬的局面；差旅费用开支加大。

(2) 书面谈判。书面谈判是指谈判人以信函、电报、传真、电邮或手机短信等书面形式就谈判的各条款进行磋商。这种谈判形式的成本相对较低，所表达的观点和意见通常已经过慎重考虑，并且书面文字资料也便于保存。此外，书面谈判的资料也是具有法定效力的。时下，函电谈判的往来文件可作为最终正式协议的主体部分。以国际贸易函电为例，买方或卖方的发盘、还盘和接受函电均视为正式的合同条件，一经发出，在有效期内发盘人不能轻易修改。

书面谈判的优点：费用低，只需花费少量通信费用，就可以节省大量差旅费或接待费；灵活便捷，不受时间、空间上的限制，可随时通过传真、电邮或手机短信进行磋商；简单从容，在答复期内，谈判方有充足的时间来考虑交易业务；不存在谈判压力，谈判双方可不用见面，消除了陌生环境等造成的压力，谈判各方也便于随时沟通，从容地做出决策，有利于达成交易；资料便于保存。

书面谈判的缺点：过于简练的函电往来文字，有时容易在某个表述上出现误解，引发争议或纠纷；没有会面，不容易察觉谈判对方的表情和心理变化，无法施展谈判技巧；可能会受到各种通信条件的制约，如通信工具发生故障导致联系中断，贻误时机。

在实际工作过程中，口头谈判和书面谈判是很难完全分开的。例如，一方在获悉另一方的供需信息后，可先以书面方式向对方提供产品的信息和进行报价，几经函电和书面的往返，待双方有了初步合作意向，便可约定见面谈判，签订合作协议；或者通过函电不断确认各项交易条件，也可通过通话工具以口头方式对某些用文字难以表述的细节进行细致沟通，最终完成合同签订。

（三）正式谈判与非正式谈判

商务谈判按照参与谈判各方代表的身份与对谈判议题和内容的准备状况与关切程度，分为正式谈判和非正式谈判。

(1) 正式谈判。正式谈判指有准备的谈判。谈判各方对所商谈的议题均应有充分准备，谈判涉及的内容直接关系到彼此的实际利益。正式谈判可以一次谈妥，也可以经过多轮谈判后达成共识，最终签订协议。

(2) 非正式谈判。非正式谈判指在正式谈判开始之前，先由较低级别的工作人员就谈判主题等进行初步的沟通，或者双方高层领导在非正式场合就拟订商谈的内容进行初次探讨，为之后的正式谈判做足准备。

非正式谈判包括偶发性谈判和意向性谈判。偶发性谈判是指突然发生的、事先没有意料到也没有明确对象的谈判。意向性谈判是指初步接触的、试探性的，或者为正式谈判做了准备的谈判。这类谈判也不一定对所谈议题和内容做了充足准备，主要是为了通报商品情况、解释市场、沟通关系和制定下一步的谈判程序。

非正式谈判的特点是时间有限、无准备，不存在太大难度。

第三节　商务谈判的规则

商务谈判的"游戏规则"又称商务谈判基本原则，指在商务谈判中谈判各方应该遵循的基本准则或规范。因此，谈判方了解并遵守这些"游戏规则"，对于运用谈判策略和技巧、提高谈判效率是有很大帮助的。

一、平等自愿原则

平等自愿是参与商务谈判的首要条件。

（一）无论实力大小，均应平等

在商务谈判中，无论谈判各方经济实力如何，实力相差是否悬殊，只要愿意参与谈判，其地位都是平等的，这就是所谓的平等自愿原则。

这个原则体现在，谈判各方对于交易条件等均有同等选择权。这种权力促使谈判各方通过平等谈判、协商一致达成共识，共同遵守。诚然，谈判实际也会出现实力强的一方妥协让步少、实力弱的一方妥协让步多的情况，但通过磋商，最终目标是一致的。

（二）使用否决权来体现平等

在商务谈判中，不应是某一方说了算或少数服从多数，谈判各方均拥有对任何条款的否决权，只要一方不愿意合作，也就是使用本方否决权，交易便无法达成。正是因为谈判参与方都拥有否决权，赋予了谈判各方相对平等的地位，体现了平等。

（三）以尊重体现平等

商务谈判中的各方无论实力强弱、公司规模大小，谈判时都应相互尊重，切忌歧视、轻视谈判对手。世界知名大公司，包括奔驰车、宝马车制造商，虽然实力雄厚，但销往中国的订单不断，中国市场庞大，基于此，他们就必须考虑中方关于技术转让的各类要求，加强汽车的售后服务质量。如果谈判过程中出现某一方仗势欺人、以大欺小的情况，那么最终必然导致谈判失败。

二、诚实守信原则

人无信不立，诚实守信(诚信)是商务谈判的基础。

（一）诚信促成满足

在商务谈判中讲究诚信，并非把本方的谈判意图和方案向对方全盘托出，而是将本方希望对方了解的情况以适当方式坦诚相告，给对方一种获得本方信息的满足感。然后在适当的时候，本方以适当的方式表明意图。出于保持自身竞争优势的需要，一方不可能满足另一方的全部要求，但在可能的前提下，实现部分满足，也算是基本顾及了双方的利益和要求。

（二）以诚信加深信任

商务谈判讲求诚信的另一个作用，就是以诚挚的态度清除对方的心理障碍，化解对方的疑虑，为谈判成功打下相互信任的基础。

（三）把握对方的诚信度

商务谈判遵循诚信原则，与谈判中运用某些策略和技巧并不矛盾，两者就如战略与战术间的关系。诚信是谈判各方都必须具备的谈判基础，在人格上应彼此取得对方的信任。如果只是单方讲诚信，而另一方不讲诚信，始终让对方揣摩不了真实意图，就会让对方怀疑谈判诚意，其信誉也就大打折扣了。

所以，在谈判中，本方必须尽快把握对方的谈判诚意和可信度，还应注意不同国家地区的谈判对手有着不同的谈判风格及性格差异，这也可能会影响对当事人诚信的判断。本方应该凭借经验和常识剔除这些不良因素，以免造成不必要的误会和损失。

三、求同存异原则

求同存异是商务谈判通往成功的桥梁。

（一）寻找共同的利益和目标

谈判各方应遵循求同存异的原则，在谈判僵持对立时，把存在分歧较大的问题放在一边，从彼此共同的利益和目标出发，进行建设性的商谈，在取得共识的基础上，实现谈判的成功。在商务谈判中，有时各方的利益诉求差异很大，存在分歧，但是经双方多个回合的谈判后找到了共同的利益和目标，而围绕着这个目标的实现，双方在其他方面的分歧可以暂且搁置，谈判也就成功了。

（二）摒弃细枝末节

商务谈判是为了谋求利益而进行的协商行为。既然各方愿意在一起谈判，说明在相同的事物上都有利益诉求；既然需要反复磋商，也说明各自有着不同的利益诉求。在谈判中，谈判各方应把握大目标的一致性；对于小分歧和不同意见，在不影响大目标实现的前提下，可以适当保留。也就是说，为了实现"大同"，谈判方容许将不符合自己利益的"小异"存在于谈判协议之中，才能使得谈判最终成功。

（三）妥协也是成功

不论是原本利益相差甚大的谈判，还是出于运用谈判策略的考虑，有意虚晃几枪、抬高要价的谈判，都要经过一个个既争取又让步的求同过程，这实际上是谈判各方不断妥协和让步的过程。只有妥协才能消除分歧，所以"必要的妥协是谈判成功之母，求同存异是打破谈判僵局之舟"。

四、据理力争原则

言之有据、据理力争是商务谈判的制胜之宝。

（一）事实胜于雄辩

在商务谈判中，无论本方是否为主场谈判，也不论实力如何超群，如对方是一个世界著名集团公司，而本方只是小企业，要想在谈判中维护好自己的利益，消除对方的疑虑，或者驳倒对方的异议，本方都必须以事实为依据，以理服人。对于卖方，单纯地强调本方的产品质量有多好，会使对方心生"自卖自夸"的反感，倒不如举出对方所在地区该行业中的领军人物因采购本方产品而获得事业发展的事例，以证明本方的产品质量和销路好。这就是事实胜于雄辩。

（二）引入客观标准

【拓展阅读 9-1】

某冶金公司的商务谈判

我国某冶金公司要从美国购买一套先进的组合炉，便派一名高级工程师与美商谈判，为不负使命，这位工程师做了充分的准备工作，他查找了大量有关冶炼组合炉的资料，花了很多精力将国际市场上组合炉的行情及美国这家公司的发展历程、现状和经营情况等了解得一清二楚。谈判开始，美商一开口要价 150 万美元。中方工程师列举各国成交价格，使美商目瞪口呆，终于以 80 万美元达成协议。当谈判到购买冶炼自动设备时，美商报价 230 万美元，经过讨价还价压到 130 万美元，中方仍然不同意，坚持出价 100 万美元。美商表示不愿继续谈下去了，把合同往中方工程师面前一扔，说："我们已经做了这么大的让步，贵公司仍不能合作，看来你们没有诚意，这笔生意就算了，明天我们就回国了。"中方工程师工程师闻言轻轻一笑，把手一伸，做了一个优雅的请的动作。美商真的走了，冶金公司的其他人有些着急，甚至埋怨工程师不该抠得这么紧。工程师说："放心吧，他们会回来的。同样的设备，去年他们卖给法国只有 95 万美元，国际市场上这种设备的价格 100 万美元是正常的。"果然不出所料，一个星期后美方又回来继续谈判了。工程师向美商点明了他们与法国的成交价格，美商又愣住了，没有想到眼前这位中国商人如此精明，于是不敢再报虚价，只得说："现在物价上涨得利害，比不了去年。"工程师说："每年物价上涨指数没有超过 6%。一年时间，你们算算，该涨多少？"美商被问得哑口无言，在事实面前，不得不让步，最终以 101 万美元达成了这笔交易。

资料来源：https://wenku.baidu.com/view/7b241cead3f34693daef5ef7ba0d4a7303766c5b.html

在这个案例中，中方工程师对于谈判技巧的运用更为恰当、准确，赢得了有利于本方利益的谈判结果。胜利的最关键一点在于其对对方信息充分的收集整理，用大量客观的数据给对方施加压力。从收集的内容可看出，中方工程师不仅查出了美商与他国的谈判价格(援引先例)，也设想到了对方可能会反驳的内容并运用相关数据加以反击(援引惯例数据，如 6%)，对客观标准的运用恰到好处。可谓做到了"知己知彼，百战不殆"。当然。除这个原因外，中方冶金公司的胜利还在于多种谈判技巧的运用，具体体现在三个方面：①谈判前，评估双方的依赖关系，对对方的接收区域和初始立场(期望值和底线)做了较为准确的预测，由此在随后的谈判中未让步于对方的佯装退出；②谈判中，依靠数据掌握谈判主动权，改变了对方不合理的初始立场；③在回盘上，从结果价大概处于比对方开价一半略低的情况可推测，中方工程师的回盘策略也运用得较好。

第四节　商务谈判的组织与准备

商务谈判常常是一场群体间的交锋，单凭谈判者个人的丰富知识和熟练技能并不一定能达成圆满的结局，因此整个谈判团队的组织精良、协调是获得谈判成功的必要条件。谈判前，谈判各方应精心组织团队、收集信息、提供资料、拟订谈判计划和设计谈判方案等。

一、商务谈判组织队伍的构成

商务谈判的组织与准备包括谈判小组规模的大小、外围人员的配合与支持等。

（一）谈判小组的规模

谈判小组的规模是指参与谈判的人数。确定谈判小组规模应考虑以下因素：

(1) 对方的人数。原则上谈判小组的人数应相当，以体现公平。在主场谈判时，因为调动支配的人力资源相对较多，人数可以比对方多，但不能相差太大。

(2) 根据谈判的复杂程度。通常，参与谈判的人数与谈判的复杂程度成正比，因为谈的项目越多、越复杂，所涉及的知识和经验就越多，所以参加谈判的人员也应适当多一些。

(3) 对专业技术人员的需要程度。一般情况下，普通商品的进出口交易无须技术专家。但涉及高科技商品或技术专利的交易，就应当有该领域的技术专家参与；有些涉及本国或对方国家法律，以及国际或区域贸易规定的商务谈判，必须有法律专业人士参与。

(4) 谈判项目涉及的关联方数量。如果所谈项目只涉及一到两个部门的利益，参与谈判的人数可以较少；若关系多个部门的利益，则需要多个部门安排代表参加。

（二）谈判小组的人员结构

谈判小组的人员结构是指谈判参与者的专业背景、层次和在谈判中所起作用的情况。构成原则如下：

(1) 知识互补。谈判人员具有各自的专长技艺和知识，既要有知识型的专业人才，又要有阅历丰富的商战高手，以丰富的知识与经验形成整体优势，以提高谈判队伍的整体工作能力。

(2) 分工明确。谈判小组成员要有主次之分，每个成员都有明确的角色定位，角色不能越位，争相发言。在明确的规则与纪律下，成员相互支援，通力合作。

(3) 性格互补。谈判人员应在性格上形成互补和协调，发挥各自不同的性格优势，弥补不足，以发挥整个谈判团队的最大优势。例如，性格开朗活泼者反应敏捷，善于表达，处事果断，但往往也比较急躁，看问题不够深刻；性格稳重者则处事严谨，看问题比较深刻，言辞谨慎，原则性强，考虑问题周到细致，但往往处事不够果断，不善于表达，不具灵活性。而将此两种性格的人组合在一起，就能在谈判中取长补短，相辅相成。

（三）谈判小组的人员组成

(1) 谈判负责人。谈判小组的负责人应由较高级别或较大权力的权威人士担任，必须具备全面的知识、果断的决策力和权威地位。谈判负责人在谈判中起核心和主导作用，其职责是组建本方的谈判队伍，控制整个谈判进程，在应对中调整谈判对策和方案。

(2) 商务人员。商务人员通常为本系统内的营销人员、销售经理、采购经理、项目经理等；应该比较熟悉商业贸易惯例，具有丰富的国内外营销谈判经验，了解所谈项目的国内外市场行情。

（3）专业技术人员。专业技术人员应是熟悉相关技术、产品标准，具备专业技术的人员；具体负责相关产品性能、生产技术、质量标准、验收、技术服务等方面的谈判。

（4）财会人员。财会人员应是熟悉财务会计业务和掌握金融专业知识，具有较强财务核算能力的财务人员；主要负责对所谈项目价格的核算、支付方式、支付条件、结算货币等财务问题的把关。

（5）法律人员。法律人员应是精通国内外经贸法律、商业条款以及法律程序的专业律师或公司法律顾问；主要负责对合同中各条款的合法性、完整性和严谨性进行把关，也参与有关法律方面的谈判。

（6）翻译。翻译应由精通对方国家语言、熟悉项目业务的全职或兼职翻译担任，主要负责口头和文字翻译工作。国际商务谈判中的翻译不仅要精确达意，还要配合谈判运用语言技巧，其能力水平直接影响谈判成功与否。

（7）其他人员。其他人员包括秘书、行政人员、资料员、勤务人员和司机等。

二、谈判的准备

（一）信息的收集

（1）对方信息。商务谈判准备阶段首先要做的工作是及时并尽可能全面地收集和分析有关谈判对方的情况、项目用途、市场行情等方面的信息及资料。拥有准确而详尽的对方信息就可以在谈判中掌握主动，有针对性地制定相关对策，对谈判的成功有很大的促进作用。

谈判对方的信息包括对方单位的各类资信状况、谈判成员、商品的市场行情、相关国家或地区的法律条文和文化背景。

谈判对方的资信状况包括对方单位的历史与发展现状、经济和政治背景实力、商业信誉度(债务情况)、资本额度、经营能力和信用度等。

（2）谈判代表的信息。谈判代表的信息主要包括人数、组成结构、身份和权限等方面。

（3）所谈项目市场行情。对所谈项目的技术规格、用途、成本、供应数量、国际国内市场价、运输成本、产品的使用周期及竞争力、专利情况、配套及服务状况等进行了解和综合对比。

（4）法律及文化习俗。本方在这一方面应熟悉谈判标的是否会受到交易方各自国家法律、法规或国际法律规范的制约；本国或对方国家的政治、文化、宗教风俗、经济、自然资源、气候地理、国家关系等是否会对所谈交易产生影响。

（二）谈判场地的确定

（1）谈判地点。在实际选择中，无论谈判地点设在哪一方，对谈判者来说都是有利有弊的。因此，谈判地点的选择是商务谈判过程中的一个重要环节。

美国心理学专家泰勒尔曾做过一个试验：多数人在自己家客厅与人谈话，比在别人家的客厅谈话时更具说服力，更能说动对方。因为，人类是有动物属性的，人往往带有一种普遍的心理状态，就是在自己的"地盘"内能够释放出更大、更强的能量和本领，所以成功的概率高。这种情况同样适用于商务谈判。

如果商务谈判场所设在本方的会客厅、办公室或会议室，其优点是熟悉的环境不仅会让本方产生一种从容感和优越感，还节省了时间和费用。

如果谈判场所选在对方所住的酒店，或者就在对方参展的摊位前，对方反倒有一种"主场"的感觉。例如，一位经常到北京从事商务活动的日本公司经理，每次总是喜欢请中方谈判人员到他入住的酒店大堂处会谈，多半是出于这种想反客为主的心理。

(2) 关于住宿与饮食。如是客人自己付费，本方则应事先与对方沟通确认入住酒店的标准或等级。如是本方付酒店费用，对酒店标准的选择(特别是高级酒店)则要加以考虑，为加强深入合作，应将客人按高规格招待好；但有些来自西方发达国家的客户，注重的往往是时间和工作效率，过于奢华铺张的安排，反而会使人质疑你的管理水平或背后的意图。因此，安排住宿的原则是不必强调奢华，但求交通便利和环境温馨，如果能观赏到优美的景致为更佳，这样会使客人体会到东道主的热情和周到，放松心情，增进好感和信任。

东西方国家有着不同的饮食文化，东方人往往对于饮食更为看重一些，应安排好宴请。

西方人虽然对东方饮食大多很感兴趣，但宴请时不一定非要最好、最贵的山珍海味，只要营养搭配得当即可，最好能体现本地风味特色。

第五节 谈判计划与方案的制订

谈判方案在谈判活动中发挥着重要的作用，它是谈判人员开展工作的具体纲领。

一、制定谈判方案的要求与原则

(1) 对谈判方案重点的要求。整个谈判必须始终围绕这些重点进行。

(2) 对谈判方案灵活性和周到性的要求。灵活性是指谈判方案要有一定的变通和弹性，留有变化的余地；周到性是指每个项目的各个步骤都必须落实到位。

(3) 对谈判方案前瞻性的要求。谈判方案必须对谈判过程中可能出现的各种情况有较大把握和预见，可以根据不同的情况变化，随机应变，推测出可能发生的结果以及应采取的相应措施。

(4) 对谈判气氛的要求。谈判气氛是紧张严肃，还是友善轻松；是开诚布公、以诚相待，还是钩心斗角，应根据谈判内容及情况而定。

二、确定谈判目标

谈判目标是指通过谈判所要达到的商业目的。确定在谈判方案中的谈判目标，就是确定通过此次谈判，需要解决哪些问题。商务谈判的目标可分为以下三种。

(1) 最高目标，又称最大期望值目标。它是本方在谈判中所要追求的利益最大化的目标，也往往是对方所能承受的底线。因为本方利益的最大化就意味着对方利益的最小化，这是一个很难达到的目标。相对而言，它是谈判破裂的临界点，如果本方谈判人员能够在这个临界点附近达成协议，是非常成功的。所以，当最高目标难以实现时，可以降低或放弃。

(2) 可接受目标，又称希望达成的目标。它是综合分析了双方的相关信息，经过科学、缜密的论证，考虑了谈判各方利益所能做出的让步，所确定的本方希望达成、对方又可接受的目标。它是一个弹性较大、有时比较模糊的区域，可能需要经过几番讨价还价才能确定。

(3) 最低目标，又称限定目标，必须实现的目标。它是谈判的最低要求，也是本方谈判的底线或谈判破裂的临界点。换句话说，如果连最低目标都无法实现，则宁愿放弃本次谈判。谈判目标的底线必须严格保密。

商务谈判是一个复杂的工程，需要达成很多目的，此时可以将谈判标的分为几个子项，然后就每个子项制订谈判方案，设定谈判目标。此外，还应根据谈判目标的重要性进行排序，从全局考虑哪些项目必须达到最高目标，哪些应达到可接受目标，哪些项目即使达到最低目标也可接受。

第六节　商务谈判的全过程

一项商务谈判大致要经历以下四个阶段：

(1) 谈判计划拟定及谈判准备阶段。

(2) 报价与磋商。

(3) 让步与妥协。

(4) 通过让步和妥协，谈判双方就磋商的问题基本达成一致，进入签约阶段。

一、商务谈判前的调研

谈判前期的准备工作不仅要调查分析客观环境和谈判对手的情况，还要准确地了解和评估本方谈判者自身的情况。没有对本方实力的客观评估，就不会客观真实地认定对方的实力，所谓"知人者智，自知者明"。

对本方企业及谈判者相关信息的了解与评估主要包括以下两点：

(1) 本方单位状况。例如，产品和服务的市场情况、财务状况、企业有形资产和无形资产的价值、企业经营管理的水平。

(2) 本方谈判人员情况。例如，每个成员的性格、能力、谈判风格、特长和弱点等。

二、商务谈判的开局

商务谈判的开局是指谈判双方第一次见面后，在讨论具体、实质性的谈判内容之前，初次见面、相互介绍以及就谈判具体内容以外的话题进行交谈的阶段。商务谈判开局的好坏将直接左右整个谈判的格局和前景。首先，开局阶段谈判人员的精力最为充沛，所有人都在专心倾听别人的发言，全神贯注地理解讲话的内容；其次，谈判各方均需阐明自己的立场，各方都将从对方的言行、举止、神态中观察对方的态度及特点，从而确定自己的行为方式；再次，谈判的总体格局基本上在开局后的几分钟内确定，它对所要解决的问题及解决问题的方式将产生直接影响，而且一经确定就很难改变；最后，开局的成败将直接关系到谈判一方能否在整个谈判进程中掌握谈判主动权和控制权，最终影响谈判结果。

因此，在谈判开局时应从以下三点入手。

（一）谈判氛围的营造

谈判氛围是指谈判双方参与人员之间相互影响、相互作用所共同形成的人际氛围。

影响谈判氛围的因素是多种多样的。在谈判过程中，这些因素会随着整个谈判形势的变化而变化。而谈判开局氛围对整体谈判氛围的形成和发展具有关键性作用，虽然不是唯一的和绝对的，却是最为重要的，它敲定了整个谈判的基调。因此，营造适当的谈判氛围是谈判开局阶段尤为重要的环节。

（二）谈判开局的表达方式

商务谈判各方应选择适当的开局表达方式，并对本方谈判人员有合乎开局目标要求的行为约束。

(1) 协商表达法。协商表达法是指以婉转、友好、间接的交谈方式表达谈判开局目标的策略方法。

采取协商表达法的条件：①商务谈判双方都有良好的谈判意愿，希望能促成眼前的交易；②商务谈判的一方明显地居于谈判劣势，试图以协商表达法联络双方的感情，争得本方大致平等的谈判地位；③商务谈判双方均为交易的老客户，彼此间对各自的经济实力、谈判能力都非常熟悉；等等。

(2) 直接表达法。直接表达法是指以坦诚、直率的交谈方式表达商务开局目标的策略方法。

采取直接表达法的条件：①商务谈判双方已有多次交易往来，双方谈判人员关系密切，对对方有较深的了解，说话无须拐弯抹角；②双方谈判人员，包括主谈人的身份和资格大体相当，反差不大；③在谈判开局阶段，本方已发现对方对自己的身份及能力表示怀疑或持有强烈的戒备心理，并且可能妨碍谈判的深入，而下决心一试，以争取谈判的主动地位，并力争赢得对方的信赖和支持。

(3) 冲击表达法。冲击表达法是指以突然、激烈、令谈判对方意外甚至受窘的交谈方式表达开局目标的策略方法。

冲击表达法不是一种常规的商务谈判开局目标表达方法，而是在商务谈判开局时某些特殊场合下采用的一种特别的表达方法。

运用冲击表达法应注意以下事项：①冲击表达要有突然性和创意性；②不要视对方为敌，避免双方情绪对立。

（三）实现良好谈判开局的方法

(1) 中性话题实施法。中性话题实施法是指以与谈判正题无关、无碍的话题开场，促使谈判双方情感的接近并融洽，进而实现开局目标的策略方法。此方法适用于绝大多数的商务谈判，商务谈判人员通常选用的中性话题包括：

① 气候、环境及适应性。

② 双方互聊个人状况，私人互致问候。

③ 双方个人的爱好和兴趣。

④ 日常话题，比较轻松的玩笑。

(2) 坦诚实施法。坦诚实施法是指用坦白率直、开诚布公的态度与谈判对方交谈，向谈判对方表露本方的真实意图，以取得对方的理解和尊重，赢得对方的合作意向，从而实现开局目标的策略方法。

(3) 幽默实施法。幽默实施法是指借助形象生动的媒介，以诙谐风趣的语言风格与谈判对方交谈，以打破对方的戒备心理，引起对方的好感和共鸣，从而实现开局目标的策略方法。

三、商务谈判的报价

商务谈判双方在了解对方的谈判目标和意图后，就进入报价阶段。这里说的报价不单是指商品在价格方面的要价，而是泛指商务谈判的一方对谈判的另一方提出自己的所有要求，包括商品的数量、质量、包装、价格、货运、保险、支付、服务、索赔等交易条件。其中，价格是最核心和最敏感的交易条件。

（一）报价形式的分类及其优缺点

报价形式可以依据不同的分类指标做不同的分类。在这里介绍两种分类方式：一种是以报价内容为标准划分的报价形式，另一种是以报价载体为标准划分的报价形式。

(1) 以报价内容为标准划分的报价形式。从报价内容的角度来说，商务谈判有西欧式报价和日本式报价两种典型的报价形式。

西欧式报价的一般做法是先报出一个有较大水分的价格，然后根据谈判双方的实力对比和该笔交易的外部竞争状况，通过给予各种优惠(如数量折扣、佣金和支付方式上的优惠)来逐步软化与接近对方的市场和条件，最终达成交易。西欧式报价是一个先高后低的过程，但是随着价格的降低往往能换得其他交易条件的优惠，如对方更大的购买数量、更有利的支付方式等。实践证明，这种报价方法只要能够稳住对方，往往会有一个不错的结果，有利于保持双方今后的良好合作关系。

日本式报价的一般做法是先报出一个有竞争力的低价，以引起对方的兴趣。这种价格一般是以对卖方最有利的结算条件为前提的，并且在这种低价交易条件下，各个方面都很难全部满足买方的需求，如果买方要求改变有关条件，卖方就会相应提高价格。因此，最后成交的价格往往高于最初的报价。一方面，日本式报价可以排斥竞争对手而将买方吸引过来，取得与其他卖方竞争中的优势和胜利；另一方面，当其他卖方败下阵来纷纷走开后，这时买方原有的买方市场优势不复存在，买方想要达到一定的需求，只好任卖方一点一点地把价格抬高才能实现。需要注意的是，日本式报价容易让人产生上当受骗的感觉，买方心理上不易接受，或者会成为今后双方合作的障碍。

(2) 以报价载体为标准划分的报价形式大体上可以分为书面报价和口头报价。

书面报价，是指谈判一方事先为谈判提供表明交易条件的较为详尽的文字材料、图表、数据等。这种方式可以给人一种正规严肃且合法的印象，同时将本方所愿意承担的义务表达清楚，但这种方式基本上否定了谈判双方磋商的可能。白纸黑字客观上成为本方承担责任的凭据，显得呆板而缺乏弹性。

口头报价即由供应商电话或当面向采购人员说明具体价格内容，报价的物品以买卖双方经常交易、规格简单且不易产生错误的为宜。此种报价方式基于双方的互相信任，能节约大量时间，比较简便。

（二）报价技巧及应注意的问题

报价是整个商务谈判中十分重要的一环。谁先报价、怎样报价、如何对待对方的报价，这些问题的解决需要一定的技巧。一般来说，成功的报价应该是找到报价者所得利益与该报价被接受的成功率的最佳结合点，要做到这一点，必须认真对待以下三个问题。

(1) 谁先报价。先报价既有利也有弊。

有利的方面：①先报价对谈判的影响较大，它实际上等于为谈判限定了一条基准线或限定了一个大致范围，最终谈判的结果不会离其太远；②先报价一方如果出乎对方的预料和设想，往往会打乱对方的原有部署，甚至动摇对方原来的期望，使对方失去信心；③先报价在整个商务谈判进程中会持续起作用。

不利的方面：①本方已经先把自己的目标暴露给对方，对方听了本方的报价后，会对其原先的想法进行调整，获得本来没有期望获得的好处；②对方会试图在磋商过程中迫使本方按照他们的预想谈下去，其常常使用的办法是集中力量攻击本方的报价，迫使本方一步一步地降价。

一般来讲，若本方的谈判实力强于对方，或者与对方相比在谈判中处于优势地位，则本方先报价是有利的。尤其是在对方对该交易的行情不太了解的情况下，先报价更有益处；如果预计商务谈判双方实力均等，谈判竞争激烈，本方应当先报价，以取得更大的益处。有的商务谈判谁先报价似乎已有惯例，如货物买卖谈判，多半是由卖方先报价。

(2) 如何报价。掌握报价的基本技巧对取得谈判的成功是至关重要的。商务谈判报价应遵循以下几项原则。

① 对卖方来说，开盘价必须最高；反之，则应该是最低的。卖方的高价和买方的低价为谈判结果限了一个特定范围，即最高不能超过卖方的报价，最低不能低于买方的报价，这就为谈判提供了讨价还价的空间。同时，卖方的高价也传递给买方一个信息：卖方提供的商品是高质量的；开盘价越高，最终能够得到的利益也越多。

② 开盘价必须合情合理。开盘价可稍高，但必须有一定的事实依据，并能够解释清楚，而不是漫天要价。否则，买方可能会怀疑卖方谈判的诚意而终止谈判，或者相对来

个"漫天杀价",最终结果可能会适得其反。

③ 报价的态度应明确、坚定,不加解释和说明。报价的态度明确且坚定,可给买方留下严谨而诚实的印象,并能使买方明确了解本方的期望。报价时不要对所报价格进行解释和说明,过多地说明和解释,反而使买方从中找到突破口和破绽。

(3) 如何应对对方的报价,包括以下方面。

① 认真听取并完整、准确、清楚地把握对方的报价内容,不清楚的地方可要求对方予以再次说明和解答。

② 将本方对对方报价的理解进行归纳与总结,加以复述,以确认自己的理解准确无误。

③ 不要急于开始讨价还价,要求对方对其所报价格的构成、报价依据、计算基础及方式等做出详细的解释,以观察对方报价的实质、意图及诚意,力图找到讨价还价的突破口。

四、商务谈判的磋商

磋商阶段是指谈判双方讨价还价的阶段,是谈判过程中至关重要的阶段,也是矛盾、冲突最激烈的阶段。在此阶段,谈判双方就各项目进行磋商,或者自己放弃某些利益,或者要求对方放弃某些利益,或者彼此进行利益交换。谈判双方经过一系列磋商而使彼此的立场接近,趋于一致。

(一)造成谈判双方矛盾、冲突的原因

(1) 关于立场的争执。在商务谈判过程中,如果对某一问题坚持自己的看法和主张,并且谁也不愿做出让步,往往会产生分歧,争执不下。而双方越是坚持自己的立场,双方之间的分歧就会越来越大。此时,双方共同的利益反会被这种表面的立场所遮掩,并且为了各自的面子,谈判双方非但不肯做出让步,反而会用所谓顽强的意志迫使对方改变观点与立场。最后,谈判变为意志力的较量,极有可能出现谈判僵局。

(2) 信息沟通上的障碍。谈判本身就是靠"听""讲"来进行沟通的。谈判中一方可能听清楚了对方的讲话内容并能正确地理解,但并不意味着能完全把握对方所要表达的思想内涵。由于双方信息传递失真而使双方之间产生误解而出现争执,并使谈判陷入僵局的情况也不少见。这种失真可能是口译方面的,也可能是合同文字表达方面的,都属于沟通方面的障碍。

(3) 谈判过程中一方过于自我。除了书面形式的谈判之外,交易双方都是面对面地通过语言交流信息、进行磋商的。谈判中的任何一方,不管自己出于何种想法,如果过分地、滔滔不绝地论述自己的观点而忽略了对方的反应和陈述,必然会使对方感到不满与反感,从而出现矛盾与冲突。

(4) 谈判人员素质低下。谈判人员的素质高低始终是谈判能否成功的重要因素。在谈判过程中,谈判人员的礼仪是否周到、言辞是否平和、态度是否诚恳、谈判策略是否运用恰当、能否抓住有利的谈判机会等,都直接影响商务谈判的进程和谈判的结果。

（二）矛盾发展可能出现的结果

在商务谈判过程中，谈判双方出现矛盾与冲突是不可避免的。矛盾发展的结果有两种表现：一是谈判双方加强信息交流，调整各自的观点和立场，改变交易条件继续谈判，通过讨价还价及双方的合理让步，最终达成交易；二是谈判双方都无意改变交易条件，谈判破裂、终止。谈判人员应尽可能通过谈判策略与技巧的运用，争取第一种结果。

（三）商务谈判中的让步原则

让步是指在商务谈判中，谈判双方向对方妥协，退让本方的理想目标，降低本方的利益要求，向双方期望目标靠拢的谈判过程。适当而合理的让步是解决冲突和促使谈判成功的必要措施，一些基本的让步方法是谈判人员必须掌握的。

五、商务谈判的决策与终结

（一）何时结束谈判

谈判何时结束以及如何结束也有许多技巧和策略。何时结束谈判？专家的建议是，当谈判双方都认为对方已经做出了能够做出的让步，而且再谈判下去也不会有什么结果时，谈判就该结束了。谈判进展到以下情况表明谈判可以结束了：①对方询问交货时间和地点；②对方对产品质量和加工提出深入的、具体的要求；③对方提出现场试用产品；④对方提出产品的某些反对意见。

（二）如何结束谈判

当谈判项目业已谈完，本方要结束谈判，可通过以下方法进行：①向对方提出和提问不结束谈判的问题所在，给对方一个提醒，对方就很可能做出解释；②重复告诉对方结束谈判、达成协议是明智之举，列出充分的理由；③通过细节问题，如某一条款的文字表达或运输要求的写法，把对方引向谈判结束；④通过具体行动把谈判推向结尾；⑤强调不立即达成协议可能会引起双方的利益损失；⑥向对方表露一个结束谈判的优惠条件，并且说明此条件不可能被再次提供，优惠条件的形式可以是折扣、付款方式、保障或者特殊的服务项目；⑦给对方讲述一个商业故事，以督促其尽快结束谈判。

第七节　商务谈判的策略

谈判策略就是指在商务谈判过程中，怎样选择切入点，如何推动谈判进程和避免谈判陷入僵局，将谈判推向成功的主要方法和技巧。

谈判策略既是整个谈判过程的行动工作指南，又是影响谈判进程的重要因素。不同的人、不同的谈判团队有不同的工作方式和谈判特点，因此只有具有丰富经验、懂得运用策略的谈判者才能取得谈判的最终胜利。在商务谈判中，谈判者采用单一策略和手段是很难获胜的，要获得成功往往需要综合运用多种策略。

在谈判准备阶段，最重要的内容是策划谈判活动的全过程。但需要注意的一点是，不应在谈判开始前就对谈判全过程制定过于细致的策略和步骤。这是因为，在谈判进程中一旦发生意想不到的变化，谈判者可以根据情况做出反应和提出相应对策，而不是每当有新问题出现就急忙重新调整工作策略。那么，主要的谈判切入策略有哪些呢？受不同文化、教育、背景及其他因素的影响，不同的行为和性格的谈判者会采取不同的谈判策略。

一、谈判策略的战术运用

（一）在谈判地点的选择方面

许多谈判者在谈及谈判经验时都认为，谈判地点选择在本方所在地会使自己更有信心。不过，对于那些重要的、正式的谈判，较为合理的选择是在第三地进行相关谈判。例如，有关草原产品问题的谈判，地点就选择在海南岛，原因是海南岛没有草原，选择这个与谈判主题毫无关联的地方，既符合谈判者的意愿，又让两方成员对谈判环境无可挑剔。由此可见，第三地的选择有时是至关重要的。

（二）在谈判时间的选择方面

谈判时间的选择是一个非常关键的因素。对于谈判时间，要确保有充足的时间去做准备；要确定何时开始谈判；要确定一旦要进行反复会谈，时间应如何安排；等等。特别要注意的是，谈判者应尽量避免出于一时冲动而突然开始谈判，否则很容易因为准备不足而陷入被动局面。

（三）如何组织开局会谈

如何在第一场谈判中表现自己，是谈判者必须重视的事情，也是谈判准备阶段重要的战术之一。谈判者应认真地制订自己的谈判总目标和第一次谈判希望达到的目标，只有这样才能使本方有能力掌控谈判进程的方向和结果。

（四）几点建议

阿肯逊博士对于谈判战术使用有如下建议，这些建议能够非常有效地为谈判者提供在什么场合、使用何种谈判战术及如何使用这些战术提供指引。

(1) 获取情报的方法包括以下方面。

① 采取直接提问的方法。例如："你们真正想要的是什么？"

② 采用分散对方注意力的方法。例如："我也认为你不能在全体员工面前谈论这个问题，但是销售部门怎么看待你的这种态度呢？"

③ 用打破沉默的方法。例如："你很认真地在听取我们的讨论，那么你认为应当怎么办？"

④ 情况简述法。例如："从目前的情况来看，你们并未给出最新的数据，我们所得到的最近报告显示……"

⑤ 温度调节法。例如："你可以明白我的同事对贵方的这一问题感觉非常混乱，并且，我们已经打算诉诸法律了。我希望我们能够想办法避免发生这种面对面的冲突。因此，你能不能告诉我……"

(2) 支持自己的论点和立场的方法如下。

① 增加力度的方法。例如："当然，你知道我们是被迫去找其他供应商的。"

② 将弱点最小化的方法。例如："我们是非常乐于尽快解决这个问题的，只是我们没有这么多时间去做。"

③ 举出先例的方法。例如："其实你们的竞争对手早已接受这个结果了。""是否可以告诉我更多关于……"

④ 全面避免法。例如："这是个很让人感兴趣的问题。但是我还是想知道关于……你是否可以告诉我为什么你们……"

(3) 破坏对方的论点，包括以下方面。

① 言行不一。例如："现在看来，你与你的同事先前的说法有些矛盾，应该澄清一下关于……"

② 询问实际数据(原始资料)。例如："你们提供的信息显示……，但是我们得到的信息却有所不同。事实上，我们的资料告诉我们……"

③ 就设想提问。例如："你们说……能不能告诉我们你们这么说的依据是否是……"

④ 就结论提出问题。例如："这是你们所做的陈述。你是否可以告诉我们，你们是怎么得出这个结论的?"

⑤ 要求深入解释。例如："我也同意你的说法，这个问题的确是重要的。但是你还没有提及……"

⑥ 扩大弱点。例如："这一出价的确颇有吸引力，但是我还不能够确信你的实力。比如说……(论据对方的弱项)"

⑦ 提出修订建议。例如："这个数据已经是几年前的旧数字了。我们觉得目前的状况与几年前有了很大变化。所以，我们应该对原有的合同数据做相关调整。"

⑧ 强调重要性。例如："你们所做的总结是完全正确的。不过，我们仍有必要再确认一下，这对于贵方的意义是……"

⑨ 形象化。例如："如果接受我方的建议，那么你们会在哪个位置呢? 喏，就在这里。"

(4) 推动谈判进程的方法，包括以下方面。

① 发出已经准备就绪的信号，从而推动谈判。例如："我认为我们现在对于彼此的想法已有足够的了解。那么，是不是让我们接下来就第二个议题……"

② 关联事项。例如："假如我们把 A 和 B 放在一起考虑，我想可能会更有用。"

③ 建议休会。例如："你已经听到我们的提议了。是不是我们暂时休会，给你一点时间就此进行考虑，然后再重新就修订以后的议题进行讨论?"

④ 提出道义上的要求。例如："上一次我方同意在这个问题上帮你们解决困难。嗯，我认为现在该轮到你们这么做了。我觉得贵方可以在……上给我们一个好的报价。"

⑤ 增加压力。例如："那么，这个问题我们是不是就这么说定了? 这样我们可以开始

讨论对我们双方都更为重要的那个议题。"

⑥ 全盘招供。例如："说实在的，我对于这个条款不太在意。如果你能够如实告诉我它对于你们的重要性，那么我们就可以推出一个双赢的方案。"

(5) 相互尊重、留面子及缓解紧张的方法如下。

① 幽默法。例如，"有一次，有个小男孩问肯尼迪：'总统先生，你是怎么在战争中成为英雄的呢？'肯尼迪回答说：'那不是出于自愿的，当时敌人击沉了我的船，我就成为英雄了'"。

② 装糊涂法。例如："在你说到……的时候，我方以为你的意思是……，如果是我的话是绝对不会提出这个要求的。"

③ 改变议题法。例如："我们愿意改变的修订部分是……"

④ 补偿法。例如："如果我们双方都对于原来的条款进行一些修订的话，我们就可以达成协议了，因此，如果你们可以……的话，我方将考虑放弃对于……的要求。"

⑤ 特例法。例如："一般来说，我方不会同意这样的条款。但是，在目前这个特殊情况下，我们准备例外地……"

⑥ 借助第三方力量法。例如，谈判者找到一个双方都熟悉并都能欢迎的人来参与，缓和谈判气氛，或者建议使用第三方的方案。

二、开局技巧

常言道："良好的开端是成功的一半。"在商务谈判过程中，良好的开局对谈判发展有着关键的影响。

在谈判开局中，经验丰富的谈判者往往能很快把握对方所持的态度和诚意，判断出对方是希望积极达成共识，还是消极应付了事，因此，如何开局和运用什么技巧开好局决定了整个谈判的走向。

（一）坦诚式开局

坦诚式开局是指以开诚布公的方式向谈判对方表达本方的见解，从而打开谈判局面。

这种技巧适用于老客户之间，它可以免去很多客套，节省时间，直接提出自己的观点和条件，这样的做法反而容易使对方对自己充满信任。坦诚式开局也适用于实力较弱的谈判方，当彼此都清楚各自的实力时，坦言相告本方的局限性，让对方予以理解，更能显示己方的真诚，赢得对方的好感。

（二）共鸣式开局

共鸣式开局是指在谈判开始时，为使对方对本方产生好感，谈判中以肯定对方的口吻建立起一种双方共鸣的感觉，使谈判各方能够在友好融洽的气氛中将谈判引向深入的一种开局技巧。心理学研究结果证明，人们通常会对那些与自己看法一致的人产生好感与亲近感，将自己的想法按照与之有共鸣的人的观点进行调整。这正是共鸣式技巧的心理学基础。

（三）回避式开局

回避式开局又称保留式开局技巧，指在谈判开始时，本方不明确回答对方提出的关键问题，而是稍作回避和保留，给对方造成一种神秘感，从而使谈判朝着本方希望的目标发展。

采用回避式开局谈判的前提条件有：一是对本方的实力确有信心；二是妥善布阵；三是注意不违反商务谈判的"原则"，即以诚信为本，不能传递虚假信息，否则一旦被揭穿，不但使自己陷于尴尬的境地，还可能使本方丧失信誉、丢了业务。

回避式开局多用于以自然和低调气氛开始的谈判中，高调气氛不宜采用。但回避式开局可以将其他谈判气氛转为低调。

（四）挑剔式开局

挑剔式开局是指在开始正式谈判前，本方就谈判对方在礼仪、外交、文化等方面的失误予以严厉斥责，致使其产生内疚感，从而达到制造紧张气氛、搅乱谈判对方思路、压抑对方、迫使对方让步的目的。

【拓展阅读9-2】

你们迟到了

巴西一家公司到美国去采购成套设备。巴西谈判小组成员因为上街购物耽误了时间。当他们到达谈判地点时，比预定时间晚了45分钟。美方代表对此极为不满，花了很长时间来指责巴西代表不遵守时间，没有信用，如果总这样下去的话，以后很多工作很难合作，浪费时间就是浪费资源、浪费金钱。对此巴西代表感到理亏，只好不停地道歉。谈判开始以后，美方代表似乎还对巴西代表来迟一事耿耿于怀，一时间弄得巴西代表手无足措，说话处处被动，对美方提出的许多要求也没有静下心来认真考虑，匆匆忙忙就签订了合同。等到合同签订以后，巴西代表平静下来，头脑不再发热时才发现自己吃了大亏，但已经晚了。

资料来源：商务谈判案例分析题，https://wenku.baidu.com/view/00c41e0c4873f242336c1e b91a37f111f1 850d8c.html，编者有删改

（五）进攻式开局

进攻式开局技巧与偶然抓住对手短处进行攻击不同，而是指有准备地通过语言或行为来表达本方的强硬立场，从而赢得对方的尊重，迫使对方按本方意图开始谈判。

进攻式开局由于会在一开始就使谈判陷入剑拔弩张的紧张气氛中，很可能会伤害对方的自尊心，从而影响谈判的进行，因此也不宜随便采用。通常在发现对方正在刻意制造低调气氛，且这种气氛阻碍了本方的讨价还价，进而可能损害本方的利益时，可以考虑采用进攻式开局，以便把开局时的不利气氛扭转过来。

三、磋商技巧

商务谈判的磋商阶段是指谈判开局之后到最终签约之前，谈判各方就实质性事项进行磋商的全过程，是整个谈判过程的实质性阶段，也是整个谈判的重点难点所在。在磋商阶段，谈判各方将在实力、智慧和技巧策略上展开全面较量，进行拉锯战。整个阶段充满了谈判各方斗智斗勇的场面，谈判的技巧在这一阶段得到了充分的体现，主要有以下几种。

（一）投石问路

投石问路原指在夜间潜入某处之前，先投以石子，看看有无反应，借以探测情况，后用以比喻进行试探。在商务谈判中该技巧用于探明对手的底细，如谈判期限、谈判目标以及权限等非常重要的内容。这些内容属于商业机密，掌握对方的这些底牌，是常用的策略之一。例如，某公司欲从某服装厂购买一批服装供应给下属的销售网点，想要个合理价格，但对该服装厂的生产成本、生产能力、最低价格等情况全然不清楚。如果直接问厂方，得到的答复肯定是较高的报价，这时，公司派出一名业务人员到服装厂，不说明自己要购买的数量，而是要求厂方分别就 1000 件、2000 件服装进行报价。厂方不知道来者要购买的数量，只是如实按"多购从优"的原则，分别按买方要求的批量估价。谈判人员拿到标价单后，通过仔细分析和推敲，较为准确地估算出该厂的生产成本、设备费用的分摊情况、生产能力以及价格政策，从而掌握了谈判的主动权，在谈判中争取到了理想的价格。

（二）以柔克刚

谈判人员在谈判时会遇到各种各样的对手，有的表面上看起来沉默不语，似乎很好对付；有的则锋芒毕露、咄咄逼人，毫不掩饰地想做整个谈判的"中心"，霸道地使整个谈判围着他的指挥棒转，这属于傲慢自负型的谈判者。谈判人员对前一种人须沉着应付，不要相信他表面上的反应，采用兵来将挡、水来土掩的策略可能会有较好的结果；而对后一种人则可以采取以柔克刚的策略，具体做法如下。

(1) 沉默冷静地观察对手。在谈判中，本方不要急于反驳，也不要急于解释，尽可能耐心地听对方滔滔不绝地阐述自己的观点和提出自己的要求，必要时，甚至可以使谈判出现冷场，并在双方之间展开一场忍耐力的竞争。即便在这时，自己仍要头脑清醒，情绪冷静平稳，静观事态发展，直到对方再次申明自己的观点，甚至因本方的行为已感到不耐烦，再发表意见，将对方引入自己的思路。需要注意的是，这里的沉默不语不是一言不发，而是控制在一个适当的度之内。这个度的控制就是要使谈判不因此停止，而是能继续进行下去。因为采用这个技巧是为了使谈判能获得成功，而不是使谈判宣告破裂。

(2) 故意转移话题。在谈判中，有一段时间绝不和对方直接交锋，而是对方说东，本方则漫不经心地扯到西；对方说三，本方则若无其事地说四。在这种故意转移话题的过程中，本方避其锋芒，然后在对方出现失误后突然出击。

(3) 抓住机会提问。面对趾高气扬、盛气凌人的谈判对方，本方不必与其正面交锋，而可以在他目空一切、自以为是的高谈阔论中选准机会适时提问。这里的提问，可以是针对其发言中自相矛盾之处，也可以是针对其发言中违背常理之处，等等。每次提问实际上都起到给对方"降温"的作用，只有当对方"降温"到一定程度时，谈判才能正常地进行。

四、受限技巧

受限技巧是指当对方提出某项令本方无法接受的条件时，谈判人员为了使本方利益免于受损，而采用的以"本人权力有限，不能对此拍板""现在客观条件不能满足贵方的提议"为借口的方法。该方法把客观因素作为抵挡对方进攻的"挡箭牌"，以阻挡对方的进攻。谈判人员一般有"权力受限"和"资料受限"两种客观因素可以利用。

（一）权力受限

谈判人员在谈判中的权力大小要取决于领导的授权，所拥有的权力有限，但有时恰恰是因为这一点，才使谈判更顺利地进行。美国一位有经验的谈判专家认为，权力受到限制的谈判者比大权独揽的谈判者处于更有利的地位。谈判人员的权力受限，可以使其立场更坚定。精于谈判之道的人都信奉这一名言："在谈判中，受了限制的权力是真正的权力。"

谈判人员运用受限技巧抵挡对方进攻，很坦然地对对方提出的要求给予"不"的回答。因为任何谈判一方都不能强迫对方不顾国家法律及企业政策的规定，超越权力而答应要求。

相反，如果谈判人员在谈判时声明，自己可以拍板做出一切决定，其本意也许是想让对方知道其权力很大而愿意与他谈判，或者更加尊重他，但这样做就等于放下了谈判人员在谈判中可以利用的有力的挡箭牌。当对方提出确定而充分的理由要求让步时，他就只能接受让步而不能够拒绝。

但是，谈判者只能在关键时刻使用这一策略，如果过多使用则会让对方认为你没有谈判的诚意，或者没有谈判的资格。

（二）资料受限

"资料受限"的借口一般是在对方要求谈判人员就某一问题做出详细的解释或是直接要求就某一方面做出让步的情况下使用。此时谈判人员可以用抱歉的口气告诉对方："实在对不起，有关详细资料我手头没有。""这资料属于本企业的商业机密，不能透露，因此暂时不能做出答复。"这样，就可将对方的问题暂时搁置，轻易地阻止对方咄咄逼人的攻势。经过一段时间，在讨论其他议题之后，对方或者已将此问题遗忘，或者因其他问题而无暇顾及，或者认为这个问题已不重要，也不再提及。

与"权力受限"的技巧一样，"资料受限"的技巧也不能多用。如果常说资料不足，对方会认为你无意谈判，或者请你将资料准备齐全后再谈判。

除了"权力受限"和"资料受限"这两种客观因素可以利用外，还有自然环境、人力资源、生产技术要求、时间等因素可作为客观条件受限的借口，谈判人员可以依据谈判的实际情况加以运用。

五、讨价还价技巧

(一) 以理服人

讨价不是买方的还价，而是启发、诱导卖方自己降价，以便为买方还价做准备。在讨价还价中，"硬压"对方降价，可能会使谈判过早地陷入僵局，对买方也不利。特别是谈判初期、中期的讨价，务必保持信赖平和的氛围，以理服人，以求最大化交易利益。即使对漫天要价者，也应如此对待。

一般来说，在报价太离谱的情况下，其价格解释总会有矛盾暴露出来，只要留心便不难察觉。所以，当买方以适当方式指出报价的不合理之处时，报价方大都会有所松动，如会以"我们再核算一下""我们与生产厂商再研究研究""这项费用可以考虑适当降低"等为借口对报价做出调整。此时，即使价格调整的幅度不是很大，或者理由也不甚合乎逻辑，买方也应表示欢迎。而且，买方可以通过对方调整价格的幅度及其解释，估算对方的保留价格，确定进一步讨价的策略和技巧。

(二) 见机行事

买方做出讨价还价表示并得到卖方回应后，必须对此进行分析。若首次讨价就能得到对方改善报价的迅速反应，这可能说明报价中策略性虚报部分较大，此价格中所含水分较多，或者对方存在急于促成交易的心理。同时，买方要分析其降价是否具有实质性利益内容等。这样，买方能通过讨价后对卖方的反应进行认真的分析，判定或改变本方的讨价方法。但是，一般有经验的报价方，开始都会固守其价格立场，不会轻易降价，并且往往会不厌其烦地引证那些比其报价还要高的竞争者的价格，用以解释其报价的合理性，表示这一报价不可改变。对此，买方只要抓住报价及其解释的矛盾和漏洞，就应盯住不放。

(三) 弱者的讨价还价

谈判双方实力悬殊的情况下，如对方实力强，本方实力弱，本方在谈判中很难同对方进行正面对抗，但这并不表明本方就一定会在谈判中被对方所牵制，谈判结果就一定会对本方不利。当处于弱者的被动地位时，本方就要想方设法改变这种力量对比情况，变被动为主动，尽量保证自己的谈判地位，达到维护本方利益的目的。

(1) 团体力量策略。在谈判中遇到强硬对手，本方应集中谈判小组全体成员的力量，集中一个目标或一个提案，轮番向对方进攻，为本方制造强大的声势，使谈判对方改变态度，接受本方的意见。个人的力量是有限的，而团队的力量是巨大的，考虑事情也周全，群体的气势也是个人无法相比的。

运用团体力量策略应当注意以下几点：

① 谈判小组的每个成员都必须非常熟悉本方的谈判方案、计划，准确了解本方可达成协议的几项最低要求，并尽可能掌握有关谈判对方的各种信息，这些准备工作应当在谈判开始前就全部做完。

② 谈判小组成员之间应当配合默契。当本方的某个成员正在进行发言时，其他成员

能够预知其下一步的用意，这种配合的能力可以在长期的谈判合作中得到。

③ 谈判小组成员之间应该形成层次分明的组织分工，各司其职、各守其责，在谈判中按照事先商定的内容协调行动。

④ 谈判小组成员之间要有一套完整的信息交流系统，即在谈判中使用的信息交流暗号，以使谈判小组的行动一致。同样，这项工作也要在谈判开始前做好。

(2) 软化关键对手。在谈判对手的实力明显强于本方，形势对本方非常不利，对方咄咄逼人，谈判眼看就要陷入僵局的情况下，软化关键对手的方法可能是消除对方攻势的一种有效方法。这种方法是通过软化对方的某个关键谈判人员来达到目的，具体做法如下：

① 弄清对方谈判机构人员之间的隶属关系，确定并查清关键谈判人员的社会关系、生活习惯，找出其"薄弱环节"。

② 利用非正式渠道与关键谈判人员进行接触，联络感情，"投其所好"，使其对己方产生好感。

③ 在联络好感情后，向对方关键谈判人员诉苦，摆出实际困难，提出解决方法并与其商量，如果其表示认可后则要表示感谢，并恳请其说服对方其他谈判人员。

④ 继续与对方进行谈判，要尽量对对方关键谈判人员的意见表示认可和尊重。达成协议时，要尽量表现出本方已做出了很大让步，让对方感到确实取得了"巨大的胜利"。

应当注意的是，前三步要做得保密，这也是很重要的一个环节。

(3) 寸土必争。在现代商务谈判中，对等原则是一个非常重要的原则，即本方的让步要同步于对方的让步。如果对方未做任何让步或让步承诺，本方就主动让步，那只会让对方步步紧逼，使本方更为被动；若本方不轻易让步，反让对方觉得已是价格底线，对方也就不再进行讨价还价了。

(4) 迂回进攻。迂回进攻就是谈判人员将本方的条件换成另一种形式来表达，给对方造成一种本方已经让步的错觉。采用迂回进攻策略来摆脱困境，可使谈判向纵深发展，从而使谈判摆脱僵局，正常发展。

（四）感情投资

有人认为，在商务谈判的讨价还价中，谈判双方的磋商和辩论实际上就是实力和意志的较量，感情因素起不了作用。其实不然，许多谈判的顺利推进，以至于一些棘手问题的最终解决，往往是借助了谈判双方业已存在的感情基础和良好的关系。事实上，谈判各方人际关系因素至关重要。想要影响对方，首先就应该为对方所认可、所欢迎；想使本方在谈判中提出的各种理由、意见能被对方认真倾听和充分接受，最有效的方法是首先必须和自己的谈判对方建立起信任和友谊。从讨价还价的角度来说，感情投资能够为还价和被对方所接受铺平道路。在谈判中，感情投资的运用一般有以下要求：

(1) 正确对待谈判，正确对待对方。整个谈判过程要遵循平等、互利原则，从大局出发，互谅互让。本方要把谈判中的各种分歧视为合作的机缘，善于寻求共同利益，求同存异；同时，对于谈判对方，必须充分尊重，不敌视，做到台上是对手，台下是朋友；注重展示本方的良好修养和人格魅力。

(2) 在价格谈判中，对于一些较为次要的问题，不可过于计较并应主动迎合对方，应使对方觉得本方能站在他的角度考虑问题，从而赢得对方的好感。

(3) 注意利用谈判中的空余时间，谈论业务范围以外的令对方感兴趣的话题，如文体节目、时事新闻、当地的名特产、名胜古迹等，借以增加交流、增进双方友情。

(4) 对于彼此之间有过交往的，要常叙旧，回顾以往合作的经历和取得的成功，增强此次合作的信心。

（五）应对假出价的技巧

假出价是一种不道德的谈判伎俩，是指谈判一方利用虚假报价的手段，排挤同行的竞争，以获得与对方谈判的机会，可是一旦进入实质性的谈判阶段，就会改变原先的报价，提出新的苛刻要求。这时，对方很可能已放弃考虑其他谈判对手，不得已才同意合作。例如，一个建设工程项目，当一方播出广告进行工程项目招标时，一些感兴趣的投标者竞相投标，其中一方提出远低于其他竞争者的价格投标，结果他被确定为中标者。一旦进入正式谈判阶段，他又千方百计地寻找种种理由与借口，说最初的报价太低了，要重新估算。等到双方就主要条款取得一致意见后，他的报价已提高了10%，对方想反悔却为时已晚，否则，先前的全部工作就白费了。

因此，本方对于一些报价明显低于市场价格的商家，不得不防备是假出价，应对其报价进行确定后再具体与之商谈，同时不要中断与其他报价方的联系。

六、让步技巧

既然谈判是双方利益相协调的过程，那么在谈判过程中进行让步就是不可避免的，那究竟选择怎样的让步方法与技巧，才能使本方利益不受损而又能使谈判顺利进行呢？适当且合理的让步是解决冲突和促使谈判成功的必要措施。一般来讲，谈判者在选择让步时应把握住以下几点。

（一）时机要适当，不做无谓的让步

这里的时机指让步的时间和问题的排序。从时间来看，让步不要提前，也不要延后。提前会提高对方的期望值，迫使本方继续让步；延后则有可能失去谈判成功的机会。从问题层面来看，谈判前和谈判中本方要不断深入了解对方的真实需求，如哪些问题为对方最关心，哪些问题对对方较为次要或无所谓，谈判中如何依序提出问题，等等，均应给予全盘考虑。尤其对关键问题的让步，宜在对方一再请求和说服之下，本方以忍痛合作的态度做出小幅度让步，使对方感觉这个让步来之不易，才会珍惜其让步。不做无谓的让步，指每次让步都应换取对方在其他方面的相应让步或优惠，不该让步时绝不能让步。

【拓展阅读9-3】

巧妙的让步

A公司向大型企业B公司提供电脑配件。一开始，A公司曾打算放弃与B公司进行谈判。但是，慎重起见，A公司的负责人在准备直接签字之前，找了律师事务所。B公司

起草的合同果然全部是单方面对 B 公司有利的内容。比如说，B 公司向 A 公司所发出的订单，在 A 公司送货上门之前可以随时取消。

这是绝对不能容忍的。A 公司是根据 B 公司下的订单才制作配件的，如果配件加工好之后，B 公司取消了订单，这些配件又不能改为其他用途，对 A 公司极为不利。

除此之外，还有另外两处，都是对 A 公司非常不利的条款，这三项条款是必须修改的。

于是，为了谈判从"高起点"开始，律师和 A 公司就连同其他一些不太重要的修改要求一起，向对方提出了要求："共计 10 处需要修改。"

当然，B 公司会极力予以反驳，A 公司则坚持不妥协。在谈判中，对于其中的七处不是特别重要的修改内容，逐渐加以放弃。但是，对于其中关键的三处，经过一番努力，终于顺利地得以修改。A 公司"高起点"的策略很有效。

"对方是大型企业，所以一开始本打算放弃与他们进行谈判的，现在看来，还是应该尝试一下的。"A 公司的负责人对结果非常满意。

资料来源：大桥弘昌，著. 不败的谈判技巧. 张军伟，译. 北京：机械工业出版社，2008 年

（二）让步幅度不能大和节奏不能快

每次让步幅度不宜过大，让步节奏也不宜过快，否则会使对方认为本方最初的报价水分很大，从而不断提出让步要求。一般来说，不宜承诺大幅度的让步，重要问题力争使对方让步，次要问题可考虑先做让步。谈判中作为卖方的谈判者可主动做次要问题的让步，开始幅度可稍大一点，以后就要放缓了。

（三）恰当掩饰让步原因

在整个谈判过程中，本方要注意掩盖让步的真实意图，暴露真实意图无疑是致命伤。同时，强调让步对自己利益造成的损害，即使对方让步使本方获利不小，也不能喜形于色。有经验的谈判人员总是让对方觉得大家打了平手，切忌将自己视为谈判的胜利者而将对方视为绝对的失败者。这就是心理战术的运用，让步技巧运用的最高境界是让对方感到受尊重，在心理上认为自己是"胜利者"。

（四）逼迫让步法

利用或创造有利的条件迫使对方让步是谈判中常用的技巧。当双方已就主要问题达成一致将要签订协议时，本方可以乘机再向对方提一个微小的、不涉及根本利益的要求，对方会因急于结束谈判而不愿在微小问题上与本方谈判，从而比较容易做出让步。

七、化解僵局技巧

（一）僵局出现的原因

谈判中出现僵局或对峙状况的原因可能有多种，主要包括以下几种情况。

(1) 双方目标大相径庭。在各个谈判成功的案例中，谈判双方之所以最终能达成协议，

是因为双方的利益都得到了维护，在目标出现差距时，应该首先找到彼此都感兴趣的谈判点，以便由此切入，缩小双方的目标差距。如果一方盲目坚持自己的观点，另一方不肯做任何让步，将使谈判难以继续。

(2) 有意制造僵局。有些谈判方有意制造僵局，以之作为谈判策略，使对方重新考虑其立场，做出让步。有时，谈判方为了达到最终取胜的目的，也会采取故意制造冲突、麻烦的谈判策略，打乱对方的计划方案，迫使对方改变立场，先做让步。但是，如果这种伎俩被对方识破，则会使本方陷于被动的尴尬境地。

(二) 如何化解僵局

无论僵局是否是由当事人的行为或第三者干涉造成的，因为僵局而轻易放弃谈判、承认失败，或者做出任何抱怨，都是不明智的。因为，一旦谈判破裂，情况会比出现僵局更糟。当双方存在较大的分歧，陷入僵局，而对方拒绝任何形式的妥协时，本方应该如何应对和化解呢？这里推荐几种方法。

(1) 随机应变。一般来说，价格是商务谈判中的重要筹码，但并不是唯一的筹码。对方在很多时候看中的是合约的履行情况，价格反倒是次要的交易条件；为了交易的顺利进行，一方可能需要适当地提高价格，达到平衡点，以使双方避免不必要的正面对抗。

(2) 避重就轻、转移话题。如果价格对于本方来说已经到了不能再做任何让步的地步，而对方却对此纠缠不休，或者双方在价格条款上互不相让、僵持不下，这时本方可以考虑把这一问题暂时搁置一边，先就其他问题进行磋商，如转而谈论折扣高低、交流付款条件、讨论变更规格的可能等。在商务谈判中，当谈判出现僵局时，转移话题是常用而且颇为有效的方法之一。这种看似避重就轻的做法，对摆脱谈判僵局非常有用，它以不敏感或谈判各方均能接受和感兴趣的轻松话题转移注意力，化解紧张气氛，待对方恢复理智状态或者放松戒备时，再重拾原先的话题，或者先旁敲侧击，待对方理解后，再切入主题。

(3) 休会。运用休会的方法缓和现场气氛，让彼此都有时间重新就双方提出的意见和要求深入考虑，然后重新开始，并尝试新的洽谈方向，这是一个不错的方法。

【拓展阅读 9-4】

化解谈判僵局

日本松下电器产业株式会社的前任总裁松下幸之助是个极具智慧的商人，在他的带领下，松下逐渐发展成为世界著名的电器生产企业。某次，松下幸之助到欧洲与一家企业进行业务谈判。由于对方在当地也是一家知名的企业，不免态度有些傲慢。在谈判中，双方为了维护各自的利益，都不肯做出让步。谈判进展到激烈处，双方大声争吵，甚至拍案跺脚，气氛异常紧张。松下幸之助无奈，只好提出暂时中止谈判，待午餐后再进行协商。经过中午的休整，松下幸之助仔细思考了上午双方的情况，认为这样硬碰硬地与对方干，自己未必能"吃到好果子"，反而可能丢了这笔业务。于是，在下午的谈判中，他说了一番渴望合作的肺腑之言，并开始做出让步，这感动了对方，谈判得以继续进行。

资料来源：李乐，《世界经营之神：松下幸之助》，中国社会出版社，2015 年

(4) 避免僵局。尽管谈判双方都会尽力避免形成僵局，但是僵局还是会经常出现在谈判桌上。有些僵局是暂时的，而有些就如同死结一样，永远无法解开。

在谈判陷入僵局后，谈判者更要避免公开冲突，避免挑衅，以免往更糟的方向发展。事实上，谈判本身就是双方愿意进行沟通的一大进步，不应该低估沟通的作用。谈判只是解决争端的一种方法，人们还可以选择其他办法进行交涉，避免公开冲突是开启谈判以实现和解和化解僵局的有效手段。

八、语言沟通技巧

语言在最大范围内和最细致程度上体现着一个人的内心世界。语言是最重要的交流交际工具，商务谈判的整个过程就是谈判者进行语言交流的过程。如何把谈判者的判断、推理、思想感情表达出来，语言沟通是关键环节。在此，本书将从谈判语言运用技巧表情达意、态度、语气、无声语言等方面探析谈判者的语言沟通技巧。

（一）谈判者的语言运用技巧

语言活动是商务谈判活动的中心。在商务谈判活动中，遵守一定的语言运用技巧无疑是十分重要的，轻则可能影响谈判者个人之间的人际关系，重则关系到谈判的气氛及谈判的成功与否。对于商务谈判来说，语言表达应注意以下几点。

(1) 规范谈判用语。规范谈判用语是指在谈判中要根据谈判对象的具体情况，如身份、地位、年龄、性别，谈判时的气氛，谈判的具体内容，等等，选择恰当的谈判用语，表明自己的立场、观点、态度和意图。谈判用语的基本要求是清晰、明确，能充分、完整、确切、礼貌地表达本方的意见和观点。

在实际谈判中，谈判人员有时为了满足谈判战术策略上的需要，也会用到一些特殊用语。这些特殊用语的字面含义与其实际表达的意义并非完全一致，礼貌、灵活地表达本方意思，深入、确切地理解对方意思也是谈判人员应具备的一项重要素质。

(2) 注意语速、语调和音量。语速和说话的节奏对意思的表达有较大的影响，语速过快，会对对方理解你所表达的意思有一定的影响；不同的语调可以使同一句话表达出不同的意思；而音量的高低则反映了说话者一定的心理活动、感情色彩或某种暗含的意思。在谈判中，一般问题的阐述应使用正常的语调且音量适当，以让对方清晰地听到。适当的时候，谈判方为了强调本方的立场、观点，尤其在谈及有分歧的议题时，可调整语调和音量来增加话语的分量，加强表达的效果。

总而言之，语速、语调和音量要由具体的情况而定，谈判者要控制自己的情绪，根据谈判的气氛、内容，正确地运用谈判语言，以期达到预期的效果，实现预期的目标。

(3) 尊重对方，理解对方。在谈判过程中，只有尊重对方、理解对方，才能赢得对方感情上的接近，从而获得对方的尊重和信任。因此，在谈判之前，谈判者应当深入了解并研究对方的心理状态，考虑和选择令对方容易接受的方法和态度，了解、分析对方谈判的语言习惯、文化程度、生活履历等因素对谈判可能造成的种种影响，做好充分的准备，有的放矢。谈判者千万不可不分场合、滔滔不绝、信口开河，更不可咄咄逼人。在谈判中还应尽量避免极端性的语言(如"绝对是""必定如此"等)和针锋相对的语言(如"不必谈了""就这样决定")。

(4) 及时肯定,婉言否决。在谈判过程中,当双方的观点出现类似或基本一致的情况时,谈判者应当迅速抓住契机,用赞誉之词积极地肯定这些共同点、关注这些共同点;如果有可能,还要想办法及时补充、发展双方一致的论点,引导、鼓励对方畅所欲言,将谈判推向高潮。赞美态度要诚恳,肯定要恰如其分,既不可言过其实,又不要词不达意。

在谈判中,当不同意对方的观点时,不可直接用"不"这样具有强烈对抗口气的字眼;当谈判陷入僵局时,也最好不要使用否定对方的某些词语,而应适当地运用"转折"技巧,即先表现出理解、肯定、宽慰,再委婉地表示否定并阐明本方的难处。在对方赞同或肯定本方的意见和观点时,谈判者方应以动作语言(如点头、微笑等)进行回应交流。这种有来有往的沟通交流易于使谈判双方感情融通,从而为达成一致的协议奠定良好的基础。

(5) 态度和蔼,智语巧言。交谈时要充满自信、态度和蔼,语言要睿智、得体,神情要放松、自然,不可用手指指向别人,更不可唾沫四溅。谈话距离要适当。谈判中不要涉及不愉快的事情及私人问题。对对方不愿回答的问题不要一直追问,谈及对方反感的问题应表示歉意,不可批评长者和身份高的谈判对手,不可讥讽对手,不可议论别国内政和宗教。争论问题要有时间节制,不可进行人身攻击。在下列情况下,谈判者可以试着转换谈判话题:①想避开对本方不利的话题和争论的焦点;②想拖延做决定的时间;③想把问题引向对本方有利的方面;④想转换阐述问题的角度。另外,在谈判中,谈判者还应察言观色,灵活用语,做到量体裁衣。

(二)表情达意准确明确

(1) 准确规范。在谈判中谈判双方要用准确、规范的语言陈述自己的观点:要求说话清楚、吐字准确、措辞得当、语言完整、逻辑层次明晰、概念的运用准确无误、语句没有歧义。

(2) 明确明晰。在谈判中,谈判双方要尽量避免话中有话的语句;要能够根据自己表情达意的需要正确处理语句的停顿、重音、节奏和速度,让对方能够明确地把握本方所表达的意思。

(3) 注意修辞效果。其要求是不仅要把话说对,还要把话说好,让话容易入耳。

有一个例子,西方有位教士问主教:"我们在祈祷的时候可以抽烟吗?"主教听后大为光火,批评他不虔诚,竟然在祈祷的时候还想着抽烟。过了几天,另一位在祈祷时想抽烟的教士问主教:"我们在抽烟的时候可以祈祷吗?"这一次,主教不仅没有批评他,反而大加赞扬,认为他抽烟的时候都不忘祈祷。从这个例子中我们可以看出修辞效果的重要性。

(三)态度真诚、不卑不亢

谈判各方应该是一种平等对话的关系,谈判者只有怀着真诚的态度,做到说话时不温不火、不卑不亢,才能赢得对方的尊重;谈判者要注意说话距离的保持,多用礼貌用语,泰然自若、从容自信;话语逻辑严密,有条不紊;谈判者要以理服人,不能过于亲昵,也不能咄咄逼人，应该做到心平气和。石油大亨亚马尼就是这方面的典型，与他谈判过的人这样评价他："亚马尼谈判时心平气和地重复问题，低声细语，把你搞得精疲力竭，他是我打过交道的最难对付的谈判人员。"可见，心平气和很重要。

（四）语气委婉、礼貌

语气委婉、礼貌是谈判中的语言原则，甚至当你不同意或不明白对方的观点时，也不能用气势汹汹或不屑一顾的语气，而应该用委婉、礼貌的语气阐述自己的看法。

（五）无声语言要求

无声语言指人的身体语言。在谈判中，无声语言运用得好，可以给你的谈判带来意想不到的效果。

坐姿：两脚着地，膝盖成直角，身体适当前倾，不能靠在椅背上，坐沙发时双脚侧放或稍叠放。在谈判过程中，可以随着讲话人的内容不断调整自己的姿势以表示对其话语感兴趣，但不能跷二郎腿。

走姿：双肩平衡，目光平视，面带微笑，双臂伸直放松，自然摆动。

倾听对方谈话：双眼注视对方；可以边听边记录，以示重视；可将双手合拳按在额前或下巴处表示沉思；也可以点头表示赞成，微微摇头表示不赞成。

表示厌倦或愤怒：眼神不专注、左顾右盼、皱眉、人往椅子背上靠、整理案前资料、看表、把玩身边的小物件、画一些不相干的图画、做出欲离开的样子等。

整体上看，谈判中的无声语言应该很好地体现出你的人格修养，这对你的谈判成功与否将起到重要的作用。

九、谈判口才的攻防策略

谈判口才的策略有很多，不胜枚举，但根据双方所处的地位，概括起来可分为攻势策略和防御策略两大类。

（一）攻势策略

当谈判一方实力较强，处于主动地位时，可以发起攻势，迫使对方做出更大让步。

(1) 软硬兼施。同一谈判小组成员中某一成员扮演固执己见的顽固角色，而另一成员则扮演通情达理的老好人角色，即我们通常所说的一个唱白脸一个唱红脸。两人一唱一和，如演双簧，虚实难分，软硬兼施。通常，人们无法对帮自己说话的"好人"产生反感，从而撤掉自己心理上的警戒线。软硬兼施是一种常用且很奏效的策略。

(2) 反向诱导。为了说服对方接受某一主张，本方可以提出一项与之相反的主张，即逆向谈判法。有的谈判对手总对对方产生怀疑，很难说服对方相信本方建议的诚实性。为此，本方故意提出一条截然相反的建议，反而诱导对方接受先前的建议。

(3) 最后期限。大多数谈判，常常到了谈判的最后期限或临近这个期限时才达成协议。在谈判开始时规定最后期限也是一个谈判策略。心理学家指出，当某一最后期限来到时，人们迫于这种期限的压力，会迫不得已改变自己先前的主张，以求尽快解决问题。

在谈判中常有这样的情况，在谈判开始时，谈判一方就告诉对方最后期限。对方开始对此并不在意，但随着这个期限的迫近，对方内心的焦虑就会渐增，并表现出急躁不安。到了截止这一天，这种不安和焦虑就会达到高峰。

（二）防御策略

当谈判一方处于被动局面时，就要采用防御策略。防御策略有以下几种。

(1) 先发制人。当谈判对方处于绝对优势时，往往提出十分苛刻的条件。这时本方可以先发制人，抢先开出条件，并以此作为谈判的基础。

(2) 避重就轻。谈判的目的是使双方得到利益上的满足。当谈判陷入僵局时，本方在重要问题上仍要坚持立场，而在次要利益上可以做出适当让步。

(3) 抑扬对比。在谈判过程中如果对方趾高气扬，宣扬自己的优惠条件，从而压迫本方，本方要根据已有的详细资料，采用抑扬对比策略予以对付。"抑"是贬低对方所说的条件，"扬"是适逢当时略加夸张，突出本方优点。

(4) 原地退后。有一种舞蹈动作，看起来在后退，实际还在原地。在谈判中本方也可以做出这种无损失的让步，让对方感到满足。假定一个推销员，经理指示在谈判中不能在包装等条件上让步，同时要尽量使顾客满意。怎么办？这就要求推销员学会原地退后的策略。

(5) 虚设转嫁。当谈判对方实力雄厚，咄咄逼人时怎么办？本方可以虚设后台，拒绝对方，并把责任推在虚设的后台上。例如，本方向对方讲"上级有指示"或"不在自己权限范围内"等，这样，可以将本方的处境转劣为优。

(6) 缓兵之计。当对方占据主动，本方一时不能接受对方的要求，导致谈判陷入僵局时，可采用缓兵之计。例如，本方宣布休会，即暂时终止谈判，以便取得更多的时间制定应付的策略，这样往往能使谈判从"山重水复疑无路"转到"柳暗花明又一村"的局面。

(7) 让步策略。在商务谈判中常常出现僵局，双方因为某个问题而争论不休。这时，如果谈判各方都不愿意做出让步，那么谈判是不可能成功的。让步是保证谈判获得成功的原则和策略，在谈判中让步不是一件容易的事情，每一次让步均应考虑其对全局的影响。

(8) "转折"为先。例如，"不过……"，这个"不过"是经常被使用的一种转折说话技巧。有一位著名的电视节目主持人在访问某位特别来宾时，就巧妙地运用了这种技巧。"我想你一定不喜欢被问及有关私生活的情形，不过……"。这个"不过"等于一种暗示，暗示特别来宾，"虽然你不喜欢，不过我还是要……"。在日常用语中，与"不过"同义的转折词还有"但是""然而""虽然如此"等，作为提出质问时的"前导"，既使对方较容易作答，又不致引起对方的反感。

十、谈判口才的思维策略

谈判口才的思维策略主要有以下几种。

(1) 主动出击策略。谈判中本方的立场往往会有"主动—被动"交替的现象，这是正常的。但是如果本方一味地处于被动立场，被对方牵着鼻子走，对方问什么，你答什么，缺乏提问意识，缺乏控制全局的能力，这对本方的谈判是非常不利的。

(2) 把握底线策略。谈判是彼此做出一些妥协和让步的决策活动。谈判者应该明确本方在谈判中应获得的基本需求(根本需求或首要需求)和派生需求(次级需求)分别是什么，这样才能在谈判中灵活把握什么是必须保证的，什么是可以舍让的。如果本方的需要是多方面的，那么谈判者就需要对这些需求按其强烈程度进行排序，使自己对谈判的进程做到心中有数。

(3) 目标策略。目标策略指制定本方的分阶段、分步骤目标，以促成本方目标的实现。

(4) 手段策略。手段策略是以完善，钳制对方的手段为基本要求。它对目标的作用是间接的。例如，反建议、反议程方案，技术性措施的实施，环境的变更，等等。

(5) 灵活变通立场策略。立场是指谈判的立脚点。谈判中，双方刚开始都是站在不同的立场上发言。我们可以做一个简单的假设，如果双方都死死地抱住本方的立场不放，那么谈判的让步是很难实现的，谈判的成功也往往会付出更多艰辛。相反，谈判中灵活变通立场并不等于放弃本方的立场，而是学会从不同的思维方向重新考虑这个问题，谈判也许会收到"柳暗花明又一村"的出人意料的效果。

(6) 方位和方法策略。方位和方法策略是指在何处、何种问题上，使用什么手段，以及如何应用这些手段。

(7) 讨价还价策略。商务谈判离不开讨价还价。在西方国家，不仅商务谈判要进行讨价还价，其他谈判活动(如企业兼并、劳资纠纷或与政府官员周旋等)也要进行讨价还价。

(8) 关注长远利益策略。中国有一句古训："人无远虑，必有近忧。"谈判中利益分为短期利益和长远利益。作为一个聪明的谈判者，更应该关注长远利益。

(9) 关注各方利益策略。中国还有一句古训："知己知彼，百战不殆。"谈判者只有明白对方需要什么，才能够在允许的范围内从容地进退。同时，这样的思维方式能够保证你学会在对方的立场上思考，了解对方的期望值，对谈判进行整体的认识，以更广阔的思维空间和视野全面考虑，使整个谈判过程更多地呈现其合作的性质。这样，也能够使对方为你的利益考虑，从而保证谈判的顺利进行，使谈判的结果令各方都满意。

(10) 寻找各方共同因素策略。谈判是在观点不一时展开的决策活动。很多时候，谈判会因意见不一而陷入僵局，影响谈判进程。在这种情况下，寻找各方共同因素是一个可行的策略。共同因素是指各方共同感兴趣的话题，这一话题可以是谈判范围内的，也可以是谈判范围外的，包括共同饮食爱好、运动等。这些共同因素可以拉近谈判各方的距离，缓和谈判过程中的对立情绪，从而促进谈判的顺利开展。

十一、谈判中的答复技巧

谈判中回答问题不是一种容易的事。因为，谈判者不但要根据对方的提问来回答；还要尽可能把问题回答清楚，让对方满意；而且要对自己回答的每一句话都负有责任，因为对方可以把该回答理解为一种承诺。这就给回答问题的谈判者带来一定的精神负担和压力。因此，一个谈判者水平的高低很大程度上取决于答复问题水平的高低。

掌握谈判的答复技巧应注意以下要领。

(一) 对问题不要彻底回答

答话者要将问话者的范围缩小，或者对回答的前提加以修饰和说明。

比如，对方对某种产品的价格表示关心，直接询问其价格。如果本方彻底回答对方，把价钱一说了之，在后面的谈判中，本方可能就比较被动。倘若这样回答：

"我相信产品的价格会令你们满意，请先让我把这种产品的几种性能做一下说明好吗？我相信你们会对这种产品感兴趣的……"

这样回答就巧妙地回避了对方的价格的焦点问题。

(二) 不要确切回答对方的提问

回答问题要留一定的余地。在回答时，不要过早地暴露实力。通常，可以先说明一种类似的情况，再拉回正题；或者利用反问的方法转移重点问题。

例如："是的，我猜想你会这样问，我可以给你满意的答复。不过，在我回答之前请允许我提一个问题。"

若是对方还不满意，你可以这样回答："也许你的想法很对，不过你的理由是什么？""那么，你希望我怎么解释呢？"等等。

(三) 减少问话者追问的兴致和机会

问话者如果发现了答话者的漏洞，往往会刨根问底地追问下去。所以，谈判者回答问题时要特别注意不让对方抓住某一点继续发问。

为了这样做，借口问题无法回答也是一种回避问题的方法。例如：

"这是一个无法回答的问题。"

"这个问题只好留待今后解决。"

"现在讨论这个问题为时尚早，是不会有什么结果的。"

(四) 让自己获得充分的思考时间

谈判者回答问题前必须谨慎，对问题要认真思考，要做到这一点就需要充分的思考时间。

一般情况下，谈判者对问题答复的好坏与思考时间成正比。正因为如此，对方会不断地催问，迫使你在没有对问题进行充分思考的情况下仓促作答。

这种情况下，谈判者更要沉着，不必顾虑谈判对方的催问，而是转告对方你必须进行认真思考，因而需要时间。

(五) 有些问题不值得回答

谈判者有回答问题的义务，但这并不等于谈判者必须回答对方所提的每一个问题，特别是对某些不值得回答的问题可以礼貌地加以拒绝。

例如，在谈判中有些谈判者会提出与谈判主题无关的问题，回答这种问题显然是浪费时间。也许对方有意提出一些容易激怒你的问题，其用意在于使你失去自制力。回答这些问题只会损害自己，因此，你可以一笑了之。

（六）不轻易作答

谈判者回答问题，应该具有针对性，有的放矢，因此有必要了解问题的真实含义。

同时，有些谈判者会提出一些模棱两可或旁敲侧击的问题，意在摸底。对这类问题，谈判者更要清楚地了解本方的用意，否则极易造成本方被动。

（七）找借口拖延答复

有些问题，谈判者可以用资料不全或需要请示等借口来拖延答复。

比如，你可以这样回答："对你的提问，我没有第一手的资料来做答复，我想，你是希望我为你做详尽并圆满的答复的，但这需要时间，你说对吗？"

当然，拖延时间只是缓兵之计，它并不意味着可以拒绝回答对方所提出的问题。因此，谈判者要进一步思考如何来回答问题。

（八）有时可以将错就错

当对方对你的答复做了错误的理解，而这种理解又有利于本方时，则不必去更正对方的理解，而应该将错就错，因势利导。

谈判中，由于双方在表述与理解上不一致，错误理解对方讲话的意思的情形是经常发生的。一般情况下，这会增加谈判双方信息交流与沟通上的困难，因而有必要予以更正、解释。但在特定情况下，这种错误理解能够为谈判中的某一方带来好处，因此可以采取将错就错的对策。

比如，当询问某种商品的供应条件时，卖方答应买方可以给个优惠价。而买方把卖方的答复理解为，如果他想享受优惠价格就必须成批购买。而实际上卖方只是希望买方多买一点，成批购买并非买方享受优惠价格的先决条件。

如果买方做出这样的理解后仍表现出购买的意愿，卖方就不必再解释自己的意愿。总之，谈判中的应答技巧不在于回答对方的"对"或"错"，而在于应该说什么，不应该说什么和如何说，这才是取得谈判最佳效果的关键所在。

第八节　谈判的礼仪

谈判需要在良好的氛围中消除分歧，取得一致，达成双赢，所以，谈判人员是否具备礼仪素养以及在谈判过程中是否遵循礼仪规范成为商务谈判能否顺利开展的必要条件，对整个谈判过程都发挥着极其重要的作用。

一、礼仪的定义

礼仪是人类社会发展的产物,是人们进行交往的行为规范与准则。礼仪具体表现为礼貌、礼节、仪表、仪式等。

谈判时,谈判各方都希望在谈判过程中获得谈判对方的尊重和理解。因此,懂得并掌握必要的礼仪,是商务谈判人员必须具备的基本素养。礼仪是人们自重和尊重他人的生活规范,是对别人(谈判对手)表示尊重的方式。同时,礼仪作为一种道德规范,也是人类文明的重要表现形式,它在一定程度上反映了一个国家、一个地区、一个民族或一个人的文明、文化程度和社会风尚。商务谈判中的礼仪主要表现为端庄的仪表仪容,礼貌的言谈举止,彬彬有礼的态度,周到、合作的礼节。它是保障谈判顺利进行的重要因素之一。因此,每一位谈判人员都应当掌握和讲究谈判礼仪,以便谈判顺利进行并取得成功。

【拓展阅读 9-5】

周总理的谈判艺术

在 1972 年以前的 15 年里,中美大使级会谈共进行了 136 次,全都毫无结果。

中美之间围绕台湾问题、归还债务问题、收回资金问题、在押人员获释问题、记者互访问题、贸易前景问题等进行了长期、反复的讨论与争执。对此,基辛格说:"中美会谈的重大意义似乎就在于,它是不能取得一项重大成就的时间最长的会谈。"然而,周恩来总理以政治家特有的敏锐思维和高超娴熟的谈判艺术,把握住了历史赋予的转机。

在他那风度洒脱的举止和富有魅力的笑声中,有条不紊地安排并成功地导演了举世瞩目的中美建交谈判。在 1972 年的第 137 次会谈中,终于打破了长达 15 年的僵局。美国前总统尼克松在其回忆录中对周恩来总理的仪容仪态、礼貌礼节、谈判艺术、风格作风给予了高度的赞赏。

周恩来待人很谦虚,但沉着坚定,他优雅的举止、直率而从容的姿态,都显示出巨大的魅力和泰然自若的风度。

他外貌给人的印象是亲切、直率、镇定自若而又十分热情。双方正式会谈时,他显得机智而谨慎。谈判中,他善于运用迂回策略,避开争议之点,通过似乎不重要的事情来传递重要的信息。他从来不提高讲话的调门,不敲桌子,也不以中止谈判相威胁来迫使对方让步。他总是那样坚定不移而又彬彬有礼,他在手里有"牌"的时候,说话的声音反而更加柔和了。谈判的成功固然应归结于谈判原则、谈判时机、谈判策略、谈判艺术等多种因素,但周恩来的最佳礼节礼仪无疑也是促成谈判成的重要因素之一。

资料来源:商务谈判礼仪案例,https://www.docin.com/p-659937310.html,编者有删改

在任何谈判场合中,礼仪一向都是受重视的。其根本原因在于,在谈判中以礼待人,不仅体现着自身的涵养与素质,还会对谈判对手的思想、情感产生一定程度的影响。而一些小小的礼仪上的失误也可能会导致整个谈判的失败。因此,作为一名谈判人员,必须掌握最基本的谈判礼仪。

一般而言，谈判的礼仪重点涉及谈判地点、签字仪式、宴请、交谈、交换礼物等方面。

除了基本的谈判礼仪之外，不同的国家和地区有不同的谈判礼仪。事实上，文化的差异不仅会影响谈判风格，还会影响谈判的礼仪。在这样一个全球一体化的时代，熟悉和掌握不同的谈判礼仪也是国际谈判人员的必修课。

二、主座方礼仪

所谓主座谈判，又称主地谈判，是指在东道主企业所在地所举行的谈判；客座谈判，又称客地谈判，是指在谈判对象企业所在地举行的谈判。主座方指的是东道主企业，客座方指的是东道主的谈判对方。

在谈判中，东道主的一方在出面安排各项谈判事宜时，一定要在迎送、款待、场地布置、座次安排等方面精心、周密地准备，尽量做到主随客便、热情待客，以获得客座方的理解和信赖。

(1) 成立接待小组。接待小组的成员应该由后勤保障、交通、医疗、通信等各方面的负责人员组成，涉外谈判还应该配翻译。这些人员的配备不仅仅是为了更好地安排谈判各环节，更是为了应对各种场合可能发生的状况。

(2) 了解客座方基本情况。东道主一方必须在安排这类谈判相关事项之前了解对方谈判团队中各成员的姓名、性别、职务(职称)、级别及一行人数，以此作为确定接待规格和食宿安排的依据。

(3) 拟订接待方案。根据客座方的意图、情况和主座方的实际情况，拟订接待计划和日程安排表。日程安排拟出后，可传真给客座方征询意见，待客座方确定无异议后即可确定。如果是涉外谈判，则要将日程安排翻译成对方的文字，以便双方沟通。日程安排表在客座方抵达后交由客座方副领队分发，也可将其放在客座方成员住房的桌上。

(4) 谈判迎送工作。迎送工作具体包括确认迎送时间，互相介绍，陪同乘车。迎接为谈判礼节的序幕，事关谈判开局的好坏。利益对抗较剧烈的双方，可以因为迎接的周到得当，先入为主地为谈判准备好恰当氛围及情感基础，有可能会化解双方矛盾，促成谈判的成功；利益较为协调的双方，也完全可能因迎接不热情、不得当使得双方情绪对立，谈判氛围恶化，促使谈判失败。总之，迎送工作均应善始善终，不可虎头蛇尾。

三、签字仪式

签字仪式通常是指订立合同、协议的各方在合同、协议正式签署时所举行的正式仪式。从礼仪上来讲，举行签字仪式时最关键的是举行签字仪式时的座次排列。

（一）座次排列

一般而言，举行签字仪式时，座次排列的具体方式分别适用于不同的具体情况。

(1) 并列式。并列式排座是举行双边签字仪式时最常见的形式。它的基本做法是：签字桌在室内面对门横放；双方出席仪式的全体人员在签字桌之后并排排列，双方签字人员居中面门而坐，客座方居右，主座方居左。一般在面对媒体的大型正式场合采用这种方式。

(2) 相对式。相对式排座与并列式排座基本相同，两者之间的主要差别在于，相对式排座只是将双方参加签字仪式的随员席移至各方签字人的后面，两方相对而坐。

(3) 主席式。主席式排座主要适用于多边签字仪式。它的基本做法是签字桌仍须在室内横放，签字席仍须设在桌后面对正门；举行仪式时，所有各方人员，包括签字人在内，皆应背对正门、面向签字席就座；签字时，各方签字人应以规定的先后顺序依次走上签字席就座签字，然后退回原处就座。

(二) 基本程序

签字仪式可以依据以下基本程序进行运作：

(1) 宣布开始。此时，有关各方人员应先后步入签字厅，在各自既定的位置上就位。

(2) 签署文件。通常的做法：首先签署应由本方所保存的文本，然后再签署应由对方所保存的文本。

(3) 交换文本。双方签字人此时应当热烈握手。

(4) 互致祝贺，并互换方才用过的签字笔，以示纪念。全场人员应热烈鼓掌，以表示祝贺之意。

四、日常礼仪

(一) 交换名片

在谈判者交换名片时，彼此之间就会给对方留下很重要的第一印象。在很多文化中，特别是在亚洲，交换名片是礼仪中一个很重要的部分，而不仅仅是一个简单程序。比如，在日本，交换名片就是谈判过程中至关重要的一个部分。因此，对于名片应注意以下几点：

(1) 名片上的内容应翻译适当。

(2) 名片印刷要规范、清楚，正反面都要印上你的母语。

(3) 递名片时动作切忌随意。

(二) 握手

在许多国家，握手是一种习以为常的见面礼节。在一般交际场合，人们总是喜欢先握握手，再说上几句客套话，以表示亲热。虽然握手是一种简单的表达礼貌和尊敬的方式，但也需要注意以下几方面：

(1) 如果谈判场合较小，一般是在相互介绍和会面时握手。关系亲密的则边握手边问候，甚至两人双手长时间握在一起；在正常情况下，握一下即可，不必太用力。一般来说，握手的时间要短，保持3~5秒即可。

(2) 注意先后顺序。应由主人、年长者、身份高者、女士先伸手，客人、年轻者、身份低者见面先问候，待对方伸出手后再握。年轻者对年长者、身份低者对身份高者时应稍稍欠身，双手握住对方的手，以示尊敬。在男女之间，只有当女士先伸手了，男士才能伸手相握；男士与女士握手时，应只轻轻握一下女士的手指部分。

(3) 多人同时握手时，切忌交叉进行，应等别人握手完毕后再伸手。

（三）交换礼品

有些国家或地区的谈判者对交换礼品十分看重。他们认为，交换礼品是建立和巩固双方友谊和良好关系的有效手段；而对于有些同家或地区的人来说，赠送礼品被认为是一种较具风险的举动。当然，无论在哪种情况下，我们都必须谨记，赠送礼品仅仅是一个辅助的手段，更重要的还是谈判技巧。以下是交换礼品时需要注意的几点：

(1) 送礼物之前必须考虑清楚应该送给谁，有没有必要送。

(2) 什么样的礼物才是合适的、通用的。

(3) 什么时间、什么场合送礼比较合适，是在第一次会议开始时送，还是在最后签约时送。

(4) 如何将礼物送给对方，如何包装礼物。

五、文化差异与涉外禁忌

【拓展阅读 9-6】

谈判中的文化差异

一家美国公司曾经在希腊失去了一个重要的合同，因为它的经理人员试图将美国的习俗强加给希腊的谈判人员。在希腊的谈判人员眼中，美方除了太直率和太坦率以外，总是试图限制会议时间。美方往往都是通过设置最后期限来加速事情进展的程度，然而，希腊方认为，时间限制是对他们的侮辱，觉得美方显得太缺乏策略性。美方希望希腊方首先同意合同重点的一些基本原则，然后再允许他们的下属人员就具体的必要细节进行谈判和研究；希腊方认为这是一个具有欺骗性的策略，他们宁愿直接考虑所有的细节安排，而不考虑时间。

资料来源：https://max.book118.com/html/2019/0114/8112055131002001.shtm

事实上，谈判礼仪会因为每个国家文化的不同而产生很大的差异。了解对方的礼仪将有助于避免矛盾的产生。

（一）俄罗斯人的谈判礼仪和禁忌

(1) 在俄罗斯，无论公私单位，拜访前都要事先预约，不搞"突然袭击"，注意不要把商务谈判时间安排在节假日内。

(2) 俄罗斯人有着热情与冷漠两重性。初次交往时，他们往往非常认真、客气，见面或道别时，一般要握手或拥抱以示友好。

(3) 在进行商业谈判时，俄罗斯人对合作方的举止细节很在意：站立时，身体不能靠在别的东西上，最好是挺胸收腹；坐着时，两腿不能抖个不停；在谈判前，最好不要吃带有异味的东西。

(4) 许多俄罗斯人的思维方式比较古板，固执而不易变通。所以在谈判时，谈判者要保持和平宁静，不要轻易下最后通牒，不要想着速战速决。

(5) 对商品的看法，俄罗斯人认为，商品质量的好坏及用途是最重要的，买卖那些能够吸引和满足广大消费者一般购买力的商品是很好的生财之道。

(6) 在俄罗斯风俗中，大多数商人做生意节奏缓慢，讲究温文尔雅。因此，在商业交往时宜穿庄重、保守的西服。俄罗斯人较偏好灰色、青色。衣着服饰考究与否，在俄罗斯人眼里不仅是身份的体现，还是此次生意是否重要的判断标志之一。

（二）美国人的谈判礼仪和禁忌

(1) 直呼其名。美国人总是直呼对方的名字，喜欢开门见山、坦率直接、不讲情面，这就是美国人的行为方式和礼仪。

(2) 美国人握手总是很有力，同时眼睛会直视对方。有些情况下，美国人是选择在会议结束后交换名片的。

(3) 美国人并不十分愿意接受昂贵的礼物。在最初见面或谈判结束时，你如果能送给他们一些具有你所在国特色的小礼品将会使他们十分开心。

(4) 在美国，虽然根据所在城市和会议类型的不同，人们可以选择不同的服装，但在第一次会面时，建议大家还是选择男士西装配领带、女士西装配套裙的穿法。

(5) 美国人视时间为一项重要的资源。

(6) 不要与美国人讨论他们国家的政治或经济问题。

（三）印度人的谈判礼仪和禁忌

(1) 初次见面，互相问候握手并交换名片。你如果有较好的专业背景或任何荣誉称号，都可以将其印制在名片上，用右手递送和接收名片。

(2) 印度社会等级森严，因此，总是年轻的先向年长的或地位低的向地位高的人致敬。

(3) 着装比较保守。男士一般穿深色的西装，女士一般穿保守的裙装。

(4) 信仰印度教的教徒不吃牛肉，信仰伊斯兰教的教徒不吃猪肉。

(5) 黄色、绿色和红色是代表幸运和幸福的颜色。当包装礼物时可以考虑采用这些颜色的包装纸，印度人在接收礼物时不会当面拆开包装。

(6) 印度人喜欢和熟悉的人谈生意。

(7) 尽可能提前 1～2 个月和印度人约好会面的时间。与他们会谈，午饭前和午饭后的时间比较适宜。

（四）阿拉伯人的谈判礼仪和禁忌

这里所指的"阿拉伯"是 22 个同属于阿拉伯民族的国家和地区的总称。维系这些国家之间紧密关系的是他们都信仰伊斯兰教。对大多数西方世界的人来说，宗教仅仅是生活的一部分，而对阿拉伯人来说，宗教已经成为他们生活的方式。

(1) 用右手将名片递给对方或接过对方的名片，因为对阿拉伯人来说，右手是干净的而左手是肮脏的。

(2) 在与对方见面和告别时都要握手，力度要适中，视线要直视对方。

(3) 阿拉伯人并没有交换礼物的习惯，但他们也乐于收到对方赠予的礼物，但千万不要将酒等伊斯兰教禁忌之物送给他们。

(4) 阿拉伯人都喜欢穿白色长袍，但对拜访者来说，西装才是比较合适的选择。

(5) 阿拉伯人不吃猪肉，有些情况下也不食用甲壳类动物，酒类是绝对禁止的。

(6) 阿拉伯人注重双方良好关系的建立，因此他们愿意花很长时间去了解对方。

（五）日本人的谈判礼仪和禁忌

了解日本人的文化和谈判礼仪，对谈判的成功会有很大的帮助。

(1) 从文化的角度来说，日本人是内向的、含蓄的。

(2) 在接收日本人给你的名片时要十分谨慎。在名片上写字、直接将名片放入口袋或钱包，这些举动都会被认为是不给面子或不敬。在接收对方给你的名片后，你应该好好地看一下，这样对方才认为你是尊重他的。

(3) 日本人常见的问候方式是鞠躬，当然也有一些日本人会和你握手，不过总是很柔和的。如果对方向你鞠躬，你也应该回鞠。

(4) 如果你被邀请参加一个社交活动，不需要非常准时。在日本，人们习惯于有分寸地迟到。

(5) 日本人非常要"面子"。如果你在谈判过程中让日本人失了面子，那这次谈判成功的可能性就微乎其微了。

(6) 与日本人建立正式的商业伙伴关系至少需要两次会面甚至几年时间，要有耐心，千万不要急功近利。

（六）新加坡人的谈判礼仪和禁忌

与中国谈判礼仪相同的是，新加坡人也十分注重双方良好关系的建立，但是建立良好关系的途径和方法并不相同。因此，一些中国的谈判人员在新加坡会碰到尴尬的场面。一般来说，在谈判开始前或结束后向对方赠送礼品是中国谈判人员常有的行为，因为这表达了一种建立密切关系的意愿，但当他们将礼品赠送给新加坡方的谈判人员时，却遭到了严词拒绝，本来良好的氛围顿时变得很尴尬。其实，新加坡人也十分愿意和中国谈判方建立良好的关系，但在新加坡接受礼物是一件非常敏感的事情，一般来说是不被允许的。

新加坡人的谈判礼仪和禁忌如下。

(1) 不要直呼对方的名字，除非他们自己这么建议。尤其在与年长的新加坡人交往时，更要注意这一点。

(2) 新加坡人对长者十分尊敬。当有长者进入房间时，他们会站起来表示尊敬；在用餐时，也要等年长者开始动筷后，其他人才可以动筷。

(3) 当与新加坡人一起坐着的时候，要把双脚平放在地板上，不要当着对方长者或高官的面交叉放置双腿或跷二郎腿。

(4) 不要在公众场合当面否决或反对那些长者以及高官。这样做会让他们丢面子，也会失去别人对你的尊敬。

(5) 新加坡人说"也许"的时候或许是赞同的意思。

(6) 在与新加坡的官员打交道时,千万别送礼物。新加坡官员以其廉洁和诚实的品质而闻名于世。他们和你一起用餐时,会坚持自己的一份自己付账。

(7) 新加坡的生意人十分有礼貌也十分稳重,要和新加坡人达成一笔交易,你或许需要几次甚至几个月的时间,因为谈判的节奏在这里会放慢。

六、各国家或地区商务谈判人员的风格

(一)俄罗斯人的谈判风格

(1) 对技术细节感兴趣。俄罗斯人特别重视谈判项目中的技术内容和索赔条款。这是因为他们注重引进的技术的先进性、实用性。由于技术引进项目通常都比较复杂,对方在报价中可能有较大的水分,为了尽可能以较低的价格购买最有用的技术,俄罗斯人特别重视技术的具体细节,索要的东西也包罗万象,如详细的车间设计图纸、零件清单、设备装配图纸、原材料证明书、化学药品和各种试剂、各种产品的技术说明、维修指南等。所以,在与俄罗斯人进行洽商时,谈判者要有充分的准备,可能要就产品的技术问题进行反复的磋商,在谈判中要配置技术方面的专家;同时要十分注意合同用语的使用,语言要精确,不能随便承诺某些不能做到的条件;对合同中的索赔条款要十分慎重。

(2) 善于讨价还价。俄罗斯人十分善于与外国人做生意,说得简单一点,他们非常善于寻找合作与竞争的伙伴。他们如果想要引进某个项目,首先要对外招标,引来数家竞争者,再不慌不忙地进行筛选,并采取各种方式让竞争对手之间互相压价,最后从中渔利。

俄罗斯人在讨价还价上堪称行家里手。许多欧美商人都认为,不管报价是否公平合理,怎样精确计算,俄罗斯人都不会相信,必定要挤出其中的水分,达到他们认为的理想的结果。所以,专家建议,对俄罗斯人的报价策略有两种形式:第一种是报出你的标准价格,然后力争做最小的让步。你可以事先印好一份标准价格表,表上所有价格都包含适当的溢价,给以后的谈判留下余地。第二种是公开你的标准价格,在这个基础上加上一定的溢价(如15%),并说明加的溢价是同其做生意承担的额外费用和风险。一般地讲,第二种策略要好些,因为如果在报价之初就定死一个价格,几个星期甚至数月后,情况可能会发生很大变化。俄罗斯的通货膨胀率超过欧美,所以,如果俄罗斯人不用硬通货支付交易额,那么,你与他们做的交易就很有可能吃亏。所以,谈判者要对俄罗斯人尽量缩短报价期限,并充分考虑报价在合同期内所受的通货膨胀的影响。

俄罗斯人开低价常用的办法就是"我们第一次向你订货,希望你给个最优惠价,以后我们会长期向你订货""如果你们给我们以最低价格,我们会在其他方面予以补偿",等等。

(3) 固守传统,缺乏灵活性。苏联是个外贸管制的国家,是高度计划的外贸体制。在这种高度计划体制中,人们已习惯于照章办事,上传下达,忽视了创造性的发挥。苏联解

体后，俄罗斯人还是带有明显的计划体制的烙印，在进行正式洽商时，他们喜欢按计划办事，如果对方的让步与他们原计划的目标相吻合。就容易达成协议；如果有差距，他们让步就特别困难，甚至他们明知自己的要求不符合客观标准，也拒不妥协让步。

近年，随着俄罗斯经济体制改革的不断深入，国际贸易的不断扩大，这种情况有所改变。一些俄罗斯人缺乏灵活性，还因为他们的计划制订与审批要经过许多部门、许多环节，这必然要延长决策和反馈的时间，而且体制要求经办人员对所购进商品的适用性、可靠性和质量进行审查，并要对所做出的决策承担全部责任。因此，他们非常谨慎，喜欢墨守成规。

俄罗斯人是强劲的谈判对手，尽管他们有时处于劣势，如迫切需要外国资金、外国的先进技术设备，但是他们还是有办法迫使对方让步，而不是他们做出让步。

（二）美国人的谈判风格

美国地处北美洲中部，东临大西洋，西濒太平洋，北接加拿大，南靠墨西哥及墨西哥湾，自然资源丰富，如煤、石油、天然气、铁矿石、钾盐、磷酸盐、硫黄等矿物储量均居世界前列。美国是个多民族国家，人口总数超过 3 亿，其中 70% 是白人，虽然美国可以称为民族大熔炉，但整体仍是以白人为主的社会，尤其是在商务活动中，白人的主流地位是不可动摇的。

美国有发达的现代市场经济，其国内生产总值和对外贸易额均居世界前列。美国人表现出如下谈判风格。

(1) 自信心强、不易让步。美国是一个发达的资本主义国家，在经济、文化、工业等领域都处于全世界的领先地位。这一切都使美国人对自己国家深感自豪，进而在商务谈判中的以下两个方面表现出强烈自信心：

① 对本国产品的卓越品质、先进技术会毫不掩饰地加以称赞。他们认为如果你十分有能力，就表现出来，千万不要遮掩或谦虚；如果你的产品质量好就要让购买你产品的人认识到这点。

② 习惯批评或指责谈判对手。当谈判没有按照他们的意愿进展时，他们常常直接批评或抱怨。这是因为他们往往认为自己做的一切都是合理的，因此缺少对别人的宽容与理解，习惯以自我为中心，喜欢别人按他们的意愿行事，因此经常会给人留下傲慢自大的不良形象。

美国人强烈的自信心还表现在谈判过程中，当认为自己十分有理时，他们不喜欢听到别人否定的回答，他们不仅希望别人同意，而且希望别人当场同意。在进行第一次谈判时，他们甚至就带着空白合同随时准备签约。如果他们看出对方对他们的谈判感兴趣，但尚未下决心，就会给对方一些甜头。但在正式谈判中，他们却很少做出诸如减价的让步。他们认为自身的条件就是比对方优越，所以就应该占上风。

(2) 热情坦率。干脆利落的美国人性格外向，认为直截了当是尊重对方的表现，喜怒哀乐大多通过言行举止表现出来。在谈判中，他们精力充沛、感情丰富、头脑灵活，喜欢迅速切入正题，不喜欢拐弯抹角，并总是兴致勃勃，乐于以积极的态度来谋求自己的利益。为追求物质上的实际利益，他们善于使用策略。美国人十分欣赏那些直言快语、干脆利落，又精于讨价还价、为取得经济利益而施展策略的人。

在谈判过程中，如果美国人认为本方不能接受对方提出的建议，他们会毫不隐讳地直言相告，甚至唯恐对方误会。对于中国人在谈判中用微妙的暗示来提出实质性的要求的做法，美国人感到十分不习惯，从而失去极好的交易机会。

(3) 注重效率、珍惜时间。美国经济发达，工作和生活节奏极快，造就了美国人注重效率、珍惜时间、尊重进度和期限的习惯。在美国人看来，时间就是金钱，如果不慎占用了他们的时间，就等于偷窃了他们的钱财。所以在谈判过程中，他们十分珍惜时间、遵守时间。

美国人认为，最成功的谈判人员是能熟练地掌握把一切事物用最简洁、最令人信服的语言迅速表达出来的人。因此，美国谈判人员为自己规定的最后期限往往较短。他们十分重视谈判中的办事效率，习惯开门见山，报价及提出的具体条件也比较客观，并且希望对方也能如此。他们想尽量缩短谈判时间，力争每一场谈判都能速战速决，一旦谈判突破其最后期限，就很有可能破裂。所以，谈判者和美国人谈判一定要有时间观念，只要报价基本合适，就可以考虑抓住时机拍板成交，谈判时间不宜过长。

(4) 讲究利益、积极务实。美国人交易往往以获取利润作为唯一目的，商人之间的私人交情考虑得不多。如果双方看起来有可能再次合作，那么双方也许会决定继续进行交往，但这是在合作之后，而不是合作之前，这一点同许多国家不同。在中国等东方国家，往往是先交朋友后做生意。

所以，美国人对谈判对象、时间、地点、关系等不是很关注，显得不拘小节，他们关注的是合作是否有利可图。他们可以和对方任何人，在任何时间、地点谈判，不论以前的关系如何。他们把提高效率和取得进步看得很重。如果出现另一种更好的方法，他们会立即抛弃原来的方法。因为美国人相信，只要在经济中取得成功，就会受到人们的敬重。

(5) 尊重法律、重视合同。美国是一个法制的国家，美国人这种法律观念在商业交易中也表现得十分明显，他们认为交易最重要的是经济利益，保护自己利益的最公正、最妥善的办法就是依靠法律、依靠合同。因此，他们特别注重合同，会十分认真地讨论合同条款，特别重视合同中的违约条款。如果一旦签订了合同不能履约，他们会要求严格按照合同的违约条款支付赔偿金和违约金，没有协商的余地。

(三) 日本人的谈判风格

日本是一个位于太平洋西侧的岛国，面积 37.8 万平方千米，人口 1.27 亿，国内矿产资源匮乏，除煤、锌有少量储藏外，90%以上依赖进口，其中石油则完全依靠进口。20 世纪中后期，日本创造了举世瞩目的经济奇迹，一跃成为世界第二大经济强国。

日本人的文化价值观念与精神取向都是以集体主义为基础，以集体为核心的。日本人认为，压抑自己的个性是一种美德，人们要遵循众意而行，因此即使缺乏个人魅力，只需多和团体配合，也能攀上高位。所以，日本企业的谈判组织多由有地位、老资格、曾经共过事的人员组成，提倡相互信赖、配合默契的团队精神。在与外商谈判时，如果发生纠纷、事态恶化，日本谈判组织中的年轻成员就开始东拉西扯，年长者则一味地向对方提出非分之求，而其决策者则一言不发，以等待时机来行使决策权。日本谈判组织内的分工很明确，总是由谈判组成员努力奋争，最后由"头面人物"出面稍作让步，达成一致。

(1) 重视人际关系和信誉。日本人相信良好的人际关系会促进业务的往来和发展，因此与欧美商业文化相比，日本人做生意更注重建立个人之间的人际关系。与日本人进行合作，朋友之间的友情及相互之间的信任是十分重要的。日本人不喜欢对合同进行讨价还价，他们特别强调能否同外国合作者建立可以相互信赖的关系。因为对日本人来讲，大的贸易谈判项目有时会延长时间，那常常是为了建立相互信赖的关系，不是为防止出现问题而制定细则。一旦这种关系得以建立，双方都十分注重长期保持这种关系。

日本人重视在良好人际关系的基础上建立的信誉。谈判者如果能够与日本人建立良好的个人友谊，特别是赢得了日本人的信任，那么合同条款的商议会更为顺利。合同在日本一向被认为是人际协议的一种外在形式，他们认为双方既然已经十分信任、了解，就一定会通力合作，即使做不到合同所保证的，也可以再坐下来谈判，重新协商合同的条款。

(2) 执着坚忍、不易退让。商务谈判中的日本人经常表现出彬彬有礼和富有耐心。日本人在谈判中的耐心是举世闻名的，而且准备充分、考虑周全，洽谈有条不紊，决策谨慎小心。值得注意的是，在国际商务谈判中，日本人在谦恭、忍耐的外表下隐藏着不妥协的意念，常常毫不退让地坚持立场。有研究表明，日本人的这种坚忍、耐心是终身雇佣制的结果。日本雇员，无论地位高低，都清楚地意识到自身的成败最终与企业的成败息息相关。因此，他们害怕在谈判中犯错误，从而给企业带来不必要的风险。此外，他们还相信坚持不懈能克服多数障碍。日本企业中有一流行说法："坚毅能攻破任何堡垒。"此外，日本人认为，他们的不屈不挠会使谈判对手厌倦并同意妥协。

(3) 暧昧婉转、顾及面子。在许多场合，日本人在谈判中显得态度暧昧、婉转圆滑，通常不会先表明自己的意愿，因此长时间沉默，采取静观事态发展的策略。日本人不仅把故作镇静、隐瞒事实和感情作为谈判策略加以运用，还将其视为顾及面子的外在表现。因此，谈判若出现意见分歧，日本人倾向于避免将冲突公开化。他们善于以婉转的、含蓄的方式或旁敲侧击来对待某一争议，以避免与对方直接争辩，他们商谈问题虽注重情面，但强调思想的交锋，而不做明确的语言交流。克制或忍耐是一种惯例，体现出日本人的价值观。

(4) 讲究礼仪、尊卑有序。日本是传统的礼仪之邦，一切日常行为都要受严格的礼仪约束，待人接物都有诸多讲究。日本人在贸易活动中常有送礼的习惯。他们认为礼不在贵，但选择时要讲究特色和有一定的纪念意义。如果礼物能体现对本人或对企业的尊重，就肯定是件上好的礼物。日本商界女性较少，偶尔也会遇到，所以要准备好送给女性的礼物。应注意的是，送给日本女性客人的礼物，应由女性来给。日本人有一个习惯，主人应向初次见面的客人送一份礼物，但并不要求初次来访的客人必须带上礼物。

与欧美国家不同的是，日本人一般是不当着送礼人的面打开礼物的，否则送礼人就会感到不自在。日本人重视交换名片，一般不论在座的有多少人，他们都要一一交换。

（四）拉丁美洲人的谈判风格

拉丁美洲地区国家较多，不同国家的谈判人员的风格不同，概括起来有如下特点：

(1) 重视个人地位和作用。个人人格至上使得拉美人特别注意对方谈判者本人而非其公司。在谈判中，当对方介绍公司情况时，他们的兴致远不如听对方讲述个人奋斗史时来得强烈。他们往往根据对方讲话的神情和语气来判断此人在公司的地位及个人能力。他们一旦认定对方是一位取得过重大成绩、富有经验和能力的公司要员，便会对他非常尊敬，大有英雄相惜的感觉。自然，以后的谈判会很顺利。

(2) 缺乏时间观念，谈判节奏缓慢。拉美人大多是享乐至上主义者，平时生活就比较悠闲、恬淡，即便是谈判，他们也不愿意因此而使一些娱乐活动受到影响。拉美人的工作时间比较短，早上起得晚，午餐后必须午休，时间是从 12 点到下午 3 点。银行往往中午 12 点才开门，到下午 3 点就关门了。此外，拉美的休假很多，如秘鲁的劳动法就规定：工作一年，可以申请一个月的带薪假期。往往在一项谈判中，洽谈之人会突然请求休假。因此，谈判不得不停下来，外国谈判者要耐心地等待他们休假归来，洽谈才能继续进行。在谈判中，他们也常常会慢半拍：当你觉得谈判已到实质阶段了，他们会认为这仅仅是准备阶段。在洽谈中，经常会听到他们说，"明天再谈吧"或是"明天再办"。到了明天，却仍然是同样的话。拉美人这种处理事务节奏较慢、时间利用率低的情况往往会让性急的外国人无可奈何，但是，如果想用速战速决的办法和拉美人谈判只会令他们非常恼火，甚至会使他们更加停滞不前。因此，最好的办法还是放慢谈判节奏，始终保持理解和宽容的心态，顺应他们，并注意避免工作与娱乐发生冲突。

(3) 不肯轻易妥协让步。拉美人执着、不妥协的性格特点反映在谈判中就是不轻易做出让步。他们对自己意见的正确性坚信不疑，往往要求对方全盘接受，很少主动做出让步，不接受谈判对方提出的一些附加条件。他们不喜欢别人以某种方式将意见强加于他们，认为这损害了他们的自尊。如果他们认为不能接受别人的某种请求，一般也很难让他们转变看法。不过他们在表达自己的意见时，却习惯于遵循古老的拉美人的传统，即宁肯拐弯抹角绕一个圈子，也不直截了当地阐明意见。因为在拉美人看来，直截了当地给予别人否定的回答是一种不礼貌的行为。

(4) 不愿面对女性谈判者。拉美人对男子气概的崇尚使他们看不起女性，也不愿意同女性进行谈判，认为这样做有损男子汉的体面。如果确实需要面对女性谈判者，他们往往表现得很勉强，给人满不在乎的感觉，甚至会给对方出些难题。当然也有例外，那就是女性谈判者能用带有权威的、不容置疑的语调和大量事实向他们表明，自己同他们一样有经验、有技术，胜任业务，甚至做得比他们更好，并且令人信服地向他们展示自己的能力。

(5) 注重个人感情因素。拉美人的生活比较悠闲，他们不太注重物质利益，但比较注重感情，这与崇尚实际利益的美国人大为不同。因此，想与拉美人做生意，你最好先与他们交朋友，一旦你成为他们的朋友，他们会优先考虑将你作为合作的对象。在与拉美人进行商务谈判时，以公事公办、冷酷无情的态度对待他们是绝对行不通的。相反，若彼此熟悉、私交不浅的话，你有事拜托他们，他们会毫不犹豫地为你优先办理，并充分考虑你的利益和要求，这样双方的洽谈就会自然而然地顺利进行下去。

(五) 犹太人的谈判风格

犹太民族是公认的人类历史上优秀的民族之一。犹太人是赚钱能手，当今世界上的大批财富就掌握在他们手中。犹太人在商务谈判中表现出众、非常精明，其主要谈判风格如下：

(1) 关系网络广泛，重视前期调查。犹太人参加谈判都是有备而来，加之犹太人内部的关系网广泛而且团结一致，因此他们非常善于利用关系网查询谈判对方的情况，以求在谈判过程中出奇制胜。犹太人对于不守信誉的行为毫不宽容，如果他们发现对方曾在与其他人合作时表现出种种令他们无法接受的行为，他们就会拒绝继续谈判，即使以前的谈判进展顺利也不例外。所以，如果想与犹太人长期合作，你必须给他们留下良好的印象。

(2) 友好坦率，认真诚恳。犹太人在商务谈判中友好而坦诚。刚见面会谈，他们会笑容可掬地向对方问候。在谈判过程中，他们从不含糊其词，如果他们觉得你的建议无法接受，就会明白告诉你"不能接受"，而不会支支吾吾，不置可否。如果还有商量的余地，犹太人也会坦率地告诉谈判对方。他们认为只有明确地答复对方，才能避免谈判中不必要的纠纷。在双方发生争议时，犹太人的态度会非常认真和诚恳，但不会轻易承认自己有失误的地方。除非对方刨根问底，找出确凿的证据，他们才会为自己的失误承担责任。

(3) 情绪多变，控制心理。犹太人善变，并以此控制对方的心理。在商谈中，他们有时会为了某些条件与你争得面红耳赤，而过后不久，他们又会面带笑容地主动向你示好。如果对方的心理承受能力不够强，他们就很容易利用对方的心理，及时掌握主动权，向对方发起连连进攻。因此，遇到这种情况，谈判者应当稳住阵脚，不露声色，以沉着的心态应对他们。

（六）非洲人的谈判风格

非洲大陆的土地面积约为3020万平方千米(包括附近岛屿)，是世界上面积仅次于亚洲的第二大陆，东濒印度洋，西临大西洋，具有非常重要的战略地理位置。非洲大陆有50多个国家，总人口超过8亿，大多数民族属于黑种人，其余属于白种人和黄种人。非洲已探明的矿物资源种类多、储量大，许多矿物的储量位居世界前列。但由于多数国家政局不稳、连年战乱，非洲大陆整体经济欠发达，教育水平落后。

非洲下辖地区包括北非、东非、西非、中非和南非，不同地区、不同国家的人民由于在种族、历史、文化、宗教等方面存在着较大的差异，他们的国情、生活习俗也各具特色，从而影响着非洲人的谈判风格。非洲人的总体谈判风格表现为。

(1) 部族意识强烈，缺乏时间观念。非洲各国内部存在许多部落，各部落之间经常存在对立情绪，部族成员的思想大都是倾向于为自己的部族效力，对于国家的感情则显得相对淡漠。在非洲各部落内部存在着强烈的大家族意识，因为他们认为有钱的富人帮助无钱的穷人是天经地义的，因此只要某人拿到工资，他的亲戚就会一拥而上，分个精光。这种风俗造成极少有人积极谋职，也造成他们工作效率低下、办事拖拖拉拉、无时间观念。在谈判中，谈判人员很少能准时到场，即使到了，也会先天南地北地乱说一通，这种闲聊毫无目的可言，既不像日本人是为情感沟通，也不像法国人是为文化交流。

(2) 权力意识强烈，收小费成风。只要让某个非洲人拥有权力，哪怕这个权力很小，他都会利用这个权力索取财物。在检验护照时，你如果不夹点钞票便无法顺利通过；在预订房间时,你如果给服务员一些好处,便可以订到能看到美丽风景的房间,否则只会得到临近电梯的房间。因此,同非洲商人洽谈合作时,谈判人员可以根据他们的喜好,准备一些礼物,既可以博得好感,又可以避免行贿之嫌。

(3) 缺乏商务知识,善于制造假象。由于非洲大陆教育水平不高,因此整体民众文化素质较低,很多商务谈判人员缺乏基础专业知识。因此,与其洽谈时,谈判人员应该尽量把各种问题细节加以书面确认,以免日后发生误会乃至纠纷。另外,非洲还有很多生意假象。许多非洲商人很积极地找你洽谈生意,在谈判中,他们会接受你的建议和条件,但他们的目的只是得到必要的许可证,然后转手卖出去,或者拿到你提供的样品。因为非洲国家法制不健全,所以容易让当地人钻空子,你又很难依靠法律追究他们的责任。

(七) 法国人的谈判风格

法国位于欧洲西部,是欧洲传统强国之一,也是一个工业发达的老牌资本主义国家。法国经济发达,国民生产总值居世界前列。法国人友善、浪漫,富有幽默感,连在商务谈判中都充满法国式的人情味。法国人的性格坚强,谈判立场非常坚定,他们都具有戴高乐式的依靠坚定的"不"字谋取利益的高超本领。法国人的谈判风格表现如下。

(1) 喜欢通过个人友谊影响生意。在商务交际中,法国人注重情感,注重交易过程中的人际关系,相信以个人为基础的关系要比公司的信用重要得多,因此有人说,在法国"人际关系是用信赖的链条牢牢地互相联结的"。一般说来,在尚未成为朋友之前,他们是不会轻易与人做大宗生意的,而一旦建立起友好关系,他们又会乐于遵循互惠互利、平等共事的原则。所以,当与法国人做生意时,你必须善于和他们建立起友好关系。这也不是件十分容易的事,需要长时间的努力。在社会交往中,家庭宴会常被视为最隆重的款待。但是,无论家庭宴会还是午餐招待,法国人都将之看作人际交往、发展友谊的时刻,而不认为是交易的延伸。因此,如果法国人发现对方设宴招待,意图是想利用交际来促使商业交易更为顺利的话,那么他们会很不高兴,甚至断然拒绝。

(2) 以使用母语为荣,话题广泛。法兰西民族具有悠久的历史和丰富的文化传统,法国人对他们的种族、语言和文化艺术非常自豪,认为法语是世界上最高贵、最优美的语言,因此常常表现出以捍卫法语和保持法语的纯洁性为己任的姿态。在进行商务谈判时,他们往往习惯于要求对方同意以法语为谈判语言,即使他们的英语讲得很好也很少让步,除非他们在国外或在生意上对对方有所求。有专家指出,如果一个法国人在谈判中对你使用英语,那可能就是你争取到的最大让步。所以,如果要与法国人长期合作,你最好学些法语,或者在商务谈判时选择一名好的法语翻译,他们会因此很开心并对你产生好感。

法国人生活浪漫,大多性格开朗、健谈,他们喜欢在谈判过程中谈些奇闻异事,以创造一种宽松的气氛。

(3) 思维敏捷,偏爱横向式谈判。与西方其他国家习惯由点到面的谈判方式不同,法国人在谈判方式上偏爱横向式谈判,由面到点,即先定下协议的轮廓,然后达成原则协议,最后确定谈判协议各方面的具体内容。他们不如德国人那么严谨,却喜欢追求谈判结果,不论什么会谈、谈判,在不同阶段,他们都希望有文字记载,而且名目繁多,如纪要、备忘录、协议书、议定书等，用于记载已谈的内容，为以后的谈判及正式的协议奠定基础和基调。

(4) 重视个人，时间观念不强。法国人大多注重依靠自身力量达成交易，因此个人办事的权力很大，担任要职的人可以果断地做出决策，很少有集体决策的情况。这是由于他们组织机构明确、简单，每个人所担任的工作范围很广，实行个人负责制，所以谈判的效率也较高。即使是面对专业性很强的谈判对方，他们也能一个人独当多面。这与亚洲商人的团体决策大相径庭。

法国人的时间观念不强，在商业往来或社会交际中经常迟到或单方面改变时间，而且总会找一大堆冠冕堂皇的理由。在法国还有一种非正式的习俗，即在正式场合，主客身份越高，来得越迟。所以，如果与法国人进行商务谈判，谈判者需要学会忍耐。但是，法国人对于别人的迟到往往不予原谅。对于迟到者，他们会很冷淡地接待。因此，如果你有求于他们，千万别迟到。

第九节　谈判中应注意的事项

谈判中有一半左右的时间要听对方说话，常言说："听话听音，锣鼓听声。"会不会倾听？能不能听出对方的"音"？听了能不能做出正确的分析和判断，从而制定应对的策略，这些都是实现谈判目的的关键。

一、学会认真倾听

心理学研究发现，在语言交流中，人们更愿意被倾听。因此，对谈判者来说，不仅需要运用机智、幽默的语言阐述自己的观点，还需要养成一个重要的优秀品质——认真倾听对方的谈话。这体现了你对对方的尊重，体现了自身良好的人品修养和人格魅力，给对方以人格魅力的威慑；同时，在认真倾听的过程中有助于把握更多的你所需要的信息，以便及时调整自己的谈判策略。

二、保持充分自信

自信使人信服，要相信你在谈判论辩进程中的表现。如果做不到这一点，你就失去了机会。的确，我们无法想象，一个畏畏缩缩的人如何在谈判中获得成功。自信从哪里来？自信来源于谈判前的充分准备和谈判中的沉着与微笑。谈判前的准备包括：①积极分析各类资源，包括利我资源、利他资源、弊我资源、弊他资源等；②搜集主题信息，如果你对与谈判主题有关的各种信息的把握比对方更加迅速和丰富，那么你在谈判中往往会占主动地位，你将能够明晰地指出对方的问题所在，从而迫使对方做出让步；③丰富相关知识，包括谈判的技巧知识和谈判主题所涉及的方方面面的知识。

三、积极控制情绪

尽管谈判不是上战场，但是对不同的观点进行论辩、妥协，总会出现许多情绪异常激动的场面。在这种情况下，你必须很好地控制自己的情绪，什么时候该收敛情绪，什么时候该爆发情绪，都要根据谈判的进程而定，千万不要让情绪主宰你，从而使自己成为情绪的奴隶。

课 后 练 习

1. 什么是谈判口才？它有何特征？
2. 谈判有哪些攻守策略？
3. 谈判中答复问题有哪些技巧？
4. 谈判中应注意哪些事项？
5. 根据案例分析问题：

一次，在日本的国内电器订货会上，厂家与销售方互不相让，态度强硬，使得订货会无法收场，只好延长一天。第二天，松下幸之助一进会场，就走到销售商面前，诚恳地说："一切都是我们不对。"销售商愣住了。松下幸之助接着说："大约 30 年前，我们制造了灯泡，为了让诸位买，我曾一一拜访过你们。你们听了我的表述，终于理解了我，同意为我们代销。托大家的福，现在松下生产的灯泡，已经名副其实位居同行之首，松下也因此得到了很大的发展。这本来应是时刻铭记的。但在这次订货会上，我们却同诸位争吵不休、讨价还价，忘记了你们曾经给予的帮助。实在对不起！从今天起，我悔过自新，从头做起。因此，还请诸位多多关照。"松下幸之助这番话使会场气氛为之一变，许多销售代表为其真情所动，纷纷与之签约。

问题：松下幸之助此举运用了什么策略？我们可从中可以得到哪些启示？

第十章
服 务 口 才

服务口才是指服务人员在接待客人的过程中，用来与客人沟通、交际，以达到客人服务目的的语言。在服务行业中，对于如何做到让客户满意，语言沟通技巧非常重要，服务人员除了要具有较强的服务意识之外，还要掌握语言沟通的技巧。掌握好的沟通技巧，顾客才会愿意交流。

第一节　服务语言标准

无论采取何种方式接近顾客，服务人员一定要注意以下三点：

(1) 从事服务行业的人，微笑是必不可少的。

(2) 与顾客沟通时服务人员要多使用一些礼貌性的语言，尤其是对一些初次见面的顾客。

(3) 多注意顾客的表情和反应，要给顾客说话和提问的机会，切忌一股脑儿地介绍，服务人员必须知道，接近顾客并不是展示你的口才，而是与顾客"搭腔"，让顾客说话，了解他真正的想法。

一、语言的重要性

语言能反映个人思想，体现个人能力，是与他人沟通的工具。在服务中，服务人员使用礼貌用语，既能使自己敞开美好的心灵，给对方亲切感；又能增进双方的了解和感情，为交谈创造出和谐、融洽的气氛，给顾客留下美好的印象。

二、基本礼貌用语

(1) 常用礼貌用词：请、您、谢谢、对不起、请原谅、没关系、不要紧、别客气、您早、您好、再见。

  (2) 称呼语：小姐、夫人、太太、女士、阿姨、先生。

  (3) 欢迎语：您来了。

  (4) 问候语：您好！早上好！早安！晚安！下午好！晚上好！

  (5) 祝贺语：节日愉快！圣诞快乐！新年快乐！生日快乐！

  (6) 道歉语：对不起、请原谅、打扰了、失礼了。

  (7) 告别语：再见！欢迎下次光临！晚安！明天见！

  (8) 道谢语：谢谢！非常感谢！

  (9) 应答语：是的、好的、我明白了、谢谢您的好意、不客气、没关系、这是我应该做的。

  (10) 征询语：我能为您做什么吗？请您……好吗？您喜欢(需要、能够)……？

  (11) 电话敬语：您、您好、请、劳驾、麻烦您、多谢您、可否、是否、能否代劳、有劳、效劳、拜托、谢谢、请稍候、对不起、再见。

三、对客服务用语要求

  (1) 接待客户，应起身点头致意，要面带微笑，先开口主动问候，称呼要得当。对于熟悉的客户要称呼客户姓氏。问候语要简单、亲切、热情。

  (2) 与客户对话时宜保持 1 米左右的距离，要注意使用礼貌用语。

  (3) 对客户的话要用心倾听，眼睛要望着客户的面部(但不要死盯着客户)，要等着客户把话说完，不要打断客户的话。与客户谈话时，不要有任何不耐烦的表示，要停下手中的工作，眼望着对方，面带笑容，要有反应；不要心不在焉，左顾右盼，漫不经心，不理不睬，对没听清楚的地方要礼貌地请客户重复一遍。

  (4) 与客户对话，态度要和蔼，语言要亲切，声调要自然、清晰、柔和，音量要适中，答话要迅速明确。

  (5) 对客户的问询应圆满回答，若遇自己不清楚或不知道的事，应查找有关资料或请示上级，尽量答复客户，绝不能以"不知道""不清楚"作答。回答问题要负责任，不能不懂装懂，模棱两可，胡乱作答。

  (6) 当客户需要服务时，应从言语上体现出乐意为客户服务，不要表现出厌烦、冷漠、无关痛痒的神态，应说："好的，我马上就来(办)。"千万不能说："你没看见我忙着吗？"

  (7) 当客户提出的某项服务要求一时满足不了时，应主动向客户讲清原因，并向客户表示歉意，同时要给客户一个解决问题的建议或主动联系解决。要让客户感到：虽然问题一时未能解决，但受到了重视，得到了应有的帮助。

  (8) 在原则性或较敏感的问题上，态度要明确，但说话方式要婉转灵活，既不能违反公司规定，又要维护客户的自尊心。切忌使用质问式、怀疑式、命令式、顶牛式的说话方式，杜绝蔑视、嘲笑、否定、斗气等语言，应用询问、请求、商量、解释的说话方式。

  询问式："请问……"

请求式："请您协助我们……"

商量式："……您看这样好不好？"

解释式："这种情况，有关规定是这样的……"

(9) 打扰客户或请求客户协助的地方，首先要表示歉意，说："对不起，打扰您了。"对客户的帮助或协助(如交钱后、登记后、配合自己工作后)要表示感谢；接过了客户的任何东西(如钱、卡、证件等)都要表示感谢；客户对自己表示感谢时，一定要回答"请别客气"。

(10) 与客户对话时，如遇另一客户来访，应点头示意打招呼，或者请新来客户稍候，不能视而不见，无所表示，冷落新来客户；同时应尽快结束谈话，招呼新来客户，如果时间较长，应说"对不起，让您久等了"，不能一声不响就开始工作。

四、社交礼仪：服务语言规范

以下服务语言最好是配合肢体语言一起使用：

①请；②您好；③欢迎；④久违；⑤恭候；⑥奉陪；⑦拜访；⑧拜托；⑨请问；⑩请进；⑪请坐；⑫谢谢；⑬再见；⑭对不起；⑮失陪了；⑯很抱歉；⑰请原谅；⑱没关系；⑲别客气；⑳不用谢；㉑请稍等；㉒请指教；㉓请当心；㉔请走好；㉕这边请；㉖您先请；㉗请您先讲；㉘请您放心；㉙请多关照；㉚请跟我来；㉛欢迎光临；㉜欢迎莅临；㉝欢迎再来；㉞请不要着急；㉟请慢讲；㊱让您久等了；㊲给您添麻烦了；㊳希望您能满意；㊴请您再说一遍；㊵请问有什么事；㊶请问您是否找人；㊷我能为您做什么；㊸很乐意为您服务；㊹请把您的要求告诉我；㊺我会尽量帮助您的；㊻我会再帮您想想办法；㊼请随时和我们联系；㊽谢谢您给我们提供宝贵的意见；㊾不知道的事尽管问；㊿我很荣幸为您服务。

五、服务语言标准化及艺术化的基本要求

（一）形式上的要求

(1) 恰到好处，点到为止。服务不是演讲，服务人员在服务时只要清楚、亲切、准确地表达出自己的意愿即可，不宜多说话。服务人员主要是启发顾客多说话，让顾客能在这里得到尊重、得到放松，释放自己的心理压力，尽可能表达自己消费的意愿和对服务的意见。

(2) 有声服务。没有声音的服务，是缺乏热情与没有魅力的服务。服务过程中不能只有鞠躬、点头手势，不能没有问候，没有语言的配合。

(3) 轻声服务。传统服务是吆喝服务，鸣堂叫菜、唱收唱付；现代服务则讲究轻声服务，为客人保留一片宁静的天地，要求三轻(说话轻、走路轻、操作轻)。

(4) 清楚服务。一些服务人员往往由于腼腆或者普通话说得不好，在服务过程中不能向客人提供清楚明了的服务，造成客人的不满。特别是报菜名，经常令顾客听得一头雾水，不得不询问。这些不清楚的服务会妨碍主客之间的沟通，耽误正常的工作。

(5) 普通话服务。即使是因为地方风味和风格突出的餐厅，要采用方言服务才能显现

出个性，也不能妨碍正常的交流。因此，这类餐厅的服务员也应该会说普通话，或者要求领班以上的管理人员会说普通话，以便于既能体现其个性，又能在交流时做到晓畅明白。

（二）程序上的要求

在程序上对服务语言做相应的要求，有利于检查和指导服务人员的语言规范性。

(1) 宾客来店时有欢迎声。

(2) 宾客离店时有道别声。

(3) 客人帮忙或表扬时，有致谢声。

(4) 客人欠安或者遇见客人时，有问候声。

(5) 服务不周时有道歉声。

(6) 服务之前有提醒声。

(7) 客人呼唤时有响应声。

六、服务语言分类及其运用

（一）称谓语

例如，小姐、先生、夫人、太太、女士、大姐、阿姨、同志、师傅、老师、大哥等。对于称谓语的运用，有下列要求：

(1) 恰如其分。

(2) 清楚、亲切。

(3) 不知道的情况下，一般对男士称先生，对女士称小姐。

(4) 灵活变通。

例如，你已知道是母亲和女儿一起来用餐，如果称女儿为小姐，称其母亲也为小姐，就不太妥当，这时应该称这位母亲阿姨或女士。有一定身份的女士来用餐，称为小姐似乎分量不够，这时就应该称其为老师或女士。有身份的老顾客第一次来用餐，称其为先生是对的，但如果已知道他是黄总、胡总或张局长、谭处长，再称他为先生就不恰当了。因此，服务人员必须记住老顾客的姓氏和职称、职务，并以此相称呼。在平时的接待工作中，一般不称客人为同志、书记，但如果是会议包餐，称同志、书记又较为合理。

（二）问候语

例如，先生，您好！早上好！中午好！晚上好！圣诞好！国庆好！中秋好！新年好！对于问候语的运用，有下列要求：

(1) 注意时空感。问候语不能是"先生，您好！"一句话，应该让客人有一个时空感，不然客人听起来就会感到单调、乏味。例如，中秋节时，如果服务员向客人说一声"先生，中秋好"，就强化了节日的气氛。

(2) 把握时机。问候语应该把握时机，一般在客人离你 1.5 米的时候进行问候最为合适。对于距离较远的客人，适宜微笑点头示意，不宜打招呼。

(3) 配合点头或鞠躬。对客人只有问候，没有点头或鞠躬的配合，是不太礼貌的。例如，一些餐厅的服务员在客人询问"洗手间在哪里"的时候，仅仅用一个远程手势表明位置，没有语言上的配合，甚至只是努努嘴来打发客人，这样就显得很不礼貌。如果服务员既用了远程手势，又对客人亲切地说："先生请一直往前走，右边角上就是！"客人的感觉就会好得多。

(4) 客人进门不能首先说"请问您几位？""请问您用餐吗？"这时我们宜表示欢迎，然后说"先生，请随我来！"到了大厅或者电梯里后再深入询问。例如："先生，我怎么称呼您？"当对方说"我姓刘"，那么"刘先生您今天几位呢？……"这样的话题就可以深入下去了。

（三）征询语

征询语确切地说就是征求意见询问语。例如，"先生，这个盘可以撤了吗？""小姐，您有什么吩咐吗？""小姐，如果您不介意，我把您的座位调整一下好吗？"等。

征询语常常也是服务的一个重要程序，如果省略了它，就会产生服务上的错乱。如果征询语运用不当，会使顾客感到很不愉快。例如，客人已经点了菜，服务员应征询客人"先生，现在是否可以上菜了？""先生，您的酒可以开了吗？"如果服务员自作主张将菜端了上来，将酒打开了，而客人或许还在等其他重要客人，或者还有一些重要谈话没有结束，你这样做，客人就会不太高兴。

【拓展阅读 10-1】

我们就坐这儿

一对情侣到某餐厅用餐，可这时餐厅内小餐桌都已客满，于是服务员便将客人安排到大圆桌上用餐。但一会儿又来了八位客人，这时大圆桌均已坐满，而靠窗的小方桌又空了出来。于是，服务员就简单地对这对情侣客人说："你们二位请到这边来！他们人多，让他们坐大圆桌行不行？"这时客人不高兴了，不耐烦地说道："不行！我们就坐这儿，不动了！"这时一个餐厅主管走过来说："二位实在对不起，给您添麻烦了！靠窗的小方桌很有情调，更方便二位谈话。如果你们不介意的话，我给您二位调过去！谢谢您的支持！"客人一下就变得平和起来，同意了餐厅主管的安排。

资料来源：酒店前台服务的语言艺术，http://www.sohu.com/a/212865041_156111

服务人员运用征询语时要注意以下几点：

(1) 观察客人的形体语言。例如，当客人东张西望或从座位上站起来的时候，或招手的时候，都是在用自己的形体语言表示他有想法或者有要求了。这时服务员应该立即走过去说："先生/小姐，请问我能帮助您做点什么吗？""先生/小姐，请问您有什么吩咐吗？"

(2) 用协商的口吻。服务员经常将"这样可不可以？""您还满意吗？"之类的征询语加在句末，显得更加谦恭，服务工作也更容易得到客人的支持。

(3) 应该把征询当作服务的一个程序。服务员应先征询意见，得到客人同意后再行动，不要自作主张。

俗话说:"良言一句三冬暖,恶语伤人六月寒。"服务员应对服务语言的艺术化与标准化引起高度的重视。

(四) 拒绝语

例如,"你好,谢谢您的好意,不过……""承蒙您的好意,但恐怕这样会违反酒楼的规定,希望您理解"等等。

对于拒绝语的运用,有下列要求:

(1) 一般先肯定,后否定。

(2) 客气委婉,不简单拒绝。

【拓展阅读10-2】

酒杯、汤碗和筷子又回来了

×年4月1日晚上,在某酒店的中餐厅有一些外宾正在用餐。餐厅装修气派豪华,布置典雅,客人们尽情享用着加工精细、质量高档的菜肴,并对中国菜的口味称赞不已。餐厅东侧的一张餐桌坐着两位澳大利亚客人。其中一位50余岁留着小胡子的男宾,边用餐边玩弄着桌上一只精美的银制酒杯,显得爱不释手的样子,他的女伴也对桌上的筷子和细瓷餐具很感兴趣。这些情形并没有被服务员小章所注意,她正在忙着为另一桌的客人上菜。

当小章转身为澳大利亚客人上菜时,感觉到餐桌上好像少了些什么。当她为客人报菜名时,观察发现那位留着小胡子的客人离开了餐桌,可他面前的银制酒杯也不见了,取而代之的是他的女伴的玻璃葡萄酒杯。此外,餐桌上还少了两双筷子和一个细瓷汤碗。小章不动声色地笑问一位面前没有汤碗和筷子的女宾:"女士,你没有餐具,是否需要我为你重新添放?你是要刚才那种黄色的汤碗,还是要其他颜色的?""不,不,我们什么都不要,谢谢你。"女宾神色尴尬地说道。

此时,那位男宾手里拿着两副不锈钢的刀叉走回来坐下。他看了小章一眼,不自然地说:"我们还是习惯用刀叉,所以我又要了两套。"

"没关系,下次你有什么需要请告诉我,我很愿意为你效劳。"小章说完就离开了,立即将此事报告了餐厅经理。几分钟后,小章又回到了客人面前,手里拿着几样包装精致的餐具,微笑着对留小胡子的客人说:"先生,我刚才发现你们对中国的餐具很感兴趣,此餐具确实很精致。为感谢大家对这些工艺品的钟爱,我代表餐厅送上一个银质雕龙酒杯,一个细瓷雕花福寿汤碗和六双高级筷子,给各位留个纪念,筷子是免费的,碗和酒杯将按优惠价格记在餐费的账单上,您同意吗?"留小胡子的客人马上明白了小章的意思,他接过小章手里的物品,又仔细看了几眼:"请你先离开会儿,让我们考虑下。"小章会意地转身离去。

当客人再招呼服务员回到餐桌前时,小章看到刚才不见了餐具和酒杯又摆在原来的位置上。客人笑着对她说:"小姐,谢谢你的建议,这些筷子和酒杯我们就收下,汤碗请拿回吧。今天是愚人节,连餐具都想和你们开玩笑,你看,这酒杯、汤碗和筷子又回来了。"说完大家都开心地笑了。

本案例中的外国客人一开始拿了餐厅的餐具,服务员小章发现后及时进行了巧妙处理。这要归功于小章很了解顾客的心理需要以及在发现问题时能迅速反应、较好地处理问题的能力。小章发现外国客人很喜欢餐厅的中式餐具，并把酒杯和汤碗、筷子收藏起来，便迅速向经理汇报，寻求解决办法，很好地做到了对服务工作中出现的问题快速进行反应和行动。同时考虑到客人的受尊重的需要，很巧妙地拿着几样包装精细的餐具，微笑地请顾客留作纪念，并说明筷子是免费的，碗和酒杯将按优惠价格记在账单上。这样既使客人明白了餐厅已知道客人收藏了餐具，但又给了客人下台阶的机会，保全了客人的面子，最终使顾客自己主动交出了餐具，既避免了餐厅的损失，又让顾客因受到礼遇而满意。

资料来源：餐饮案例 7，https://www.docin.com/p-1090197966.html，编者有删改

（五）指示语

例如，"先生，请一直往前走！""先生，请随我来！""先生，请您稍坐一会，马上就给您上菜。"

对于指示语的运用，有下列要求。

(1) 避免命令式。例如，客人等不及了走进厨房去催菜，服务员如果采用"先生，请你出去，厨房是不能进去的！"这种命令式的语言，就会让客人感到很尴尬，很不高兴，甚至会与服务员吵起来。如果你这样说："先生，您有什么事让我来帮您，您在座位上稍坐，我马上就来好吗？"可能效果就会好得多。

(2) 语气要温和，眼光要柔和。指示语不仅要注意说法，还要注意语气温和，眼光柔和，这样才能给予客人好的感觉，使其消怨息怒。

(3) 配合手势。有些服务员在碰到客人询问地址时，仅用简单的语言指示，甚至挥挥手、努努嘴，这是很不礼貌的。正确的做法是运用明确和客气的指示语，并辅以远程手势、近端手势或者下端手势，在可能的情况下，服务员还要主动走在前面给客人带路。

（六）答谢语

例如，"谢谢您的好意！""谢谢您的合作！""谢谢您的鼓励！""谢谢您的夸奖！""谢谢您的帮助！""谢谢您的提醒！"等等。

对于答谢语的运用，有下列要求。

(1) 当客人表扬、帮忙或者提意见时，都使用答谢语。

(2) 清楚爽快。

就餐客人提出一些菜品和服务方面的意见，有的意见不一定提得对，这时有的服务员就喜欢去争辩，这是不对的。正确的做法是不管顾客提得对不对，都要向其表示："好的，谢谢您的好意！""谢谢您的提醒！"有时客人高兴了夸奖服务员几句，服务员也不能心安理得，无动于衷，而应该马上用答谢语给予回应。

某餐馆一位客人在用餐的时候，不经意将筷子掉在地上了。这个客人也不讲究，捡起筷子略擦便准备继续使用。这时值台的服务员眼快手快，马上将一双干净筷子递到了客人的面前，并说："对不起，请用这一双，谢谢合作！"客人大受感动，离开餐厅之前特地找到了大堂经理夸奖这位服务员说："你们的服务员反应迅速，她帮助了我还要感谢我，真是训练有素！希望餐厅给予奖励。"

第二节　服务礼仪是最好的服务语言

服务礼仪是服务行业人员必备的素质和基本条件。出于对客人的尊重与友好，服务员在服务中要注重仪表、仪容、仪态和语言、操作的规范；热情服务则要求服务员发自内心地、热忱地向客人提供主动、周到的服务，从而表现出服务员的良好风度与素养。

一、重视服务礼仪

每位服务行业人员都应注意自己谈话时的态度和礼节。在服务过程中，服务员应注意以下礼仪规范。

(1) 谈话时音量适中，切记不能大声说话。

(2) 谈话时注视对方眼睛，不做其他事或不必要的小动作，不可盯着对方身体的其他部位，同时注意保持和蔼的态度和愉快的笑容。

(3) 与人谈话，最忌粗俗的口头语，满口粗话会被人鄙视。

(4) 不要有大幅度的手势，指天画地会令人反感。

(5) 言辞要委婉，语气要平缓，表情要安详。

(6) 当两人同时想讲话时，应让客人先讲。

(7) 当客人讲话时，不论自己是否感兴趣，同意还是反对，都应该表现出在专心倾听的样子。随便打断客人的话，或者眼观窗外，或者心不在焉，或者频频看表，这些举动都是对客人不尊重的表现。

(8) 谈话中要注意倾听，倾听时神情专注，与对方目光交流，或点头，或做一些表示性的手势和动作，通过一些简短的插话和提问表示出确实对客人的话感兴趣。

(9) 不急于下结论，可等客人说完，用提问和征询的方式核对清楚再下结论。

二、掌握语调和节奏艺术

服务员对客人讲话，要用真诚、友好、热情、亲切等富有人情味的语调，因为语调和节奏是感情流露的一种方式。

曾经发生过这么一件事：一位美籍华人在改革开放后几乎每年都要回国六七次，他对中国的发展感到自豪。但也有不习惯、不喜欢的事，就是请朋友吃饭之后，有的酒店服务员大声地对你嚷出钱数，然后让你付账。一次，他请一位很熟的朋友吃饭，饭后服务员送来账单，大声地说："你俩吃了 250 元。"这位美籍华人实在忍受不了了，于是当着朋友的面对服务员说："请你不要这样大声嚷嚷好不好？""我们这叫唱收唱付。"服务员竟理直气壮地说。这位美籍华人痛苦地说："这是令我最难堪的一个场面。"这就是服务员没有掌握谈话的语言艺术的例子。

国外的一些高级餐馆的菜单分两种：一种是有标价的，一种是无标价的。如果进来的是一对男女，侍者多半会将有标价的菜单给先生过目，将不标价的给女士。

一名有经验的服务员一般会凭他的观察力发现谁是付账者或者轻声地在你耳边问一问："请问哪位付账？"之后默默地将账单用账夹递到你面前。

服务员在与宾客交流中有一些禁规：当客人在交谈时，不旁听、不窥视、不插嘴，是服务员应具备的基本文明素质。如果有事与客人此时商量，也不可贸然打断客人间的谈话，服务人员最好暂待一旁，目视客人，待客人觉察或在客人谈话间歇时再插入"对不起，打扰你们谈话"，然后尽量简单说清事由，说完后再向客人致歉。

在客人谈笑中，服务员除提供正常服务外，不应凑到前面，不随意窃笑，不发表品评言论，以免造成误会，得罪客人。

客人忌讳的语言不能随便说。譬如，在酒席上要添饭时，有的服务员问"要饭吗"，就使客人听了不舒服。因从习惯上其易同乞丐要饭相联系。这类忌讳的语句如果改为"您想再用点什么主食？"就很顺耳。有时个别宾客用"喂""哎"等不文明的语言招呼服务员时，服务员不能因此而对其冷淡。如果当时很忙碌，服务员也要对客人说："请您稍等片刻，我马上就来。"

三、礼貌用语：尊重是语言礼貌的核心部分

服务员说话要尊重客人，使用基本的礼貌用语并养成习惯，如"您好""请""对不起"……。凡劳烦别人，事无巨细，都要道谢；给别人增添麻烦的，不论大小事，均应说声"对不起"，这既是尊重客人也是尊重自己。

当客人所说的外语自己听不太懂时，服务员应大方地向客人请教，不要不懂装懂。外语水平不够，听不明白，客人不会认为你失礼，相反还会变换词汇让你听懂，如果实在听不懂还可以请陪同翻译人员或其他人帮忙，不必胆怯和不敢说话。

客人来到服务员面前，服务员应立即停止一切其他活动，不管是与同事在商量工作或正在操作等，都应停下来，站立问好并致欢迎词。服务员任何时候都不要只顾自己忙或与同事闲聊而把客人丢在一边。

服务员在可能情况下尽量使用客人的姓名称呼，这是很有效的方法，会使客人备感受到重视。但要注意，客人姓名一定不能搞错，发音一定要准确。

与客人谈话时，有损客人自尊心的话坚决不说。服务员坚决不与客人争论，不埋怨、责怪客人。若有多位客人在场，服务员不要只与其中一位长时间交谈，而冷落其他的客人。

第三节　服务接待礼貌用语及语言艺术

服务行业对服务语言的艺术化与标准化要求越来越高。随着社会经济、文化水平的提高，人们的生活品质日益提高。但是，现代人也越来越感觉到工作及生活压力的加重，劳累了一天的人们渴望有一个可以完完全全放松和享受的地方来排解压力。于是，为适应消费需求，为人们提供餐饮、娱乐、美容、美发、洗浴、保健按摩等各种各样的休闲服务的

经营者也在追求提升服务品质，加强对员工服务接待及服务语言艺术的培训。

语言是服务过程中影响服务质量的主要因素之一。得体的语言、动听的声音，不仅体现了个人涵养，还能迅速拉近人与人之间的距离，化干戈为玉帛。

作为服务员，其在与客人沟通的过程中，得体的语言是至关重要的，能赢得信任与好感；当客人不满时，真诚的语言也能得到客人的谅解。

我们的服务语言

有段时间××大厦的空调设备检修出现故障，不能及时开放，房间内十分闷热，引起很多客人的不满，导致很多客人提前离店。当时有两位西门子公司的客人入住，客人上楼后又接着下来了，要求调房，并气愤地说道："房间太热了，让人没法住！为什么四星级宾馆维修房也能出租？"酒店管理人员立即向客人表示歉意："先生，对不起，这是我们的失误，未能向您及时说明，因为我们大厦的空调设备检修，暂时还不能开放，所以房间温度比较高，但不管怎么样，这的确是我们的不足。"客人一听还是不满，提出自己已经入住了，但房间这么热，根本没法住，问怎么办。酒店方拿过房卡一看客人的房间是2405，东南朝阳，立即向客人建议："先生，您看这样好不好，因为您现在的房间是朝阳的，我帮您调一间背阳北面的房间，我先让礼宾员带您去参观一下，如没有问题，我就帮您调过去；如果有问题，我再帮您联系其他的饭店，您看这样行吗？"

客人到房间后还算满意，打来电话回复可以调房了。酒店管理人员答复客人说："先生，您不用下楼了，直接在房间里休息吧！新的房卡我让人给您送过去，再让服务员给您房间送些冰块，您有任何问题可以直接给总台打电话，我们会尽力为您解决。今天真不好意思，耽搁您这么长的时间，再次向您表示歉意。"客人这时已经没什么不满了，并说道："任何饭店都有出现故障的时候，只要能够及时解决就好，这次没什么，我现在还挺满意的。"酒店管理人员当即向客人表示谢意并欢迎他经常入住。

这件事是很普通的一件事，没想到的是客人在退房时还特意对酒店方说："虽然这次房间条件不是很好，但是服务挺好，说的话很到位，我下次还会入住××大厦！"显然，客人离开时，内心的不满已经被打消。

资料来源：我们的服务语言，http://www.dzwww.com/newshotel/qywh/whjs/200408/t20040818_409967.htm，编者有删改

大多数客人都是通情达理的，服务员只要能够适当地安抚、用心地服务便会得到客人的谅解。试想，服务员如果没有任何解释就让客人再换个酒店，客人一定不会再次入住了，因为客人是带着怨气离开的，对酒店已经没有了好感，自然不会再光顾。所以，我们一定要注意及时向客人表示自己的真诚，用语言解除客人的不满。可见，接待服务语言的表达技巧很重要。

一、语言规范

从语言的根本意义上讲，说话是为了沟通和表达思想。作为服务行业的从业人员，除了沟通和表达思想外，还要注意沟通和表达的方式。

(1) 拒绝语。一般应该先肯定，后否定，语气委婉，不简单拒绝。服务员要让客人觉得拒绝他的要求恰恰是为他着想；服务员尽量不要正面拒绝客人的要求，不能让客人感觉到尴尬。当然，如果客人提出极不合理的非分要求，服务员应该断然拒绝，同时口气要干脆、自然，但不能辱骂或贬低客人。

(2) 答谢语。当客人表扬、帮忙或者提意见的时候服务员都要使用答谢语。接受服务的客人有时候对一些服务技术或标准方面的意见不一定是对的，这时候服务员也不要去争辩，应该说："谢谢您的好意或建议，我会向领导反映，进行调整的。"或者很委婉地反问客人："那您觉得该如何做才比较好呢？"

(3) 提醒道歉语。这是服务语言的重要组成部分。提醒道歉语使用得好，会使客人在接受服务时随时感受到尊重、关心，对本店产生良好的印象。提醒道歉语又是一个必要的部分，缺少这个程序，往往会使服务出现问题。对这类语言的处理，服务员要做到下列几点：把提醒道歉语当作口头禅和必要的一个程序，并且诚恳主动；尤其要注意表示歉意时的面部表情，不要让客人觉得你是很不服气的。

(4) 告别语。与客人告别的声音响亮有余韵，配合点头或鞠躬。总之，服务员不要将与客人道别的语言和仪式搞成缺乏情感的公式；而要使道别语言余音袅袅、不绝于耳，给客人留下美好的回忆，产生下次再来的念头。

(5) 肢体语言。为什么说"谢谢您"时要点头致意呢？因为用肢体语言能更充分地表达你的诚意和对对方的尊敬，所以服务员说"谢谢您的惠顾！""欢迎光临！"时一定要同时向顾客点头致意，表示对顾客的重视和尊重。鞠躬也同样如此，鞠躬是一种肢体语言，动作不能机械、僵硬、不自然。

二、礼貌服务语言技巧

培养合格的服务行业人员，礼貌用语的教学是必不可少的。然而，实际服务工作中的接待场景是千变万化的，面对的客人是形形色色的，突发事件也是随时发生的。那么，我们怎么才能在工作中既能礼貌地应对又能妥善地处理一些难题呢？

礼貌服务语言应答技巧包括如下四个方面。

(1) 借物说话。实际工作经常会出现客人带走饭店物品的情况，特别是一些高星级酒店，房内提供的用品很丰富，如啫喱水、指甲刀、交换器、雨伞、商务中心的各类工具书、报纸、杂志、地图、餐厅的精美餐具等，这些都会引起一些客人的偏爱，因此酒店时常发生客人私自带走酒店用品，服务员请求客人留下酒店用品的尴尬事件。那么，我们怎样礼貌地避免这类事件的发生呢？

最有效的做法是"借物说话"。深圳××宾馆在这方面做得非常好，在他们的商务中心，所有的书籍特别是工具书上都贴着卡通动物，上面写着"请勿将我带走！"客人一看便知。这种表达与"非赠品""不准带走"一类冷冰冰的语言相比，不但显示出礼貌而且很具人性。在推广绿色饭店的活动中为请求客人配合，有的酒店也采用了卡通人物代言的方法：一个乖乖小熊拉着床单"今天就不换了！"旁边一句"感谢您的支持！"这些语言准确、委婉、礼貌地表达了酒店对客人的关爱和请求，使客人很容易接受并倍感温馨。

(2) 善意的欺骗。接待中，服务员难免会遇到难以应对的麻烦。比如，正走在大厅，突然有客人问："酒吧为什么没人？"这时可能有两种情况：一是服务员办事去了，二是服务员离岗了。你怎样回答？当然不能说"不知道"，更不能说"谁知道他们到哪去了!"而应采用善意的欺骗："对不起，酒吧服务员到房间送饮料去了，您在这稍候，先喝杯水好吗？"这样客人是会谅解的。然后，再电话询问原因或报有关部门。

又如，客人躺在大厅沙发上，怎样劝他起来？如果仅仅使用规范的礼貌用语，客人可能根本不理睬你，而其他客人一进大堂便看见有人躺在沙发上，这将会影响酒店形象。那么怎么处理才奏效？这时，你也可使用善意的欺骗："对不起，等会儿旅游局要来检查工作，我带您到那边去休息好吗？"一般来讲客人是会配合的。值得提醒的是，不要忘了致谢和礼貌的体语。

再如，客人单独请你外出怎么办？直接拒绝会伤害客人，这时服务员仍然可用此法：先致谢、再致歉，最后解释："谢谢您的邀请，非常抱歉，今晚我们要培训……"

(3) 使用肯定句。服务员有时还会遇到解答不了的问题，而酒店服务的纪律又要求不能对客人说"不"，这时又该怎样应对才礼貌呢？那就是使用肯定句。

(4) 从客人的角度组织应答语言。工作中，服务员还应时时从客人的角度组织应答语言，看看下面的不同对话。

① "对不起，您的房间还没收拾好。"

正确应答："请稍候，您的房间马上收拾好。"

② "对不起，先生，这是您忘记带走的东西。"

正确应答："对不起，先生，刚才我没提醒您把××带走。"

③ "对不起，已经没有房间了。"

正确应答："请稍候，我再为您仔细查找一下。"

④ "对不起，服务员正在查房。"

正确应答："对不起，请稍候，服务员正在看房内有没有您忘记的东西。"

⑤ "先生，您还没有结账。"

正确应答："对不起，刚才我忘了给您送酒水单，请过目。"

⑥ "对不起，请再说一遍。"

正确应答："对不起，您刚才的意思是……"

后一种正确应答就是从客人的角度组织语言，听起来让人感到温暖而尊重，在服务中非常管用。

课 后 练 习

1. 小李是某酒店的一名服务员。一天，王先生一行人到该酒店用餐，当客人进入包间后，王先生将自己的外套脱下，和包一起放到了旁边的椅子上。这时小李看到还有客人未落座，就把衣服和包拿起来并安排客人就座，然后小李将王先生的衣服和包挂在了包间门口的衣帽架上便出去了。

问题：你觉得小李在服务过程中有没有什么不妥之处，为什么？

2. 一天，陈女士携女友到一家刚开业不久的商场购物。在一排做工精致、用料考究的女式风衣前，陈女士发现一件成衣的标签上赫然印着 160 元的标价。这是一起明显的标价错误，因为这排风衣的统一标价是 1600 元。售货员小姐非常友好地向陈女士致歉，并告之小标签上的价格是因为电脑的差错，160 元少标注了一个 "0"。但陈女士认为，既然小标签上印着 "160 元"，这就意味着商家对顾客的一种承诺，因此，她坚持以 160 元的价格买走该风衣。售货员小姐不敢做主，她让陈女士留下联系地址，告之次日将给她一个满意的答复。

问题：如果你是该公司负责人，你会如何处理此事？

3. 美国某花店经理接到一位顾客的电话，说她订购的 20 枝玫瑰送到她家的时间迟了 1.5 小时，而且花已经不那么鲜艳了。如果你遇到这种情况会怎样处理？

第二天，她接到了这样一封信。

亲爱的凯慈夫人：

感谢您告知我们那些玫瑰在很差的情况下已经到达您家的消息。在此信的附件里，请查找一张偿还您购买这些玫瑰所用的全部金额的支票。由于我们送货车中途修理的意外耽搁，加之昨天不正常的高温，所以您的玫瑰我们未能按时、保质交货，为此，请接受我们的歉意和保证。我们保证将采取有效措施以防止这类事情的再次发生。

在过去的两年里，我们总是把您看作一位尊敬的客人，并一直为此感到荣幸。顾客的满意乃是我们努力争取的目标。

请让我们了解怎样更好地为您服务。

您真诚的霍华德·佩雷斯
×年×月×日

问题：案例中采用的处理方式是否恰当？为什么？

4. 在广州一家著名的酒店，一位外宾吃完最后一道菜点，顺手就把精美的景泰蓝筷子插进了自己西装内衣的口袋。

问题：假如你是服务员，你会怎么处理此事？为什么？

第十一章
应对顾客投诉技巧

所谓顾客投诉，是指顾客对企业产品质量或服务不满意，而提出书面或口头上的异议、抗议、索赔和要求解决问题等行为。如果投诉处理不好，就会影响客户和企业的关系，甚至会损害企业形象。对于客户的投诉，关键在于如何理解和面对。

第一节　投诉处理原则

企业经营不仅要发现顾客，更要留住顾客。无论处理什么样的抱怨，企业都必须以顾客的思维模式寻求解决问题的方法。投诉处理原则包括以下几点。

一、服务理念

企业需要经常不断地提高全体员工的素质和业务能力，使其树立全心全意为顾客服务的思想、"顾客永远是正确的"的观念。投诉处理的客服人员面对愤怒的顾客一定要注意克制自己，避免感情用事，始终牢记自己代表的是企业的整体形象。

二、有章可循

企业要有专门的制度和人员来管理顾客投诉问题，使各种情况的处理有章可循，保持服务的统一、规范；做好各种预防工作，使顾客投诉防患于未然。

三、及时处理

企业处理投诉时切记不要拖延时间，推卸责任，各部门应通力合作，迅速做出反应，向顾客"稳重+清楚"地说明事件的缘由，并力争在最短时间里全面解决问题，给顾客一个圆满的结果；拖延或推卸责任，会进一步激怒投诉者，使事情进一步复杂化。

四、分清责任

企业不仅要分清造成顾客投诉的责任部门和责任人，而且要明确处理投诉的各部门、各类人员的具体责任与权限以及顾客投诉未能及时圆满解决的责任。

五、留档分析

企业对每一起顾客投诉及其处理都要做出详细的记录，包括投诉内容、处理过程、处理结果、顾客满意程度等；通过记录、吸取教训、总结经验，为企业以后更好地处理好顾客投诉提供参考。

第二节　怨诉处理技巧——令顾客心情晴朗的
CLEAR方法

在职场交际中，处理顾客怨诉是服务提供者的一项重要工作，如何平息顾客的不满，使被激怒的顾客转怒为喜，是企业获得顾客忠诚的最重要手段。这里将介绍一个处理顾客怨诉并令顾客心情晴朗的技巧——CLEAR方法，即顾客愤怒清空技巧。

理解和实践清空技巧能够帮助企业妥当地处理最棘手的情形。令顾客心情晴朗的顾客怨诉应对原则包括以下步骤：

C——control，控制你的情绪。

L——listen，倾听顾客诉说。

E——establish，建立与顾客共鸣的局面。

A——apologize，对顾客的情形表示歉意。

R——resolve，提出应急和预见性的方案。

一、控制你的情绪

（一）目的

当顾客发怒时，企业要处理的第一个因素是控制自己的反应情绪。顾客在投诉时，往往心情不好，易失去理智，顾客的语言或者行为会让员工感受到攻击、不耐烦，从而被惹恼或难过，容易产生冲动，失去理性，如果"以暴制暴"就会使事态发展变得更加复杂，职场服务和信誉严重受损。

（二）原则

坚持一项原则，那就是可以不同意顾客的投诉内容，但不可以不同意顾客的投诉方式。正如我们可以不赞成顾客说话的内容，但不能剥夺顾客投诉的权利。顾客投诉是因为他们的需求没有被满足，所以企业应该充分理解顾客的投诉和他们可能表现出的失望、愤怒、沮丧、痛苦或其他过激情绪等，不要与他们的情绪共舞或是责怪任何人。

（三）有效技巧

下边是一些面对顾客投诉时，可以帮助你平复情绪的一些小技巧。

(1) 深呼吸，平复情绪。服务人员要注意呼气时千万不要大声叹气，避免给顾客不耐烦的感觉。

(2) 思考问题的严重程度。

(3) 登高几步。服务人员要记住，顾客不是对你个人有意见，即使看上去如此。

(4) 以退为进。如果有可能的话给自己争取点时间，如"我需要调查一下，10 分钟内给您回电""我需要两三分钟时间同我的主管商量一起解决这个问题，您是稍等一会儿呢，还是希望我一会儿给您打回去？"当然你得确保在约定的时间内兑现承诺。

二、倾听顾客诉说

只有服务人员和顾客情绪平复、镇定下来才能解决好问题。服务人员先别急于解决问题，而应先抚平顾客的情绪，然后再来解决顾客的问题。

（一）目的

为了管理好顾客的情绪，服务人员首先要分析这些情绪是什么，他们为什么投诉，然后静下心来积极、细心地聆听顾客的投诉内容，这样有助于达到以下效果：

(1) 顾客不满与投诉的类型五花八门，在处理时，服务人员首先应把握顾客所投诉问题的实质和顾客的真实意图。

(2) 了解顾客想表达的感觉与情绪。

(3) 细心聆听的态度，给顾客的抱怨一个宣泄的机会，辅以语言上的缓冲，为发生的事情致歉，表明你想要提供帮助，表示出与顾客合作的态度。这既让顾客将愤怒一吐为快，使愤怒的程度有所减轻，也为自己后面提出解决方案做好准备。

（二）原则

倾听顾客诉说的既有事实，也有隐藏在事实之后的情绪，服务人员要遵循的原则应该是为了理解而倾听，不是为了回答而倾听。

（三）有效技巧

在顾客很恼火时，有效、积极地倾听是很有必要的。

(1) 全方位倾听。服务人员要充分调动大脑、直觉和感觉来听，比较自己所听到、感受到和想到的内容的一致性，并用心体会、揣摩其弦外之音。

(2) 不要打断。服务人员要让顾客把心里想说的话都说出来，这是最起码的态度，中途打断顾客的陈述，可能遭遇顾客最大的反感。

(3) 向顾客传递被重视的感觉。

(4) 明确对方的话。对于投诉的内容，如果服务人员觉得不是很清楚，就要请对方进一步说明，但措辞要委婉。

(5) 鼓励顾客发泄。当顾客不满时，他只想做两件事，即表达他此时的心情和迅速解决问题。服务人员需要做的就是鼓励顾客发泄。在鼓励顾客发泄的过程中，服务人员要注意以下地方，以免顾客愤怒升级：

① 请顾客到环境适宜的地方。嘈杂、简陋的环境不利于顾客发泄，甚至可能增加顾客的烦闷。所以，客服人员应请顾客到一个安静的、有座位的和有水喝的地方。长期的客户服务经验表明，顾客坐下来时怒火会明显降低，如果递上一杯冰水，顾客的情绪会发生很大的转变。

② 在听顾客表达的过程中，服务人员要有回应，如点头、交流、眼神、口头应答等，这让顾客觉得服务人员的确是在急他们之所急。记住一点：顾客只有在发泄完后，才会听服务人员说。在顾客发泄的过程中，服务人员需要细心聆听，以发现对解决问题有效的信息。也许此时顾客更多表达的是自己的感受和观点，但同样对解决问题有一定的参考价值。

③ 服务人员需要控制自己的脾气。顾客此时发泄，并不是针对谁，只是想一吐心中的不快，所以，服务人员千万不要一时控制不住自己脾气，生出与顾客对抗的情绪。顾客同样是对事不对人的。

④ 注意语言的使用。恰当的表达方式包括："我理解您的感受！""我明白您的意思！""是的，谁遇到这种情况都不会开心。"避免使用的表达方式包括："你可能不明白……""你肯定弄混了……""你应该……""我们不会……""我们从没……""我们不可能……""你弄错了……""这不可能的……""你别激动……""你不要叫……""你平静一点……"

【拓展阅读 11-1】

洗澡时没热水了

住在酒店 401 房间的王先生，早上起来想洗个热水澡放松一下，但洗至一半时，水突然变凉。王先生非常懊恼，匆匆洗完澡后给总台打电话抱怨。接到电话的服务员正忙着为前来退房的客人结账，一听客人说没有热水，一边工作一边回答："对不起，请您向客房中心查询，电话号码是……。"本来一肚子气的王先生一听就来气，嚷道："你们酒店怎么搞的，我洗不成澡向你们反映，你竟然让我再拨打其他电话！"说完，"啪"的一声就把电话挂断了。

资料来源：https://www.sohu.com/a/452658494_156111

处理分析：

酒店的每一位员工都应树立以顾客为关注焦点的服务意识，只要接到顾客的投诉电话，都应主动向主管部门反映，而不是直接让顾客再找别的部门反映。案例中服务员对客人抱怨的正确回答应该是："对不起，先生，我马上通知工程部来检修。"然后迅速通知主管部门处理，这样王先生就不会发怒。有时候，顾客反映的问题虽然解决了，但并没有解决好；或是这个问题解决了，却又引发了另一个问题。比如，顾客投诉空调不灵，结果，工程部把空调修好了，却又把顾客的床单弄脏了。

因此，服务员必须再次与客人沟通，询问顾客对投诉的处理结果是否满意，如打电话告诉客人："我们已通知维修部，对您的空调进行了维修，不知您是否满意？"这种"额外的"关照并非多余，它会使顾客感到酒店对其投诉非常重视，从而使顾客对酒店留下良好的印象。

与此同时，服务员应再次感谢顾客，感谢顾客把问题反映给酒店，使酒店能够发现问题，并有机会改正错误。这样，投诉才算得到真正圆满的解决。

三、建立与顾客共鸣的局面

共鸣被定义为站在他人的立场，理解他们的参照系的能力。它与同情不同，同情意味着被卷入他人的情绪，并丧失了客观的立场。

（一）目的

对顾客的遭遇深表理解，这是化解怨气的有力武器。当顾客投诉时，他最希望自己的意见受到对方的尊重，自己能被理解。建立与顾客的共鸣就是要促使双方交换表达。在投诉处理中，有时一句体贴、温暖的话语，往往能起到化干戈为玉帛的作用。

（二）原则

与顾客共鸣的原则是换位真诚地理解顾客，而非同情。只有站在顾客的角度，想顾客之所想，急顾客之所急，才能与顾客产生共鸣。企业要站在顾客的立场想问题，就要学会换位思考："如果我是顾客，碰到这种情况，我会怎么样呢？"

（三）有效技巧

实现与顾客共鸣的技巧包括：

(1) 复述内容。客服人员用自己的话复述顾客投诉的原因，描述并稍微夸大顾客的感受。

(2) 对感受做出回应，把从顾客那里感受到的情绪说出来。

(3) 模拟顾客的境地，换位思考。想象一下，如果其他人以相同或类似的方式对待我们，我们会做出什么样的反应。不要只是说"我能够理解"这句套话。你可能会听到顾客回答"你才不能理解呢——不是你丢了包，也不是你连衣服都没得换了"。如果你想使用"我能够理解"这种说法的话，务必在后面加上你理解的内容(顾客不满的原因)和你听到的顾客的感受(他们表达的情绪)。我们必须形成自己沟通的风格，表现出对顾客观点的理解。

(4) 同理心。投诉的顾客大都表现得怒气冲冲，情绪失控。因此，服务人员很容易在心里对顾客产生反感，觉得顾客是在和自己过不去，或者没教养，于是在无意中把自己与顾客的关系对立起来，采取了对抗或不理睬的态度。这样的想法只能导致冲突的发生、升级，无助于问题的解决。其实，此时最需要的是抱持同理心，即站在顾客的立场上去看问题，理解与信任顾客，相信顾客的怨气是有理由的，他们之所以投诉确实是因为他们的某些需求未获得满足；他们之所以见到谁就向谁发火，不是因为天性如此，而是因为把每个服务人员都看成企业的代表。抱持同理心，并不意味顾客一定是对的，而是尽可能理解顾客为何如此不满，什么原因让他如此生气，他的问题在哪里？只要尽可能这样去思考问题，服务人员就会对顾客抱有理解的心、同情的心，而不会把顾客看作令人讨厌的、不可理喻的人了。

四、对顾客的情形表示歉意

（一）目的

服务人员聆听了顾客的投诉，理解了他们投诉的原因和感受，那么就有必要对顾客的情形表示歉意，从而使双方的情绪可以控制。

（二）原则

(1) 不要推卸责任。当问题发生时，企业很容易逃避责任，说这是别人的错。即便你知道是企业里谁的错，也不要责备你的公司员工，这么做只会使人对企业整体留下不好的印象，其实也就是对你留下坏印象。

(2) 道歉总是对的(即使顾客是错的)。当不是自己的过错时，人们不愿意道歉。为使顾客的情绪更加平静，即使顾客是错的，但道歉总是对的，服务人员一定要为顾客情绪上受的伤害表示歉意。顾客不完全是对的，但顾客就是顾客，他永远都是第一位的。

(3) 道歉要有诚意。客服人员一定要发自内心地向顾客表示歉意，不能口是心非、皮笑肉不笑，否则就会让顾客觉得是在敷衍。当然，客服人员也不能一味地使用道歉的字眼来搪塞。当道歉时，如果说"我很抱歉，但是……"，这个"但是"否定了前面说过的话，使道歉的效果大打折扣。差错的原因通常与内部管理有关，顾客并不想知晓。最经典的例子是，当一家餐厅的服务人员说道："我很抱歉，但是我们太忙了"，谁在乎？这样往往只会被人认为是你在推卸责任。

（三）有效技巧

有人认为向顾客道歉，会使自己的企业蒙羞，令自己承担责任。事实上，这种想法是不合逻辑的。客服人员的道歉表明了企业对顾客的诚意，使顾客感到自身的价值和重要性，这只会让顾客更加认同该企业。接待的人可能不是制造错误的人，即便如此，也应该致歉，因为这个顾客由你接待，而你代表着企业的形象。不要在顾客面前责备其他同事或为自己找借口，顾客需要的是解决问题，错误在谁并不会让他有多大兴趣。找借口或者责备其他同事的行为可能会令顾客产生被推诿的感觉。道歉不是认错，道歉是让顾客知道，企业对他的遭遇表示遗憾，企业很在意他的投诉，并且会想办法尽快改正。与此同时，服务人员要向顾客致谢。感谢顾客提出了企业在管理或服务方面亟待改善的问题。这使顾客的位置发生了变化，不单是一个企业产品、服务的使用者，也是监督者。顾客会满意这种变化，怒火会相应降低。服务人员可用这样的话表示感谢："很抱歉我们让您感到失望了。""抱歉给您带来了不便。""你的话提醒了我们……谢谢！"

(1) 为情形道歉。服务人员要为情形道歉，而不是去责备谁。即使在问题的归属上还不是很明确，需要进一步认定责任承担者时，也要首先向顾客表示歉意，但要注意的是，不要让顾客误以为企业已完全承认是自己的错误，要让顾客了解我们只是为情形而道歉。例如，可以用这样的语言："让您不方便，对不起。""给您添了麻烦，非常抱歉。"这样道歉既有助于平息顾客的愤怒，又没有承担可导致顾客误解的具体责任。

(2) 肯定式道歉。当顾客出差错时，服务人员不能去责备。服务人员要记住，当顾客做错时，他们也许不对，但他们仍是顾客。

企业可能无法保证顾客在使用产品的过程中百分之百满意，但必须保证当顾客不满，找上门来时，在态度上总是能够百分之百地让他们满意。

【拓展阅读11—2】

酸奶里有苍蝇

在某购物广场，顾客服务中心接到一起顾客投诉。顾客反映他商场购买的"××"酸奶中喝出了苍蝇。投诉的内容大致是：顾客李小姐从商场购买了××酸奶后，马上去一家餐馆吃饭，吃完饭李小姐随手拿出酸奶让自己的孩子喝，自己则在一边跟朋友聊天，突然听见孩子大叫："妈妈，这里有苍蝇。"李小姐寻声望去，看见小孩喝的酸奶盒里(当时酸奶盒已被孩子用手撕开)有只苍蝇。李小姐顿时火冒三丈，带着小孩来商场投诉。正在这时，有位值班经理看见便走过来说："你既然说有问题，那就带小孩去医院,有问题我们负责！"顾客听到后，更是火上加油，大声喊道："你负责？好，现在我让你去吃10只苍蝇，我带你去医院检查，我来负责好不好？"边说边在商场里大喊大叫，并口口声声说要去"消协"投诉，引起了许多顾客围观。

该购物广场顾客服务中心负责人(以下简称商场负责人)听到后马上前来处理，赶快让那位值班经理离开，又把顾客请到办公室交谈，一边道歉一边耐心地询问了事情的经过。

询问重点：①发现苍蝇的地点(确定餐厅卫生情况)；②确认当时酸奶的盒子是撕开状态而不是只插了吸管的封闭状态；③确认当时发现苍蝇是小孩先发现的，大人不在场；④询问在以前购买××酸奶有无相似情况。在了解了情况后，商场负责人提出了处理建议，但顾客由于对值班经理"有问题去医院检查，我们负责"的话一直耿耿于怀，不愿接受道歉与建议，使交谈僵持了两个多小时之久，依然没有结果，最后商场负责人只好让顾客留下联系电话，提出换个时间再与其进行协商。

第二天，商场负责人给顾客打了电话，告诉顾客：我们商场已与××牛奶公司取得联系，希望能邀请顾客去××牛奶厂家参观了解(××牛奶的流水生产线：生产—包装—检验全过程全是在无菌封闭的操作间进行的)，并提出本着商场对顾客负责的态度，如果顾客要求，我们可以联系相关检验部门对苍蝇进行鉴定与确认。顾客由于接到电话时已经过了气头，冷静下来了，而且感觉商场负责人对此事的处理方法很认真严谨，顾客的态度一下子缓和了许多。这时商场负责人又对值班经理的话做了道歉，并对当时顾客发现苍蝇的地点——并非环境很干净的小饭店，时间——大人不在现场、酸奶盒没封闭、已被孩子撕开等情况做了分析，让顾客知道这一系列情况都不排除是苍蝇落入(而非原先已带有)酸奶的因素。

通过商场负责人的不断沟通，顾客终于不再生气了，最后告诉商场负责人——她其实最生气的是那位值班经理说的话，既然商场对这件事这么重视并认真负责处理，她也不会再追究了，她相信苍蝇有可能是小孩喝酸奶时掉进去的。顾客说："既然你们真的这么认真地处理这件事，我们也不会再计较，现在就可以把购物小票撕掉，你们放心，我们会说到做到的，不会对这件小事再纠缠了。"

资料来源：商场客诉服务案例，https://www.docin.com/p-1870620613.htm

处理顾客投诉是非常认真的工作，处理人当时的态度、行为、说话方式等都会对事件的处理起着至关重要的作用，有时不经意的一句话就会影响事件的发展。

企业对待顾客投诉的原则是软化矛盾而不是激化矛盾，所以这需要企业投诉处理的负责人不断提高自身的综合素质，强化自己对于顾客投诉的认识与理解，尽量避免因自己的失误而造成的不良后果。

借鉴：①沉着。在矛盾进一步激化时，先撤换当事人，改换处理场地，再更换谈判时间。②老练。先倾听顾客叙述事情经过，从中寻找有利于商场的有利证据，待顾客平静后对此向其进行客观的分析。③耐心。在谈判僵持后，不急不燥，站在顾客角度为顾客着想，去解决问题，且非常有诚意，处理方式严谨认真。

五、提出应急和预见性的方案

在积极地倾听、共鸣和向顾客道歉之后，双方的情绪得到了控制，就可以把重点从互动转到解决问题上去了。平息顾客的不满与投诉，问题不在于谁对谁错，而在于争端各方如何沟通处理，以解决顾客的问题。

（一）目的

(1) 解决单次顾客投诉。

(2) 为顾客服务提供改善建议。

听过了顾客的抱怨，表示了歉意和感谢，但这只不过是安抚了顾客，真正的问题还没有得到解决。这时，客服人员就需要通过提问进一步搜集信息，解决顾客的问题。尽管顾客在发泄阶段说了很多话，但可能会忽略一些重要的信息，他们以为那不重要，或者忘了说出来，而这也许正是问题解决的关键。因此，提问可以收集到更完整的信息，了解顾客真实的需要，正确地解决问题。国内众多行业在处理顾客投诉上都非常重视，服务也做得比较好，他们的客服人员在提问上表现得尤为专业。除了可以收集到更多的信息外，提问还应掌握话语主动权,避免顾客没完没了地抱怨。有的服务人员担心提问会打断顾客的话,给顾客压力。其实,如果不通过提问收集足够的信息,最终给出的解决办法很可能是错误的,如果那样,后果会更严重。怎样提问,问些什么问题才能帮助我们尽快准确地了解问题、处理问题呢?在聆听顾客的解答时,服务人员要注意重复,以检验顾客说的和自己理解的内容是否一致。人们不同的理解能力常让事情出现多个不同的结果;还要做好记录,便于思考和保存。

(二)原则

对于顾客投诉,服务人员要迅速做出应对,并针对这个问题提出应急方案;同时,提出杜绝类似事件或对类似事件进行处理的预见性方案,而不仅仅是处理这个问题就万事大吉了。

(三)有效技巧

(1) 迅速处理,向顾客承诺。服务人员应该迅速就目前的具体问题向顾客说明各种可能的解决办法,或者询问他们希望怎么办,充分听取顾客对问题解决的意见,对具体方案进行协商;然后确认方案,总结将要采取的各种补救措施——你的行动与他们的行动,进行解决;另外,服务人员要重复顾客关切的问题,确认顾客已经理解,并向顾客承诺不会再有类似事件发生。

(2) 深刻检讨,改善提高。在检查顾客投诉的过程中,负责投诉处理的服务人员要记录好投诉过程中的每一个细节,把顾客投诉的意见、处理过程与处理方法在处理记录表上进行记录,深入分析顾客的想法,这样顾客才会有慎重的态度。每一次的顾客投诉记录服务人员都要存档,以便日后查询,并定期检讨产生投诉意见的原因,以便改正。企业要充分调查此类事件发生的原因,仔细思考一下,为了防止此类事件的再度发生是否需要进行变革,对服务程序或步骤要做哪些必要的转变,以提出预见性的解决方案,即改善卖场服务质量的方法,以降低或避免将来发生类似的投诉。提出预见性解决方案就是对顾客的一个最好承诺。

(3) 承担责任,提出解决方案。在明确了顾客的问题之后,下一步要做的就是拿出一个双方均可接受的解决问题的方案。注意,解决方案中不应包含不在自己权限或者企业不允许的内容,如果最后承诺无法兑现,顾客会更加愤怒,很可能再也不会来了。常见的解决方案包括。

① 退款。如果最后的解决方法是退款,服务人员要得体地把款项退回给顾客,而不要像是在施舍顾客一样,把钱扔给顾客或者带着轻蔑的眼神。如果企业规定要经过上级部门或者财务部门批准后才能给顾客退款,也就是顾客无法立即拿到退款,那么服务人员就要向顾客详细解释这个规定,并告诉顾客什么时候可以拿到退款。最后,虽然没做成这笔生意,服务人员也要多谢顾客的惠顾,并欢迎他下次光临。

② 修理或更换货品。顾客看中一件商品后,即使出现问题,也不会轻易要求退货。所以,当商品出现问题时,顾客可能会提出修理或者更换的要求。不过,不要以为货品送去修理或者等待更换货品,问题就已经解决了,客服人员应该了解事情是否正在迅速办理。

因为某种原因，可能修理的事情被耽误了，或者没人催促就被认为不紧急而慢慢修理，这样只会让事情变得更坏。如果真要延误，服务人员应通知顾客，让顾客知道事情的进展，避免再次引发顾客的不满；如果货品已送回顾客那里，那么在送货过后不久服务人员就应该打电话询问修理后或者更换后的货品是否让顾客觉得满意。

③ 道歉。当客服人员的服务态度或服务技巧欠佳时也会引起顾客的投诉，此时顾客需要的也许仅仅是道歉。

④ 补偿性关照。当错误看起来无法通过退换货进行改正或通过道歉弥补时，客服人员就要给予一定的补偿性关照，包括：①送赠品，如礼物、商品或服务；②企业承担额外的成本，如送货费用；③个人交往，表示歉意和关心；④打折。

注意：补偿性关照是在感情上给予顾客一定的安抚和补偿，它不能替代服务。

(4) 让顾客参与意见。尽管服务人员从专业的角度提出了相应的解决方案，但是可能顾客还是不满意，这时最好征询顾客的意见："您希望我们怎么做？"顾客会因此感受到尊重，心里会很满意。但是，顾客的要求可能会出乎服务人员的意料或是无法满足，或者问题是由顾客造成的，又该怎么办呢？当不满的顾客提出要求时，服务人员首先应尽量满足他们的要求。人们对于自己得不到的东西，可能会很失望，有挫折感或者不安，甚至不满。服务人员如果不计对错地满足顾客的需求，就会发现顾客的不满减少，满意增加。要知道，结交一位新顾客的成本是保持一位老顾客成本的 5 倍！也许有的服务人员会认为这种方式会助长顾客的占便宜心理。其实没这个必要，顾客大都是理智的，不会为了占便宜而要求退钱或是换货。况且，从满意顾客口中传播出去的免费广告给企业带来的利润会远远胜于一小部分别有用心的顾客造成的损失。作为普通客服人员，企业有时可能没有足够大的权限去满足顾客的要求，这时应快速找到一个有权限处理的人。如果顾客的要求实在是超出企业规定的范围，服务人员可以考虑向他道歉，并表明自己的确是想帮他，顾客在这种诚意之下，也许就放弃了自己的固执；或者可以向顾客提供其他的解决方案，把顾客的注意力从一处转移到另一处。

(5) 落实。对所有顾客的投诉意见及其产生的原因、处理结果、处理后顾客的满意程度以及商家今后改进的方法，均应及时用各种固定的方式，如例会、动员会、早班会或企业内部刊物等，告知全体员工，使员工迅速了解造成顾客投诉意见的种种，并充分了解处理投诉事件时应避免的不良影响，以防止类似事件再次发生。

(6) 反馈投诉的价值。顾客进行投诉是希望企业重视问题并解决问题，同时其对卖场服务不满信息的反馈无疑也给卖场提供了一次认识自身服务缺陷和改善服务质量的机会。于情于理，企业都要真诚地对顾客表示感谢。所以，客服人员可以写一封感谢信感谢顾客所反映的问题，并就企业为防止以后类似事件的发生所做出的努力和改进的办法向顾客说明，真诚地欢迎顾客再次光临。

为表示慎重的态度，感谢信常以企业总经理或部门负责人的名义寄出，并加盖企业公章。当顾客是通过消费者保护机构提出投诉时，企业就更需要谨慎处理。原因在于企业回函的内容很可能成为这类机构处理中的一个案例，或作为新闻机构获取消息的来源。

在某些品牌企业的售后服务中，当顾客购买产品之后，企业会在之后的几天里给顾客打一个电话，询问产品的使用情况，顾客对此举非常喜欢。看，即使在没有出现问题的情况下都需要追踪顾客的感受，那么在顾客投诉之后，企业就更需要追踪顾客的感受了。跟踪服务的形式有打电话、发电子邮件或发信函。通过追踪服务，服务人员向顾客了解解决方案是否得到执行，是否有用，是否还有其他问题。如果服务人员与顾客联系后发现顾客对解决方案不满意，就需要继续寻求一个更可行的解决方案。在对顾客的追踪服务中，无论是打电话还是发邮件和信件，都应遵循一定的格式。追踪服务可以强调企业对顾客的诚意，以打动顾客和给顾客留下深刻印象，所以，服务人员要善于运用追踪服务，而不仅仅是在投诉中。

总之，在处理各种顾客投诉时，服务人员要掌握两大原则：一是顾客至上，永远把顾客的利益放在第一位；二是迅速补救，确定把顾客的每次抱怨看作商场发现弱点、改善管理的机会。只有这样才能重新获得顾客的信赖，提高商场的业绩。当然，企业即使能够教授服务人员清空顾客不满的技巧，也有必要让服务人员认识到使顾客烦恼的共同原因。一旦做到了这些，服务人员就能够持续地培训员工，来使他们回答和处理好这些问题，接着服务人员就能采用解决问题的具体方法来看是否能够在长期内根除这样的问题。

课 后 练 习

1. 山东某酒厂曾因连续两次在中央电视台黄金广告时段中标而名气大振，销量、利润也由此连年增加，但××报纸披露了该酒厂以酒精勾兑白酒一事之后，尽管该厂推销人员向各地经销商多番解释，但由于消费者难以消除疑虑，该酒厂白酒的销量还是急剧下降。为什么该厂的酒会黯然消失?试分析其原因。

2. ×年9月，王小姐因儿子结婚在某商家看中了一套粉色床裙六件套，但柜台没有顾客所需的1.8米规格的产品，营业员告知顾客可让总公司定做，顾客喜出望外，立即买单，约定5天后取货，未曾想顾客取货回去2天后又把货拿回柜台，表示床裙有色差，要求某商家赔偿损失。请问怎么处理?

3. 顾客付先生在商场超市购买了某品牌的5千克装大米和10千克装大米各一袋。回家一称，他发现5千克装的大米几乎是足量的，而10千克装的大米却少了将近150克，顾客很生气，到商场讨个说法。请问怎么处理?

4. 顾客在商场内买了一盒鲜牛奶，小孩饮用后拉肚子，查看是鲜牛奶过期了，顾客提出赔偿各种费用。请问怎么处理?

5. 请问以下案例中的问题出在哪个环节?

又是周末了，我约了几个好友去到平日里最喜爱的中餐厅，准备好好庆祝周末。这家餐厅向来都是生意红火，不仅味道正宗，装修隔几年就变换一番，从以前流行的木质桌椅到现在的撞色沙发，就餐环境与其不断创新的菜品一样不断给老顾客惊喜，不但我们这些老顾客没有流失，新顾客对这家店也是喜爱有加。

加上这里的服务员在就餐高峰时也能保持发自心底的笑容，这在我去过的所有餐厅里可是不常见的。我曾经问过这里的服务员的收入情况，与大多数店一样，他们也是拿基本工资和奖金。有所不同的是他们的平均月收入比业内平均收入高出 15% 左右。他们认为他们的满意度来源于这高出的平均工资，因而珍惜眼前这份工作，所以将平时接受的培训切实转变成自己的一种工作动力。然而，在餐饮行业里，灿烂的微笑并不能保证万无一失，各种原因导致的顾客投诉在所难免。这不，我的邻桌顾客在菜品里发现了一根头发，而刚上班两周的服务员没有及时处理该事件，最终导致投诉升级，顾客在餐厅里大声喧哗起来，也影响了其他顾客就餐。

原因经过是顾客用餐时发现一个盘中有一根头发，于是向服务员投诉，负责该桌的服务员刚上班两周，没有遇到过这种情况，于是让顾客等着，而自己去忙别的事情了，时值就餐高峰，该服务员一忙碌就将此事忘了。而顾客左等右等不见有人来处理，原本不愉悦的心情升级为愤怒，等到巡视的大堂经理发现顾客在大声喧哗过去询问时，顾客已经开始将满腔的愤怒发泄到他身上了。当经理了解了事情的经过，并提出为顾客更换菜品时，顾客已经不信任了。最终顾客不仅没有支付问题菜品的钱，还留下整桌的佳肴拂袖而去。

第十二章
导游口才表达技巧

与旅游业中的其他工作人员相比，导游与游客相处的时间最长，相关事最多。因此，导游的口才表达是导游人员从业的第一武器，是他们职业化水准的第一标志。人们用"看景不如听景，江山美不美，全靠导游一张嘴"这样的话来称道导游的口才。导游用一张嘴引导游客去探索美、发现美、享受美。

第一节　导游口才的要求

众所周知，导游的主要任务就是在吃住行等方面满足游客的物质方面要求，尤其是带着游客进行参观浏览时满足游客在精神方面的需求。总之，导游要做到以游客为本，服务至诚。那么在这期间职业道德素养、岗位职责和游客对导游尤其是导游的口才就自然而然产生了不同的要求。

一、导游人员的角色

随着旅游业的快速发展，国内外游客的需求发生了重大变化，这些变化要求导游人员不仅在政治思想、语言、业务上具有过硬的素质，而且要求导游人员在观念上、角色上和所起作用等方面有新的变化。导游人员可充当以下角色。

（1）向导。导游人员要在景区景点内引领游客沿着最佳路线活动，这是导游最基本的职能。

（2）讲解员。导游服务的中心内容是导游讲解，即向游客传递关于旅游目的地及所参观景点的自然、历史、文化、政治、经济以及民俗风情等信息，满足游客到旅游目的地消遣、娱乐、审美、求新、求异、增长见识、陶冶情操等的心理需求。

（3）宣传员。导游人员担负着向游客宣传我国悠久的历史文化和改革开放成就的职责，担负着增进不同国家、不同地区人民之间彼此了解，进而促进世界和平的神圣使命。

(4) 服务员。在旅游活动中，导游人员担负着安排游客饮食起居、娱乐购物等旅行生活的职责，同时扮演着生活服务员的角色。游客在旅游过程中遇到生活问题都需要导游人员协助处理。

(5) 安全保卫员。在旅游活动中，导游人员要时刻关注游客人身和财产安全，不断给予他们善意提醒。在危急情况下，导游人员要挺身而出，采取果断措施，保护游客的生命和财物不受损害。

(6) 促销员。导游人员在进行导游讲解时，同时是在对自己所在的旅行社及旅游目的地的人文、风俗、景观进行着促销。如果游客对导游服务满意程度高，他们就会向自己周围的亲朋好友做宣传，从而提高旅行社及旅游目的地的知名度，稳定和扩大客源。

(7) 民间大使。对于接待入境旅游团的导游人员来说，他们的一言一行都关系着国家的形象，在游客的心目中，导游人员是一个国家的代表，是该国人民的友好使者，是民间大使。

当今旅游业发展势头强劲，导游人员作为旅游从业人员的重要组成部分，其服务水准如何，直接影响到游客的旅行感受和效果。衡量导游服务水准的尺度有仪容仪表、服务态度、口才水平等，而其中最重要的尺度便是口才水平。现代旅游活动的目的发生了很大的变化，即由原来的"到此一游"发展到"文化旅游"，新世纪的导游人员应具备较好的口才艺术，以适应形势发展的需求。

二、导游语言是口头表达艺术

导游人员是特殊的讲演者，导游语言是在长期社会实践中逐渐形成的有职业特点的行业语言。导游讲解是一项综合性的口语艺术，导游人员应具有很强的口语表达能力，不但要按照规范化的祖国语言解说导游词，而且要尽可能做到语言的艺术化。

导游人员的口语艺术要建立在丰富的知识、扎实的语言功底的基础之上。

运用导游语言具体要求如下。

(1) 语言畅达，措辞恰当。流畅通达的口语讲解，使旅游者能够听清、听懂并领会导游语言的内容及用意。因此，导游语言必须语气衔接自然，词语搭配得当，遣词造句准确，如行云流水，令人清爽舒服。有些导游语言要一气呵成，达到不假思索、脱口而出的程度。切勿使用空洞的套话、华而不实的描绘、不伦不类的比喻，因为这会使游客厌烦。因此精确地选用词语，进而连贯地表达意思，是导游语言美的一个重要方面，也是导游语言组织能力的一种体现。使用导游语言时，还应注意语言表现对象与语言环境的统一，使语言表达更适应环境气氛的需要，更具表现力。例如，导游讲解杭州岳坟，应准确地表现出岳飞抗金报国的浩然正气，同时应表现出南宋最高统治者的苟且偷安、卖国奸臣的卑鄙无耻。如此，导游人员应当注意用不同感情色彩的语言来评价这两种截然不同的历史人物，使听者从中受到感染。

(2) 鲜明生动，富有文彩。导游语言要求词语选用丰富多彩，句式组合灵活多样，并恰如其分地运用比拟、夸张、借代、比喻、映衬、象征等多种修辞手法，将千姿百态的景观讲得栩栩如生。总之，导游语言必须富有文学艺术色彩，具有感染力和震撼人心的力量。

(3) 诙谐幽默，风趣活泼。旅游需要轻松愉快、活泼有趣的氛围。这往往要求导游讲解诙谐幽默。要使导游语言具有幽默感，就要善于捕捉话题，巧妙地运用夸张的词语、有趣的比喻、善意的讽刺或令人发噱的双关语、仿用语等。例如，佛寺的天王殿里一般都有弥勒对门供奉，导游讲解时可以这样说："为什么弥勒菩萨挺出肚子笑口大开，原来他是欢迎大家来此一游，祝福大家凡事想得开，凡人都相容。"又如讲解杭州"西湖十景"之一的"断桥残雪"，必然要联系到民间故事《白蛇传》里白娘子和许仙断桥邂逅的故事，这时如有新婚夫妇或恋人情侣在场，导游可以说："白娘子就是以借伞的机会与许仙相识的，但我不知道你们是怎样认识的？那就安排在返程途中作为我们的活动内容，到时请你们如实介绍。"诙谐幽默的语言确能引人发笑，但引人发笑的语言并不都是诙谐幽默的，应当是健康活泼的，不能用那些庸俗低级、龌龊禁忌的笑话和语句污染了导游语言。

(4) 语气文雅，合乎礼仪。提倡礼貌用语，说话讲究文明，这是各行各业，尤其是服务行业职业道德的重要内容之一。导游语言应当合乎礼仪。如果语言不美，说话粗鲁，会直接影响游客的情绪，甚至引起误解、争吵、斗殴。文雅、谦逊的语言也体现了一个人的气质和修养，彬彬有礼的导游语言会使游客产生一种信任感和亲切感，有利于相互间的沟通和增进友谊。导游时使用礼貌语言要注意不同对象和场合，善于把握词语的感情色彩：一般称呼语要用得恰当，招呼语要符合礼节，尊敬语要注意对象，有事要多用询问、商量和请求的语气；批评时尽可能使用委婉语气。谈工作要多用祈使、商酌语气；需要游客配合帮助时应用恳求、道谢的词语。

(5) 热情礼貌。导游身份，好像是主人要接待那些从远道而来的旅客。因此，要求导游人员热情礼貌，一般要说："您好，您辛苦了！没关系！""有什么要帮忙的尽管找我。""对不起，让您久等了。""再见，祝您一路顺风。"

(6) 从容灵活。导游要做到无论旅游者来自哪个国家、哪个民族，首先自己要站在主人的身份上，从容灵活，在并存的多种语言表现形式中选择最准确、最具有表现力的一种。例如，一位导游人员带外宾参观一家农舍，主人对外宾说："你们大老远地来了，我们表示欢迎。我们很高兴。"这句话很实在，但表现力不够。导游人员在翻译时采取了意译的方法："中国有句老话'有朋自远方来，不亦乐乎'，我们全家今天正是怀着这种心情来欢迎大家光临的。"其效果比原话美得多。再如，"这个石头做成的嘉量"，这样讲，外宾不能立刻理解什么是嘉量，第一句含糊会给下一句听讲带来迷惑。导游人员如果将这句话改为："这石头叫嘉量，是当时的标准度量衡。"外宾就会明白。

(7) 充实丰富。导游语言的信息量是由导游内容决定的。一个美好的景点，就是一部集自然景观与人文景观于一体的"百科全书"。导游内容一般都涉及历史、地理、文学、政治、经济、园林建筑、考古、风俗习惯等方面，这就要求导游人员首先要具有丰富的知识，在这里，游客能从中获得多少知识与导游语言密切相关。除此之外，导游人员还必须具有良好的表达能力。语言表达能力如何，主要看其是否掌握了丰富的词汇量和多种表达方式。一些优秀的导游人员由于语言信息量丰富，而且善于表达，往往能讲得头头是道、生动有趣，使人心悦诚服，充分体现了导游语言美。

三、导游语言的特点

导游语言一般表现为快、急、难、杂，导游人员往往没有时间斟词酌句。导游语言是每一个合格的导游人员必须熟练掌握的工具，但是导游人员无论是使用导游语言，还是运用导游口语来从事导游活动，都必须努力使自己的语言具有准确性、逻辑性、生动性、口语性、思想性、道德性和现场性等。

1. 准确性

导游人员的语言质量如何，在很大程度上取决于遣词用语的准确性。导游讲解的词语必须以事实为依据、以真实为原则，准确生动地反映客观事实，入情入理，切忌华而不实、矫揉造作、浮夸吹牛；应做到就实论虚，切忌空洞无物、言过其实，把二百年历史的"古迹"夸张为五百年的历史，动不动就是 "世界上""全中国最美的""最高的""最大的""独一无二的""甲天下的"等，这类没有依据的信口开河会使稍有见识的游客反感。这就要求导游人员对导游讲解有严肃认真的态度，讲究斟词酌句，注意词语的组合、搭配。

2. 逻辑性

导游语言的逻辑性是指导游人员的语言要符合逻辑思维的规律。

逻辑分为形式逻辑和辩证逻辑。形式逻辑是孤立地、静止地研究思维的形式结构及其规律的科学，辩证逻辑是关于思维的辩证发展规律的科学。

形式逻辑的思维规律主要有同一律、矛盾律和排中律。

(1) 同一律的公式是甲是甲。它要求在同一思维过程中，思想保持自身同一。

(2) 矛盾律的公式是甲不是甲。它要求在同一思维过程中，对同一对象不能做出两个矛盾的判断，不能既肯定又否定，思想必须保持前后一致。

(3) 排中律的公式是或者甲，或者非甲。它要求对两个互相矛盾的判断，承认其中之一是真的，做出非此即彼的明确选择，既不能两者都否定，也不能模棱两可。例如，导游人员在讲西湖孤山时说："孤山不孤、断桥不断、长桥不长。"导游人员做出"孤山不孤"的判断是从"孤"和"不孤"选择而来的，做出这一选择是由其思维逻辑确定的，即孤山是由火山喷发出的流纹岩组成的，整个岛屿原来是和陆地连在一起的，所以说"孤山不孤"。那么为什么又叫"孤山"呢？一是因为自然的变迁，湖水将它与陆地分隔开来；二是因为这个风景优美的岛屿过去一直被称为孤家寡人的皇帝所占有。同样，"断桥不断""长桥不长"也是如此。在这里，导游人员运用了形式逻辑中的排中律，从地质学的角度分析了孤山这个岛屿同陆地的内在联系及其变化。

导游人员应根据思维逻辑将要讲的内容分成前后秩序，即先讲什么、后讲什么，使之层层递进、条理清晰。例如，导游人员向游客介绍古琴台造园意境，可先把俞伯牙与钟子期的故事讲清楚，然后点明古琴台为"千里觅知音"之地的重要意义，再讲解竹叶诗、知音碑、知音树等景观，最后边聆听《高山流水》古乐，边远眺月湖和龟山。导游人员的层层讲解，使游客更能领悟到古琴台的造园意境和文化内涵。

3. 生动性

在讲解内容准确、情感健康的前提下，导游语言还力求鲜明生动，切忌死板、老套、平铺直叙。一般来说，导游人员要善于恰当地运用一些修辞手法，如对比、夸张、比喻、借代、映衬、比拟等，把导游内容、故事传说、名人轶事、自然风物等讲得有声有色、活灵活现。请看两个实例。

实例一：有位导游人员在带游客去苏州城外时，这样讲解道："苏州城内园林美，城外青山更有趣。那一座座山头活脱脱像一头头猛兽，灵岩山像伏地的大象，天平山像金钱豹，金山像卧龙，虎丘山犹如蹲伏地的猛虎，狮子山的模样活似回头望着虎丘的狮子，那是苏州一景，名叫狮子回望看虎丘。"

实例二：另一位导游人员在带游客去苏州城外时，是这样讲的："那是灵岩山，那是天平山，那是金山，那是虎丘山，那就是狮子山。"

从上述两例可看到，例一中的导游人员运用生动形象的比喻，把苏州城外的青山讲得活灵活现，遣词造句富有文学色彩，具有较强的表现力。例二中的导游人员简单抽象，仅仅向游客传递了一个信息，且语言枯燥乏味、干巴，无法使人产生美感。

再看两个例子。

实例一：有人说，三峡像一幅展不尽的山水画卷；也有人说，三峡是一条丰富多彩的艺术长廊。我们看，三峡倒更像一部辉煌的交响乐，它由"瞿塘峡、巫峡、西陵峡"这三个具有各自不同旋律和节奏的乐章组成。

在上面的导游词中，用四个生动形象的比喻——"山水画卷""艺术长廊""交响乐""乐章"，生动地喻写了三峡的特征。

实例二：一位导游人员这样向游客介绍傣族的民俗风情："傣族是云南特有的少数民族，人口 106 万余人。主要聚居在西双版纳傣族自治州、德宏傣族景颇族自治州。现在西双版纳傣族分为三大类：汉傣、水傣和花腰傣。我属于汉傣，即人们通常说的"杂交"了(众人笑)……。

该导游人员利用词语的谐音和类比，将枯燥的民族简介变得生动有趣，大大增加了游客的游兴。

4. 口语性

导游讲解的内容主要靠口语来表达，口语声过即逝，游客不可能像看书面文字那样可以反复阅读，只有当时听得清楚、听得明白才能理解，所以，导游人员要根据口语"有声性"的特点，采用浅显易懂的口语化讲解。口语化的句子一般比较短小，虽然也有属于长句的，但一般要在中间拉开距离，分出几个小句子来，如"这座大佛高 17 米，他的头发就有 14 米长、10 米宽，头顶中心的螺善可以放一个大圆桌，大佛的脚背有 8 米多宽，站 100 个人，一点也不拥挤"。句子多停顿几次，说起来就毫不费劲，因为一口气不可能说太多太长，不然，游客也会因句子太长造成理解上的困难。

现在有的导游讲解缺乏口语特点，听起来就像背导游词，如"各种质地的象，经常是皇帝的陈设品。象，高大威严，体躯粗壮，性情温柔，粗大的四蹄直立于地，稳如泰山，象征着社会的安定和皇权的巩固。这是一对铜胎珐琅嵌料石太平有象，它能通四夷之语，身驮宝瓶而来，给皇帝带来了农业的丰收和社会的太平，故御名曰'太平有象'"。这段讲解的每句话细心雕琢的痕迹很重，词语使用过于文绉绉，不是浅白的口语，游客即使在一定的语言环境中也很难听清听懂。

导游讲解词多源于书面语言，这就要求导游人员在讲解之前或讲解之中把它改说成口头语。其基本方法有两种：

(1) 改变用词，即用通俗的词语，如体躯——躯体、身体，然而——可是、但是，仿佛——好像、活像，秉性耿介——性格直率，蜿蜒逶迤——弯弯曲曲，等等。

(2) 改变句式，如书面语："阆中巴巴寺也叫久照寺，是伊斯兰教嘎德勒耶教门中第一位来我国传教的祖师穆罕默德教徒阿卜董喇希的墓地。"口头语："阆中巴巴寺，又叫久照寺，是一个穆罕默德教徒的墓地，他名叫阿卜董喇希，是伊斯兰教嘎德勒耶教门中，第一个到我国传教的教徒。"

5. 思想性

思想性是衡量导游语言艺术格调高低的尺度。有较高思想的语言，其格调要比没有思想性或思想性较弱的导游语言要高雅一些。它给人美感享受的深度及层次不同。当然，导游语言不可能要求句句都有思想性，但讲究思想性是导游语言艺术不可忽视的。

西安一位导游人员在带外国游客去临潼游览途中，汽车经过解放军第四军医大学，他指着学校大门说："在这所大学里发生过这样一件事，一个大学生从粪坑里救出了一位年老的农民，而他却因此牺牲了年轻而宝贵的生命。"他生动地讲述了事情发生的经过。顿时，外国游客十分惊讶地簇拥到玻璃窗前向外看，接着，导游人员似朗诵般地大声说："一个年轻的大学生用自己的生命抢救了一位年老的农民，这对许多人来说，简直不可思议。当时，这位大学生的事迹和他崇高的精神品德震动了全国，影响到海外，许多人都结合这一动人的事迹纷纷探讨人生的意义和价值……"导游人员一席话深深感染了外国朋友，他们都感叹不已。

6. 道德性

导游语言的表达要符合一定的道德原则。导游语言的情感表象应具有一定的严肃性，要使人感受到说话人的端庄大方，诚挚友善，在热情或冷静的语态中带有几分维护自尊和尊重他人的肃穆。要做到这一点，导游人员必须具有良好的职业道德，也就是说，导游人员的语言行为应受职业道德约束，凡有悖于职业道德的话都不能说。比如，有位导游人员在陪同某国旅游团时，这个旅游团要求更改一下旅游节目，这位导游人员不悦，便与司机嘀咕道："唉，拿这些洋鬼子真没办法！"恰好游客中有懂汉语的，听后大为气愤。

7. 现场性

(1) 表现现场性的词汇。

表现现场性的词汇主要是指导游词中的现场时间名词、时间副词以及近指代词等。时间名词主要有"现在""今天""刚才""此时此刻"等。时间副词主要有"刚""刚刚""正在""立刻""马上""将要"等。指示代词主要使用近指代词，如"这""这里""此""此处""这会儿""这么""这样""这么样"等。

(2) 现场导引语。

现场导引语主要是指引导或提示游客的一些用语，如"请大家往上看""请大家顺着我手指的方向看""现在大家看到的是……""现在我们所处的位置是……""我们面前的……""映入我们眼帘的就是我们神驰已久的……"等。此外，还有引导游客参与的导引语，如"请大家试着……""现在请大家猜一猜……""哪位朋友愿意(做)……"，等等。

【拓展阅读12-1】

浙江杭州西湖导引语

现在各位看到的前面这条"间株杨柳间株桃"的游览长堤就是白堤。当我们的船驶到这里，西湖最秀丽的风光就呈现在大家面前了。瞧! 堤上两边各有一行杨柳、碧桃，特别是在春天，柳丝泛绿，桃花嫣红，一片桃红柳绿的景色，游人到此，如临仙境。原名"白沙堤"，早在一千多年前的唐朝，就以风光旖旎而著称。它虽与白居易主持修筑的白堤不在一个方位，但杭州人民为缅怀这位对杭州做出杰出贡献的"老市长"，仍把它命名为白堤。它与苏东坡主持建造的苏堤犹如湖中的两条锦带，绚丽多姿、交相辉映。大家再看，白堤中间的这座桥叫锦带桥，以前是座木桥，名叫"涵碧桥"，如今更名为石拱桥。

资料来源: 5篇介绍浙江杭州西湖的导游词范文，http://www.woc88.com/fdp-112452710.html，编者有删改

【拓展阅读12-2】

南京中山陵导引语

出碑亭，迎面的石阶层层叠叠。南京人常说中山陵的台阶就像是卢沟桥的狮子——数不清。所以来这儿游览的旅客常常要问: 中山陵究竟有多少级台阶呢?各位朋友，大家不妨也数数看，怎么样?

资料来源: 南京中山陵导游解说词，https://wenku.baidu.com/view/dd0a8f3ab1717fd5360cba1aa8114431b80d8ec1.html，编者有删改

上述两个景区的导游词中都用了现场导引语，这些导引语的使用，使此情此景、此时此刻、此地此人的游览现场特征更加突出，既对游客起引导与提醒作用，又使导游词呈现出十分鲜明的现场性。

(3) 现场操作提示语。

现场操作提示语，就是附着在导游词中的具有指示作用或指导导游人员现场操作作用的说明用语。

【拓展阅读12-3】

石林"千钧一发"的现场操作提示语

大家知道石林的石头千奇百怪，鬼斧神工。我们看眼前这个巨大的石门，这就是石林著名景点"千钧一发"，号称"最危险的石峰"。现在大家都要从危石巨峰下面穿过了，穿

过的时候脚步要快点哦，穿过时不能有太大声响，我们头顶上的那块悬夹在两峰之巅的巨石可是欲坠未坠呢，不然石头会掉下来。(先和游客们开玩笑)

(等把游客引导穿过之后)各位，现在可以安心了。其实啊，这巨石悬夹在这儿据说已经300万年了，经历了很多考验，此时是不会掉下来的。

资料来源：到此别有天——险峰尽处是桃源，https://m.sohu.com/a/427037126_189068，编者有删改

上述现场操作提示语，有指导导游人员进行操作的建议，也有提示游览地点的说明，具有极强的现场性。

(4) 提出疑问。

现场的提出疑问就是根据游客思路的设问和直接对游客提出的设问。其主要表达方式是"来到(讲到)这里，大家可能会问……""大家一定会产生这样的疑问……""刚才有位朋友问……""这位朋友问……"，等等。

【拓展阅读 12-4】

云阳山景区导游词

讲到这里，大家可能会问为什么云阳山被封为"古南岳"呢？民间有这样一个传说：当年南岳圣帝要为自己建造一座行宫，考察了很多名山，都不中意，唯独对风景秀丽、山水灵异的云阳山情有独钟。于是，他坐在紫微峰数山峰，看有没有七十二地煞星安神定位，保佑四方平安，可是他忘记把坐着的紫微峰数进去。数来数去都是七十一峰。所以遗憾地另寻他地。观音听说南岳圣帝大为称赞云阳山，因此想去看看是否那么美丽，便来到云阳山，果然也被这里的美景、灵气所吸引，但是听说云阳山只有七十一峰，她便再数数看，却有七十二峰，她把这事告诉了南岳圣帝，南岳圣帝一听，十分后悔，随后便在云阳山建了这所避暑行宫，每年农历六月、七月便来此避暑，逐步形成了"六月、七月朝云阳山，八月朝衡山"的民俗。因此，农历六月、七月是云阳山香客最多、香火最旺的时候，广东、福建、江西、湖北等四面八方的人都来此祈福、求平安。

资料来源：优选云阳导游词，http://www.010zaixian.com/shiyongwen/2853584.htm，编者有删改

第二节 导游讲解语言艺术的技巧

导游讲解是一种特殊的语言类型的职业工作，导游人员运用自身具备的语言艺术特征为游客讲解景观。不同的景观具有不同的特点，为此需要导游人员具备不同的语言艺术，能够让游客更好地审美、得到对审美的满足，以提升游客的满意度。同时，提升导游人员的自身综合素质，在旅游享受的角度提升导游的语言艺术。

一、巧用声音

无论是口头语言还是书面语言，都有一个"声音"的问题，即读起来顺不顺口，听起

来悦不悦耳。人们之所以喜欢百灵鸟歌唱，讨厌乌鸦的嘶叫，就是因为百灵鸟声音欢快、清脆、悦耳，而乌鸦的声音沙哑、沉闷、哀伤。当然，音质是天生的，很难改变，然而，正确运用声音的技巧，却是每个人都可以学的，有些还能达到很高的艺术水平。意大利一位著名演员上台表演数数字的节目，从1数到100，当时观众认为这个节目平淡无奇，实在没有意思，可是这位演员一念，竟把全场吸引住了。观众听到的仿佛不是枯燥的数字，而是一个发自内心的倾诉，大为感动。这位演员表演成功的诀窍很简单：在数数的时候，巧妙地运用了声音的技巧，充分发挥了它的传情作用。因此，导游人员要使自己的语言具"声入心通"的效果，就要善于运用声音的技巧。

1. 掌握语调

任何语言都少不了要用抑扬顿挫、起伏多变的声调和语调来表现与传达自己的情感。英语、法语、日语等语言如此，汉语更是如此。在现代汉语中，语调是以声调为基础的。每个音节都有四个音调(有的还有轻声)，即阴平、阳平、上声、去声，这"四声"又分为"平声""仄声"，平仄的对应和交错就形成了语言的抑扬之美。古代汉语诗词歌赋都极讲究平仄等"格律"。现代诗文虽不讲"格律"，但说话和写文章同样需要讲究声音的节奏美。

【拓展阅读12-5】

《出口成章——论文学语言及其他》节选

我写文章，不仅要考虑每一个字的意义，还要考虑到每个字的声音。不仅写文章是这样，写报告也是这样。我总希望我的报告可以一个字不改地拿来念，大家都能听得明白。虽然我的报告做得不好，但是念起来很好听，句子现成。比方我的报告当中，上句末一个字用了一个仄声字，如"他去了"，下句我就用个平声字，如"你也去吗"，让句子念起来叮当地响。好文章让人家愿意念，也愿意听。

资料来源：老舍，出口成章——论文学语言及其他，辽宁人民出版社，2011年

在导游活动中，书面导游语言要讲究语调变化，口头语言则要善于运用语调变化，语调平平的导游语言读起来缺乏活力。语调平平的导游讲解听起来则缺乏生气，味同嚼蜡。因为人的各种感官都喜欢变化，耳朵听到同一种连续的声调会感到不舒服。

导游讲解有高潮，也有低潮。在高潮时，音色应明亮些，圆润些；在低潮时，音色应深沉些，平稳些。抑扬高低的语调变化往往能使语言具有音乐般的节奏感，使人爱听。关于语调的问题，德国导游专家哈拉尔德·巴特尔在其著作《合格导游》中说："尽管每个人的声音都有自己的特点，但每个人都可以赋予自己的声音以尖锐的、刺耳的或平稳的不同音调。瓮声瓮气的或有气无力的声音会起到阻碍作用，使人感到不快。如果你是属于这种声音的不幸之人，不要感到沮丧，通过录音练习，至少可以削弱这一缺陷的锋芒。"导游人员的语音、语调等都要与自己积极向上地"合拍"，使用的语调最好是不高不低和具有谅解性的，并适当以情发声、以声带情，使之声情并茂而无矫揉造作之感。

2. 调节音量

音量是指声音的强与弱。在导游过程中，导游人员如何调节好自己的音量，是语言表

达的又一技巧。

(1) 导游人员要根据游客多少及导游地点、场合来调节音量。游客多时，音量要以使离你最远的游客听清为度，游客少时音量则要小一些。在室外讲解，音量要适当大些；在室内则要小一些。因此，导游人员平时要注意练声，从低声到高声分级练习，以便在不同的情况下掌握音量的大小。

(2) 导游人员要根据讲解内容调节音量。

① 将主要信息的关键词语加大音量，强调其主要语义。例如，"我们将于八点五十分出发"，这里主要是强调出发时间，以提醒游客注意。

② 故意压低嗓门，先抑后扬，造成一种紧张气氛，以增强感染力。例如，"(轻声)这天晚上，黑得不见五指，庙里静得出奇，突然，一阵电闪雷鸣划破夜空……"

可见，音量大小调节得当，能增强语言的表达效果。需要注意的是，音量调节要以讲解内容及情节的需要为基准，该大时大，该小时小，绝不能无缘无故地用高声(尖声)或低声，不然便有危言耸听之嫌。

3. 控制语速

导游讲解如果一直用同一种速度往下讲，像背书似的，不仅缺乏情感色彩，而且使人乏味，令人昏昏欲睡。因此，导游讲解应善于根据讲解的内容、游客的理解能力及反应等来控制讲解语言速度。美国著名演说家费登和汤姆森在所著的《讲演的艺术经验》一书中说："关于讲演速度，所应遵循的原则，就是随时注意变化。"在导游讲解中，语速的基本规则如下。

(1) 放慢语速。对需要特别强调的事情、想引起游客注意的事情、严肃的事情、容易招致疑惑误解的事情以及数字、人名、地名、人物对话等，应放慢语速。

(2) 加快语速。对众所周知的事情、不太重要的事情、故事进入高潮时等，应加快语速。

讲解语言速度的快与慢是相辅相成的，必须注意节奏急缓有致。讲得太快，像连珠炮似的，听者竖起耳朵，集中注意力听，时间一长，精神高度紧张，特别容易疲劳，注意力自然就会涣散；相反，不能给人以流利舒畅的美感。一般来说，导游讲解的语速应该掌握在每分钟 200 个字左右。但对年老的游客要注意放慢语速，以他们听得清为准。在导游讲解中，尤为重要的是，导游人员要善于根据讲解内容控制语速，以增强导游语言的艺术性。

请看一则实例："光绪的凄苦，只有他的贴身太监王商能领会。一天晚上，王商趁慈禧熟睡之机，买通了看守珍妃的宫女，偷偷地将珍妃带到了玉澜堂同光绪见面。相见之下，两人有诉不尽的衷情，说不完的心里话，真是难舍难分。月过中天了，珍妃还不忍离去，真是相见时难别亦难啊。"讲这段话时，导游讲解语速应沉重迟缓一些，但当讲到后一段时，就要注意加快语速，以渲染紧张气氛："就在这时，殿外传来小太监的咳嗽声，王商一听，不好！慈禧太后来了，怎么办？珍妃此时再走已来不及了……"由此可见，充分利用讲解内容，即配合内容来调整语速，该快就快，该慢就慢，是控制语速的重要方法，要使讲解语言入耳动听，就必须注意控制语速。控制语速的技巧并不难掌握，把音节拉长，速度就慢；把音节压缩，速度就快。

4. 注意停顿

停顿是导游人员讲解中短暂的中止时间。所谓"中止时间",指的不是物理时间,而是心理时间。导游讲解时,并不是讲累了需要休息一下,才停顿片刻,因而沉默,而是为了使讲解能收到心理上的反应效果,故意突然把话头中止,沉默。假如导游人员一直滔滔不绝、口若悬河,不但无法集中游客的注意力,而且会使导游讲解变成催眠曲;如果说话吞吞吐吐,老半天才说出一句话,或者在不该停顿的地方停顿了,不仅会涣散游客的注意力,而且容易使人产生语言上的歧义。因此,这里所说的停顿,是指语句之间、层次之间、段落之间的间歇。据专家统计,最容易使听众听懂的谈话,其停顿时间的总量占全部谈话时间的 35%~40%。

导游人员讲解停顿的类型有多种,举例说明如下。

(1) 语义停顿。

语义停顿的原则是,一句话说完要有较短的停顿,一个意思说完要有较长的停顿。例如,"由于历史的变迁,/当年的魏国公府早已毁坏了。//现在的瞻园,/是当年魏国公府仅有的遗存,/是当年府内西花园的一部分。//清朝时,这处遗园被改为藩署街门,/乾隆皇帝南下巡游时,曾经在这里游览。//如今,青砖洞门上,那"瞻园"二字,/就是乾隆皇帝的御笔。"(/表示较小的停顿,//表示较大的停顿)有了这些停顿,导游人员才能有条不紊地把层层意思交代清楚。

(2) 暗示省略的停顿。

暗示省略的停顿是指不直接表示肯定或否定,只用停顿来暗示,让游客自己判断。例如,"请看,那边一线起伏的山峦像不像一条龙?//后边的几座小山丘像不像九只小乌龟?这就是一龙赶九龟的自然奇观"。

(3) 等待游客了解的停顿。

等待游客了解的停顿是指先说出游客好奇的话,再停顿下来,使游客处于应激状态。例如,"现在,这里仍保留着用人祭祀河神的习俗,他们每年都要举行一次祭祀盛典。仪式时,众人将一位长得十分漂亮的小姑娘投进河水之中"。导游人员说到这里,故意停了下来。此时,游客脸上现出了惊疑的神情,难道如今这里还保留着如此野蛮、不人道的风俗?停顿了一会儿,这位导游人员接着说:"不过,这位姑娘是用塑料制作的。"游客们恍然大悟。恰到好处的停顿能使后续的话语产生惊人的效果。

(4) 强调的语气停顿。

美国的戴尔·卡耐基在《语言的突破》中叙述了林肯用停顿进行强调的经验:"林肯在讲话时,经常说着说着就把话头从中间切断,每当他讲到重要地方,为了加深听众内心的印象,他就使出'切断话题'这一招,而暂时沉默一下,凝视听众的眼睛。为了使自己的内容和意义能深深刻在听众的心里,唯一能使他达到这一目的的,就是他所具备的沉默,因为沉默加强了他说话的力量。"尽管这是关于演讲的经验之谈,但对于导游讲解同样有着重要的借鉴作用。

总之,导游人员讲解时注意停顿,可以使语言变得流畅而有节奏,收到更好的效果。

二、活用修辞

修辞又称辞式、修辞格，它是在运用口头语言和书面语言中创造的增强表达效果的格式。恰当地运用修辞手法，能使导游语言鲜明生动，更趋艺术化。下面介绍几种在导游语言中常用的修辞手法。

1. 比喻

比喻就是用相似的事物来打比方。所谓相似，可以是外在的，如形式、颜色、气味、声音等；也可以是内在的，如性质、作用、感情等。正如刘勰在《文心雕龙》中所说："或喻于声，或方于貌，或拟于心，或譬于事。"比喻是修饰语言最常用的方法。具体如下。

(1) 使抽象变形象的比喻。例如："苗家姑娘特别喜欢唱歌，她们的歌声就像百灵鸟的声音一样清亮动听。"歌声在这里是一种抽象的概念，这一比喻就使之形象化了。

(2) 使人(物)形象鲜明的比喻。例如："相传八仙之一的何仙姑，长得十分有姿色，她最喜欢穿绿色的衣裙，亭亭玉立，就像一株吐艳的荷花。"

(3) 使景物形象化的比喻。例如："从岳阳楼观赏洞庭风光，你就会觉得，洞庭湖就像一只偌大的银盘，远处的君山就像一只镶嵌在其中的青螺……"

(4) 丰富想象的比喻。如果说想象是翅膀，那么精彩的比喻就是翅膀的羽毛。请看一段描写镜泊湖吊水楼瀑布的一段文字导游："在浓荫蔽日的密林中走不多远，你就可以看见气势磅礴的大瀑布，它像轰雷、骤雨、飞珠、崩玉，雪浪花似的泡沫，跳荡着、咆哮着，溅起的水珠儿，蘑菇云似地冲向天空，然后化作轻纱般的薄雾，在阳光照射的特定角度下，你可看见彩虹般的景色。"这些比喻给人以无穷的遐想，给人以身临其境的美感。

(5) 使语言简洁明快的比喻。例如："莲蓬的形状是个圆锥体，底朝上，尖端和茎子连接着，顶上有许多小窟窿。" 这段话如果用比喻，就可简化为："莲蓬的形状就像一个喷壶嘴。"既简练明快，又具体形象。

在运用比喻修辞手法时，必须注意几点。

(1) 就熟取喻，就近取喻。它指选熟悉的、通俗的事物来比喻陌生的事物或深奥的道理。"以易喻难"，使人容易理解，如果"以难喻易""以难喻难"就失去了比喻的意义，反而越比越糊涂。

(2) 以异显同，即本体与喻体有本质的不同，但又有相似点。例如："城隍庙就像你们东京的浅草一样。"虽然有"像"，但不是比喻，而是比较，比较的前后是同类事物，而比喻的前后不是同类事物。

(3) 力求新颖，不落俗套。自古以来，把西湖比喻为"玻璃""镜""明月"等的人不少，但第一个把西湖比喻为春秋时代越国绝代佳人西施的唯宋代大诗人苏东坡，他以"若把西湖比西子，淡妆浓抹总相宜"的诗句形象地概括了西子与西湖的美质。此外，"西湖""西施"又都有一个"西"，益增情趣。由此可见，新颖的比喻给人的艺术感染力是十分强烈的。

2. 比拟

比拟又称假拟，是指根据想象把物拟作人，把人拟作物，或者把甲物拟作乙物的修辞方法。在导游语言艺术中，最常用的是拟人。

(1) 使情景交融的比拟。例如："看，山上的迎客松正在微笑着，向我们伸出了热情的手，欢迎各位远道而来的客人呢。""迎客松"是植物，赋予人的思想感情之后，会"微笑"，会"伸出热情的手"，增添了形象性。

(2) 烘托气氛的比拟。例如："舜帝南巡时，他的两个妃子娥皇、女英追踪到了洞庭山。在这里，她们得到了舜帝死于苍梧的消息，顿时，两个妃子悲痛欲绝，泪水顿作倾盆雨，满山的翠竹也和她们一起发出了阵阵揪心的呜咽声……"这里把"翠竹"人格化，烘托出悲痛的气氛，使人为之心动。

运用比拟时，必须注意以下三点。

(1) 符合事物特征。例如："傍晚时分，你们可以看到'金蝉操琴蝴蝶舞，青蛙蝈蝈打锣鼓'的情景。"这里所说的都符合金蝉、蝴蝶、青蛙的特征，如果改用"蝴蝶操琴青蛙舞"就成笑话了。

(2) 表达恰当、贴切。例如："将军岩矗立在这里，庄严地俯视着脚下起伏的山峦，像在检阅千军万马。"如果说成"将军岩亭亭玉立地站在那里，似在翘盼丈夫的归来"这就显得不伦不类了。

(3) 注意语体特点。拟人的手法在讲解景观及其故事传说时常用，但在类似简介的说明文体中一般不用。

3. 夸张

夸张是指在客观真实的基础上，对事物进行夸大或缩小的描述。在导游语言艺术中，夸张可以强调事物的特征，鲜明地表现出导游人员的情感，引起人的共鸣。正如高尔基所说的："夸大好的东西，使它显得更好；夸大有害类的东西，使人望而生厌。"同时，夸张还能唤起人丰富的想象。例如："瞧，这湘绣被面上的芙蓉花，似能散发一种浓郁的芬芳，招引着一只只纷飞的蜜蜂和蝴蝶。"这里运用夸张的修辞手法形容湘绣技巧的高超，引起人们美好的想象。

夸张的表现形式主要有如下几种。

(1) 通过比喻形式进行夸张。例如："龟蛇酒喝了延年益寿，几盅下肚就会产生飘然若仙的感觉。"这里用"飘然若仙"来夸张地讲述龟蛇酒的功效，使人对龟蛇酒产生一种神秘感。

(2) 通过比拟进行夸张。例如："海水湛蓝湛蓝的，蓝得使人见了恨不得变成一条鱼，钻进波浪里尽情嬉戏。"

(3) 通过神化进行夸张。例如："三国时期，张飞和关羽曾在一起下棋，忽然上有一巨石落下，关公抬头看见，顺势将手中一颗棋子扔过去，把即将下落的巨石阻在半腰。张飞见了大声喝彩，不料喝彩的声浪把边上另一块巨石冲断了一半。现在，在他们下棋的石桌边，还有一块 '喝断石'。"

导游人员在运用夸张的修辞手法时，必须注意两点。

(1) 以客观实际为基础，给人以真实感。例如："七仙姑的泪水就像泉水似的从脸上流了下来。"这类脱离实际的夸张，只能给人以虚假、浮夸之感。刘勰在《文心雕龙·夸饰》中说过："夸而有节，饰而不诬。"也就是说，夸张要掌握分寸，不能毫无根据地乱说。

(2) 明确。夸张的奥妙在于不似真实，胜似真实，要一眼就能看出。

4. 引用

引用是指用一些现成的语句或材料来说明问题。在导游语言艺术中，它能使语言生动活泼，丰富多彩。说话中引用名人名言、古今中外典故、寓言、谚语、诗句文章，往往能生动感人，并能增强说服力。引用可分为明引、意引、暗引。

(1) 明引。

明引指正面明白地引用原句，又叫"正引"。它的特点是出处明确，说服力强。例如："三塔寺，建于唐开元间，是历史上大理的第一座大寺院。明末阮元声在《南诏野史》中写道：'佛一万一千四百，屋八百九十，铜四万零五百五十斤。'可见当时规模之大。"

(2) 意引。

意引指只引原话的主要意思，而不引原话的词句。意引引用的不是原文而是原意，但同样有一定的说服力。例如："中国园林是由建筑、山水、花木等组合而成的综合艺术。明代的唐枢在比较黄鹤楼、岳阳楼孰胜时说岳阳胜景，黄鹤胜制。"

(3) 暗引。

暗引指把别人的话或语句，直接组织在自己的话里，不注明出处。暗引既能修饰自己的语言，又能增添一定的感染力。例如："现在的杜甫草堂，仍在杜甫当年'八月秋高风怒号，卷我屋上三重茅'的旧址上。一千多年来，规模几度变更，但'清江一曲抱村流，长夏江村事事幽'的田园风光仍旧依然。这里的一花一木一溪一水无不洋溢着诗情画意。"运用暗引时要一丝不苟，恰到好处，不要断章取义，随意删节和过多过滥地引用。

5. 换算

换算是把难懂的或需要特别强调的数字加以形象化的描述。在导游语言艺术中，换算能把枯燥无味的数字或需要特别强调的数字变得具体可感、生动活泼，给人极其深刻的印象。举例如下。

(1) 现今，北京的面积为一万六千四百多平方千米，可以说有十四个香港那么大。

分析：换算对于香港游客来说是比较适合的，能使他们对北京的面积概念有比较感性的认识。

(2) 明万历三十七年(1609 年)重修二大殿，仅采木一项，就费银九百三十余万两，约合当时八百多万"半年糠菜半年粮"的贫苦农民一年的口粮。

分析：可以使人明确地认识到当时封建帝王为修故宫所耗费的财力。

(3) 故宫规模宏大。假如安排刚出生的孩子在每个宫室里各住一夜，当他把所有宫室都住一遍后，他就成了一位 27 岁的青年。

分析：换算既形象又生动，使人感到故宫规模之庞大。

在导游语言艺术中，导游人员巧妙地运用数字换算，的确能给游客提供一幅"大体图像"，但要注意数字本身的准确无误，换算必须正确，否则会引起误解。

6. 映衬

映衬是把两个相关或相对的事物，或同一事物的两个方面放在一起，让它们相互衬托，相得益彰。在导游讲解时，可从内容和形式两个方面运用映衬手法。

(1) 运用映衬，巧妙安排讲解内容。

"天下观日出的胜地很多：海南'天涯海角'地处中国最南端，那里碧波万顷，水天相接；泰山地处华东，眼底一马平川；这里是南岳祝融峰的观日台，地处南国，眼下却是千山万望。在这里看日出，别有一番景象。"

这里，导游人员用天下闻名的观日出胜地进行对比映衬，可以激发游客的兴趣。

(2) 运用映衬，使讲解形式多样化。

在导游讲解的表达形式上，语气可先重后轻，语速先慢后快，语调先低后高，或反向映衬。例如，"只听得'轰隆'一声巨响……"在处理"轰隆"一词时，采取先轻后重的映衬手法，其效果要比大吼一声"轰隆"好得多。

三、讲解手法

导游讲解的语言艺术形式，对于取得良好的导游效应具有十分重要的作用，在导游讲解过程中，每个合格的导游人员几乎都有自己一套娴熟的导游方法和技巧，而且各有特色。这里，根据导游语言所基本具备的理、物、趣、神四个特点，列举一些实例，着重从语言艺术的角度，介绍几种常用的讲解艺术手法。

1. 描绘法

描绘法是指运用具体形象、富有文采的语言对眼前的景观进行描绘，使其细微的特点显现于游客眼前。在游览过程中，有些景观没有导游人员的讲解和指点，游客很难发现其美之所在，唤起美的感受。而经过导游人员一番画龙点睛或重彩泼墨似的描绘之后，游客的感受就大不一样。

【拓展阅读 12—6】

海南天涯海角导游词中描绘法的使用

女士们，先生们，早上好！今天我们去参观一个新的旅游景点，这就是：天涯海角。为什么要将此地称为"天涯海角"呢？在这个世界上真的有"天涯海角"这样一个地方吗？这正是我要告诉大家的。

"天涯海角"这一名称是根据古代宗教学说"天圆地方"得来的，假如这一理论成立的话，那么这个世界上肯定有个地方是边缘或者是尽头，即"天边"，那么它又在哪里呢？历史上的说法是：它在这儿，就在——海南岛的最南端，距三亚市向西 24 公里。天涯海角也就是今天我们要去的地方。

这是原因之一，即理论依据。

众所周知，俄罗斯有个叫西伯利亚的地方，那里一年四季冰天雪地、荒无人烟、萧瑟凄凉，是专用来流放犯人的。在我国古代尤其是唐宋两朝，这一带就是中原地区的"西伯利亚"，是封建王朝的流放地。为什么要选择这儿不选择别处呢？因为这里交通闭塞、人烟稀少、瘟疫流行、常年干旱、天气酷热，环境极为恶劣。

这是原因之二，即地理因素。

唐宋两朝，许多被流放至此的人由于路途艰难，初到伊始，人地生疏，水土不服，加之情绪低落，悲观失望，极少有生还者回中原的。他们个个无不怀着走天涯、下海角的感受，"天涯海角"在他们看来不仅仅指地球的尽头，而且意味着人生末日的到来，难怪被流放至此的唐朝两度宰相李德裕称其为"鬼门关"。

他的全诗是："一去一万里，千知千不还。崖州何处在，生度鬼门关。"(唐代称"三亚"市为崖州)这可以说是当时的真实写照。

此乃原因之三，即历史上的原因。

由于以上三个原因，即理论依据、地理因素和历史上的原因，人们称此地为"天涯海角"。

今天我们去"体验"一下作为一个流放者走天涯、下海角的心情，但是，作为旅游者，我们不但没有不佳的情绪，反而心花怒放。我相信你们会为能前往这样一个带有神奇色彩、令人向往的古迹胜地而感到兴奋的。

在北京旅游的人们常说："不到长城非好汉。"今天我要说："不到'天涯海角'誓不罢休。"

我为诸位能有机会到此一游而感到骄傲，大家想想，在我们漫长的人生道路上，假如有机会到过"天涯海角"，这个被李德裕"高度赞誉"为"鬼门关"的地方，试问，在我们今后的人生道路上，还有什么克服不了的困难呢？一切困难与'天涯海角'相比都显得无足轻重，暗淡无光了。这是我此时的第一想法。此外，我发现在我们中间有许多成双成对的伴侣，有恩爱的老夫老妻，也有卿卿我我的年轻情侣，我羡慕你们，为你们高兴。你们想过吗？你们手拉着手、肩并着肩来到'天涯海角'，做丈夫的把妻子带到'天涯海角'，妻子则跟着丈夫到了天之边、海之角，请问你们这一辈子还会分开吗？我相信你们一定会更加相亲相爱，心心相印，白头偕老，永不分离。

女士们，先生们，我们很快就要到达目的地了，现在我给大家简单介绍一下几个主要的景点，诸位见到的一座巨石上面刻着四个大字——"南天一柱"。根据中国传统的说法，天是圆的，它由地上四个角的四根柱子支撑着，这就是一根柱子的化身，它支撑着南天，让人民安居乐业。除此之外，我认为，它更能代表海南人民坚强、勇敢的性格，是海南人民的象征。到了"天涯海角"，诸位会看到两座巨石，上面分别刻有"天涯""海角"的字样，这就是我们的目的地。在此我有一个提议，到了"天涯海角"咱们来个集体合影好吗？希望这张合影能给各位留下永久的记忆，谢谢！

资料来源：5篇介绍海南天涯海角导游词范文，https://www.docin.com/p-2597631847.html，编者有删改

2. 美化法

在讲解内容准确、情感健康的前提下，导游人员要善于恰当地运用一些修辞手法、亮丽的语言和华丽的辞藻来"美化"自己的语言。只有"美化"了的语言，才能把导游内容以强烈的艺术魅力吸引游客去领会你所讲解的内容，体验你所创造的意境。

3. 感慨法

感慨法就是用寓情于景、富有哲理性的语言激发游客的情绪，使他们得到一种愉悦的启迪。请看实例：

在号称"海天佛国"的普陀风景区,导游人员带着游客登上佛顶山,俯瞰大海。这时,导游员在一旁启发似的感慨道:"朋友们,眼前这锦鳞片片、白帆点点的水面就是东海,多少年来,这海拥抱着、冲刷着佛顶山,以它特有的气势启迪着人们:海是辽阔的,胸怀无比宽广;海是厚实的,什么都能容纳;海是深沉的,永远那么谦逊……常看大海,烦恼的人会开朗,狭隘的人会豁达,急躁的人会沉稳……"

听着这些充满人生哲理的话语,游客们获得的又岂止是山水美景?

4. 述古法

述古法就是向游客叙述有关历史人物、事件、神话故事、轶闻典故等,以丰富游客的历史知识,使他们运用形象思维更好地了解眼前的景观。请看实例:

坐落在武汉月湖畔的古琴台,游客就这么看,没有多大意思,导游人员采取述古式的导游手法后,游客对琴台的了解就深入透彻多了。导游人员说:"这座古琴台相传是春秋战国时期的著名音乐家俞伯牙鼓琴的地方。有一次,楚国的俞伯牙坐船遇风,阻隔在汉阳,在这里,他遇见了一个叫钟子期的人。伯牙知道钟子期喜欢听琴,就用十弦竖琴弹了两支曲子,一曲意在高山,一曲意在流水。钟子期听完,很快把乐曲的含意说了出来,伯牙十分钦佩,两人从此成了莫逆之交。一年后,钟子期病逝,俞伯牙十分难过,特此到钟子期的墓前弹奏了一曲《高山流水》,弹完后就把琴摔了,发誓不再鼓琴,这就是后人所说的'伯牙摔琴谢知音'。北宋时,人们为了纪念他们,就在当年他们鼓琴、听琴的地方建了一座琴台,取名古琴台。"游客们纷纷被导游员述古法的讲解所打动,再看古琴台时,感受就不一样了。

5. 逗趣法

逗趣法是导游语言生动性的一种表现。导游人员要善于借题(景或事)发挥,用夸张、比喻、讽刺、双关语等修辞手法活跃气氛,增强艺术表现力。实例如下。

有位导游人员在讲岳阳楼旁的"三醉亭"(传说诗酒神仙吕洞宾曾三醉岳阳楼,故建此亭)时说:"女士们,先生们!岳阳有句俗话,叫作'三醉岳阳成仙人',各位是不是想成仙呢?"

"成仙?当然想啊!"几个游客高兴地答道。

导游人员说:"大家若想成仙人,有两个条件——一是醉酒,二是吟诗。"

游客们乐不可支,有的说会吟诗,可惜不会饮酒;有的说会饮酒,可又不会吟诗。气氛十分活跃。

这位导游人员又推波助澜地说道:"如果谁既能饮酒,又会吟诗,而且到过岳阳三次,那么就会像吕洞宾一样成仙;如果只会饮酒,不会吟诗,或者只会吟诗,不会饮酒,那就只能半人半仙了。"

游客们都兴奋地笑了起来。

这种机智、风趣的讲解语言,不仅能融洽感情,活跃气氛,而且能增添游客们的游兴,使其获得一种精神享受。

6. 巧用数字法

巧用数字法是一种引用具体数字精确地说明事物的形体特征、性能特点和功用大小的方法。例如："红色娘子军原名'中国工农红军第二独立师女子军特务连'，成立于 1931 年 5 月 1 日，创建于乐会县第四区革命根据地……为了纪念她们，政府于 1985 年专门雕刻建成了红色娘子军的塑像，塑像坐北朝南，高 3.7 米(连底座 6.8 米高)，四周呈六角形状，围以石栏杆，占地 40 平方米。"

这种导游讲解能让游客在具体数字的介绍中感受景点非同寻常的特点。

7. 虚实结合法

虚实结合法就是导游人员在讲解中将典故、传说与实景(物)介绍有机结合，以增加景物的神秘色彩，给游客以更多的遐想。"虚"是指与景观有关的民间传说、神话故事、趣闻轶事等，"实"是指景观的实体、实物、史实、艺术价值等。虚实结合法的应用要求坚持以"实"为主，以"虚"为辅；所选的故事必须是精华，并且与景观密切相关；"活"，就是见景而用，即兴而发。

例如，结合武夷山玉女峰的传说中，导游人员是这样介绍的："前面这座形状如柱，兀立挺拔数十丈的山峰就是玉女峰。玉女峰是武夷山景区最著名的景观，是福建旅游的标志。玉女峰与雄峙一曲的大王峰隔溪相望，好像一对恋人。相传很早以前，武夷山是一个洪水泛滥、野兽出没的地方。百姓辗转沟壑，无以为生。一天，从远方来了个小伙子，目睹这一惨境，便带领大伙劈山凿石，疏通河道。经过不懈的努力，他们终于治理了水患。被疏通的河道就是今天的九曲溪，挖出来的砂石，便堆成了三十六峰、九十九岩。有一次，天上玉女出游路经武夷山时，被武夷山的美景迷住了。于是她便偷偷地留在人间，并爱上了这个勤劳勇敢的小伙子。不幸的是，此事被铁板鬼知道，他就从中作梗，将此事密告玉皇大帝。玉皇大帝大怒，下令捉拿玉女归天，玉女不从，一定要与这小伙子结为夫妻。玉皇大帝无奈，只好将他们点化成石，分隔在九曲溪两岸。铁板鬼为讨好玉皇大帝，也变成一块大石，插在中间，日夜监视他们的行动。他们只好凭借镜台，彼此泪眼相望。"

又如，"一座红色的山崖仿佛挡住游船的去路，耸立在江前左岸，苍碧翠绿，名叫碧崖。你看它十丈悬崖倒映江中，漓江的清波，缓缓地从它的崖脚流过。潺潺的流水，仿佛是在娓娓诉说，向您诉说爱情，诉说着一个动听的故事。很久很久以前，崖北的姑娘桂花和崖南的小伙子阿牛他们隔崖劳作，相知相识，山歌在崖间回荡，爱情在漓水边萌生，日久天长，两人倾慕之至，无奈山水把他们隔在两边，于是只能隔着碧崖山水两相望。为了冲破碧崖的阻隔，桂花和阿牛两人隔河相商，决心要修桥过水，开路连村，路径相通之日就是他们成亲拜堂之时。桂花和阿牛一个向南，一个向北，相对开凿山道，整整开了 3 年，他们的鲜血染红了山崖。四邻的乡亲们都为他们忠贞的爱情所感动，大家一起动手帮助他们凿山开路。当最后一堵巨石即将被凿通的时候，山崖上掉下一块巨石，可怜的阿牛被压倒在石底，桂花见自己的情郎被巨石吞噬了，于是也纵身跳下了崖底。乡亲们为了纪念这对忠贞的情侣，曾修碧崖阁纪念他们，可惜当年的楼阁由于年代久远已经被历史的风雨侵蚀毁坏了，但至今崖边的石洞里还残留着不少碑刻供人们凭吊怀古。"这段导游讲解同样用了虚实结合的方法讲述景点。

8. 悬念法

悬念法就是根据不同的导游内容,导游人员有意识地创造连环套似的情境,先抑后扬地提出问题,以造成"欲知结果如何,且听下回分解"的悬念,使游客由被动地听讲解变为主动探寻,激起其欲知其究竟的好奇心和求知欲。例如,在导游定陵时,导游人员可将其分为门前、展室和地宫三大部分。在门前,导游人员讲概况,末尾点出发掘年代,提出悬念:"想知道发掘过程吗?"请到展室来。在展室,导游人员主要讲述发掘过程,末尾点出地宫内所葬何人,提出悬念:"想知道是怎样入葬的吗?"请随同一起下地宫。这样整个导游过程就环环相扣,引得游客非听、非看不可。

9. 类比法

类比法就是用游客熟悉的事物进行类比,帮助游客理解和加深印象。由于地理的、历史的、民族的、文化的以及宗教信仰的差异性,导游人员要把每个游览点解释得使游客容易理解,一听就明白,并不是易事。因此,导游人员有时必须借助类比的手法。

例如,一批日本客人在参观乾陵壁画时,导游人员指着侍女壁画对日本游客说:"早期美女的特征和在日本高松冢古坟里发现的壁画非常相似。"到此的日本游客仔细一看,发现的确如此,经过对比,从而对乾陵壁画有了具体的了解。

又如,在讲解西安半坡文化村时,导游人员如果加上这么一句话:"半坡人的生活在很大程度上和当今美国居住在'保留地'的印第安人的生活习性很相似。"这样讲解,美国客人就会恍然大悟。

再如,在讲解北京故宫的建造时间时,导游人员如果只对外国游客说:"它始建于明代永乐四年,也就是公元1406年,到永乐十八年(1420年)建成。"他们并不会有多少印象,一下子也难以感到北京故宫历史的悠久。导游人员如果采用类比式,对美国游客说:"故宫在哥伦布发现新大陆70年之前就已建成。"导游人员对英国游客说:"故宫的建成时间是在莎士比亚诞生之前的140年。"这样一比较,他们就能更好地感受到中国文化的悠久历史。

10. 引用法

引用法是指导游人员引用游客本国本土的谚语、俗语、格言等进行讲解。这不仅能增强导游讲解语言的生动性,而且能起到言简意赅、以一当十的作用。

例如,一位导游人员带日本旅行团游览苏州拙政园,当游客走过石桥之后,就问他们是否忘记了过桥的一道手续,游客们一时不知其解,于是导游人员说:"贵国不是有句叫作'敲打一下石桥,证实其坚固后再走过去!'的俗语吗?刚才各位虽然忘记了'敲打',但也平安地过来了,这说明中国的石桥坚实,无须'敲打',就能平安地走来。"这位导游人员引用了日本的俗语,借题发挥,取得了意想不到的效果。

再如,一位导游人员接待一些德国游客时,由于天气炎热,游客们的情绪低落,导游人员便说了两句德国俚语:"要是神仙来旅游的话,那么他也会笑的。""口渴比思乡更难受。"顿时,气氛活跃起来,有的游客又一连说出了好几句俚语,炎热的天气给大家带来的倦意也消失了。

11. 突出重点法

突出重点法是指导游讲解时要避免面面俱到，突出某一方面的讲解方法。它要求导游人员熟悉景点的情况和特点，根据不同的时空条件和对象区别对待，科学而周密地安排讲解内容，有的放矢地做到轻重搭配、重点突出、详略得当、疏密有致。主要讲述的内容应突出代表性的景观，突出与众不同之处，突出游客感兴趣的内容，突出……之最。例如，在介绍趵突泉时，有的导游人员是这样安排重点的："趵突泉位居济南'七十二名泉'之首，号称是'天下第一泉'，位于济南趵突泉公园泺源堂之前，趵突是最早见于古代文献的济南名泉。趵突泉是古泺水之源，古时称'泺'，宋代曾巩为其定名为'趵突泉'。所谓'趵突'，即跳跃奔突之意，反映了趵突泉三窟迸发，喷涌不息的特点。北魏郦道元《水经注》中记载趵突泉曰：'泉源上奋，水涌若轮。''趵突腾空'为明清时济南八景之首。"

12. 问答法

问答法是指导游人员向游客提出问题或启发他们提问题的导游讲解方法。

问答法讲解不仅可以活跃气氛、激发想象、融洽关系、加深印象，还可以避免导游人员唱独角戏的灌输式讲解，加深游客对景点的印象。同时，可满足各种游客的求知欲及解答他们的疑难问题，从而给人难以忘怀的回味。

问答法包括自问自答、我问客答、客问我答三种方法。

(1) 自问自答。

自己提出问题并做适当停顿，目的是吸引旅游者的注意力，促使他们思考，激发其兴趣，然后做简洁明了的回答或生动形象的介绍，以此给旅游者留下深刻印象。例如：

说起黄山"四绝"，排在第一位的当然是奇松。黄山松奇在什么地方呢？

首先是奇在它有无比顽强的生命力上，你见了不能不称奇。一般说，凡是有土的地方就能长出草木和庄稼，而黄山松则是从坚硬的花岗岩石里长出来的。黄山到处都生长着松树，它们长在峰顶，长在悬崖峭壁，长在深壑幽谷，郁郁葱葱，生机勃勃。千百年来，它们就是这样从岩石迸裂出来，根深深扎进岩石缝，不怕贫瘠干旱，不怕风雷雨雪，潇潇洒洒，铁骨铮铮。你能说不奇吗？

其次是奇在它那特有的天然造型。总体来说，黄山松的针叶短粗稠密，叶色浓绿，枝干曲生，树冠扁平，显出一种朴实、稳健、雄浑的气势，而每一处松树、每一株松树在长相、姿容、气韵上虽各不相同，但都有一种奇特的美。人们根据它们不同的形态和神韵，分别给它们起了贴切自然而又典雅有趣的名字，如迎客松、黑虎松、卧龙松、龙爪松、探海松、团结松等。

(2) 我问客答。

例如，游览黄山时，导游人员可问："三前摘翠为何意？您能说出哪三前吗？"翠指茶叶，换言之，哪三个节气之前是采茶叶的最佳时间？一般人都喜欢喝茶，游客中或许有人会说："清明、谷雨、夏至。"我问客答是最能奏效的满足求知欲和解答疑难问题的方法。

(3) 客问我答。

客问我答有两种情况：一是游客主动提问，导游被动回答；二是通过讲解引导游客提问，然后进行回答。

在整个旅游过程中，游客的问题涉及面很广，其难度也有深浅，同时具有随时性。导游人员在态度上应该不厌其烦，对实在回答不出的问题应谦虚，想办法做到既不失面子，又使游客得到心理上的满足。导游人员在运用客问我答法的时间、地点和团队气氛方面要把握好，避免适得其反。一般，在旅游团队中，游客玩得高兴时，或者对某些问题颇感兴趣时效果会更好；而当游客处于疲倦和无聊状态时，对回答问题是不感兴趣的。由于旅游团队的层次各有不同，导游人员在采用客问我答法时要注意问题的内容和性质，对于知识性、趣味性和健康性等问题尽可讨论，甚至可以争论。

13. 对话式

导游在运用问答法向游客介绍景观时，或与游客商讨问题时，或在回答游客的问题时，都是采用对话的形式，对话体现了导游与游客之间的互动性，为众多游客所喜爱。举例如下。

导游说："各位知道天津什么小吃最有名气吗？"

游客："知道，叫'狗不理'包子。"

导游说："哪位知道它的来历？"

游客："知道一点儿，好像'狗不理'是一个人的名字。"

导游员："您说的对。一百多年前，天津一家包子铺有个小学徒，本名叫高贵友，乳名叫狗不理。他做的包子味道特点鲜美……"

上面主要采用的是对话式讲解方法，向游客道清了狗不理包子名称的来历。对话式的口语具有两大特点：一是对语言环境有较强的依赖性。双方处在同一语境，在对话时有手势、表情做补充，加上对对话背景双方都有共同的认识，有些话不展开来说。因此，对话的语言形式一般都较简单。二是信息交流及时。导游人员可根据反馈情况调整说话时间的长短、内容的深浅以及话题等，使双方的对话更利于沟通和交流。

四、接待游客口才表达

口才之所以称"才"，是因为它不仅要求导游员有良好的口头表达能力，还要求导游人员以广博的文化知识和良好的人际关系作为基础。口才与人际关系往往是紧密联系在一起的，两者相互促进、共同发展，良好的人际关系又是成功的重要一环。良好的人际关系在导游人员接待游客的过程中可以逐步建立起来，而导游人员在接待游客的过程中，不仅要注意礼貌礼节，还要注意言而有信。

1. 欢迎词

(1) 欢迎词的内容。

欢迎词是导游人员与游客第一次见面时所说的话，包括欢迎光临、自我介绍、介绍工作伙伴、表达服务意愿和祝福五个部分。

例如："各位朋友，大家好！欢迎大家来到××旅游。(自我介绍)我是××旅行社的导游王××，大家可以叫我小王，也可以叫我王导。(介绍工作伙伴)这位是我们的司机李师傅，李师傅是个好车手，一路上我们将由他为我们把握方向。(表达服务意愿)××是个美丽的城市，有着与众不同的自然景观和丰富的人文底蕴，我们希望能够在旅程中尽我们的诚意和最大努力来做好导游工作，希望能够给大家留下美好的印象；(祝福)也祝愿在座的各位朋友在旅游中都有一份好心情，都能有所收获。"

(2) 列举实例。

针对游客特点设计欢迎词，例如：

对医生的欢迎词——"大家上午好，我是××旅行社的导游员××，非常荣幸为大家提供服务，白衣天使都是生命、幸福、安康的象征，我希望我的服务能够为在座的各位白衣天使带来快乐，带来旅游的收获。"

对教师的欢迎词——"大家上午好，我是××，在座的都是人类灵魂的工程师，从事着太阳底下最崇高的职业，因为是教师教会了我怎么获得知识和能力、怎样做人，我对教师充满着感恩的情怀，那么就让我在这几天的导游工作中，为各位尊敬的老师提供最热情的服务，给我这次回报的机会吧！"

对老人的欢迎词——"尊敬的各位朋友，今天你们个个红光满面，精神焕发，洋溢着青春的朝气，我想老年人美在人老心不老，美在精神的蓬勃奋发。能够为您导游，是我最大的荣幸，那么就让我们共同度过一段美好的时光，有一段美好的回忆吧。"

对儿童的欢迎词——"各位可爱的小朋友，大家好！我是这次带领你们游览的导游××，大家可以叫我×阿姨，这两天我们将前往游览杭州西湖。关于西湖，大家都知道什么呀！"(小朋友回答)"对呀，大家可真聪明，中国有句话叫作'上有天堂，下有苏杭'，杭州是一座美丽的城市，我相信我们通过游览，一定会给你们留下非常美好的印象！"

可见，欢迎词不能一成不变，导游人员要根据人物角色、年龄或者语言风格等的不同进行设计。

2. 交际词

(1) 交际词的内容。

交际词是指导游人员日常交往中的对话语言，牵涉的对象有游客、交通、住宿服务方面的语言技巧。举例如下。

导游人员："刚才我们已经吃了到这里的第一顿饭，您觉得怎么样？"

游客："挺好，不过稍微辣了点。"

导游人员说："这是特意为大家安排的，因为我们湘菜的特色之一就是——辣。"

(2) 注意事项。

① 以引发游客的兴致为目的。

② 说话要有礼貌、尊重游客。

③ 选择的话题要得体，据对方的职业、文化程度、性别、年龄选择适当的话题。

④ 审时度势，对方要求倾听时多说，听倦时则少说。

3. 欢送词

(1) 欢送词的内容。

欢送词包括简单回顾本次旅游活动留下的整体印象和感受，表达自己的感激之情、惜别之情和渴望相逢之情，最后向游客致以美好的祝愿。

(2) 列举实例。

例如:"要和在座的各位说声再见了。此刻,我们心情既激动又难过,在这次旅游过程中,我还有许多应该做好而没有做好的工作,我能向你们说些什么呢?只有一句话,那就是——谢谢各位给我的支持和帮助,我要努力工作,或许来年我们有缘再次相会,我将提供更好的服务⋯⋯"

第三节　导游态势语言的运用与表达

态势语言也称体态语言、人体语言或动作语言,它是通过人的表情、动作、姿态等来表达语义和传递信息的一种无声语言。同口头语言一样,它也是导游服务中重要的语言艺术形式之一,常常在导游讲解时对口头语言起辅助作用,有时甚至能起到口头语言难以企及的作用。态势语言种类很多,不同类型的态势语言具有不同的语义,运用技巧也不相同,下面介绍一些导游服务中常用的态势语言。

一、姿态语

姿态语是通过端坐、站立、行走的姿态来传递信息的一种态势语言,可分为立姿、走姿和坐姿三种。

1. 立姿

导游人员在景点站立讲解时,应身体端正,挺胸,双脚分开,与肩同宽,将身体重心放在双脚,双臂自然下垂或双手相握置于身前,以表示谦恭、彬彬有礼;或双手交叉放于身后,传达一种自信和轻松。导游人员若在旅游车内讲解,必须站立,可微靠司机后面的护栏,可肩膀适当倚靠车厢壁,也可用一只手扶着椅背或扶手栏杆,以保持身体的平衡,要注意保持上身正直,精神饱满,面对客人,不可心不在焉。在实地导游时,导游人员一般不要边走边讲。在讲解时,导游人员应停止行走,面对客人,把全身重心平均放在脚上,上身要稳,要摆出安定的姿势。要注意的是,不可摇摇摆摆,焦躁不安,直立不动,或者把手插在裤兜里,更不要有怪异的动作,如抽肩、缩胸、乱摇头、不停地摆手、舔嘴唇、掐胡子、擤鼻子、拧领带等。总而言之,导游人员在站立时应避免躬背,以免给人病态之感;不要双手叉腰,以免使游客觉得导游人员傲慢无礼;也不要双臂抱于胸前,显得松懈、懒散。此外,男导游人员的立姿应给人以刚毅之美,女导游人员的立姿应体现文雅之美。

2. 走姿

导游人员带团游览的过程是一个流动的过程,在这个过程中,导游人员应注意走姿的大方、得体和灵活,给人以动态美:走路时要保持上身的自然挺拔,身体重心可略前倾,抬头、收腹挺胸,肩和手臂放松,手指自然弯曲,两臂自然摆动,摆幅不超过30°;不要把手插在裤袋里,以免显得过分自然随便,也不要自顾自地闷头走路,要注意视察游客是否跟得上,团队中是否有人掉队或走失。

3. 坐姿

在导游工作中，导游人员有时要根据不同的场合和语言环境选择适当的坐姿。坐姿最能表现一个导游人员的气质、教养与个性，应文雅、端庄、稳重、亲切自然。入座时，导游人员动作应轻缓又不失朝气，男导游人员应上身正直，微微分开双腿而坐；女导游人员坐下后应上身正直，头正目平，腰背微靠椅背。两膝间距，男子以松开一拳为宜，女子以不分开为好。坐时，导游人员应根据椅子的高低及有无扶手、靠背，注意身体的自然协调。

在坐姿中，导游人员应避免跷二郎腿，坐下后不要前缩或后仰，不要抖腿，否则会给人一种目中无人、缺乏教养的印象。

在讲解时，导游人员是站着讲还是坐着讲，或是边走边讲，游客的感受是不一样的。人们常说的"站如松，坐如钟，行如风"，就是自古以来对人们在公共场合应保持的正确体姿的一种规范。

二、目光语

目光语是通过视线接触传递信息的。导游服务中，导游人员的目光语应注意以下几点：

(1) 目光注视的部位。目光注视部位有近亲密注视、远亲密注视和社交注视三种。前两种分别把视线停留在对方双眼与胸部之间和双眼与腹部之间，适合于亲人与恋人；后一种是把视线停留在对方与嘴唇之间，利于传递友好信息。

(2) 目光的分配。视线接触对方面部的时间应占全部时间的 20%～60%。导游人员的目光不能长时间地单向交流，应学会分配目光。讲解时，运用目光的方法很多，这里介绍如下几种。

① 目光的联结。这是加强导游人员与游客关系的重要因素。一直低头或望着毫不相干之处，以及翻着眼睛只顾口若悬河的人，是无法与游客产生沟通的。但目光不能老是盯着一个人，更不要老是盯着一个人的眼睛，尤其是异性，否则会使人反感或使人不自在。

② 目光的移动。导游人员在讲解某一景物时，首先要用目光把游客的目光引过去，然后再及时收回目光，继续投向游客。

③ 目光的分配。目光要注意统摄全部听讲解的游客，即可把视线落点放在最后边的游客的头部，也可不时环顾周围的游客，但切忌只注视面前的一些游客，不然就会冷落后边的游客，使他们产生疏远感。

④ 眼球的转动。当你的视线朝向哪方，你的面孔就应正对着哪方，那种眼球滴溜溜转动而头不随着眼球转动的人是令人生厌的。

⑤ 讲解与视线的统一。当讲解内容中出现甲、乙两人对话场面时，在模仿甲说话时，导游人员要把视线略微移向一方；在模仿乙说话时，要把视线略微移向另一方，如此可使听众产生一种逼真和临场感。

三、表情语

表情语是指通过人的眉、眼、耳、鼻、口及面部肌肉运动来表达情感和传递信息的一种态势语言。"微笑是永恒的介绍信"从一个方面说明了表情语言的价值。表情语言分两种：一种是有声表情语言，另一种是无声表情语言。有声表情语言在运用时，首先要和导游人员当时的介绍或讲解情境配套，这样才能产生相得益彰的效果。讲到兴奋处，表情应"振奋"，庄严处表情应"严肃"，高兴处应当"喜形于色"，哀怨处应当面带"悲伤"……无声表情语言，则是指不需说话时的一种表情流露，如微笑招呼、点头问候以及处理事务时的严肃态度、各种正式场合的凝重表情等。尽管在这种场合中没有语言，但它比声音语言更有感染力，就像我们看人物肖像展览，肖像并不会说话，但一幅优秀的作品能使人记忆犹新。

面部整体表情必须注意以下四点。

(1) 灵敏感。这就是说，要比较迅速、敏捷地反映内心的情感。面部表情应该与口语所表达的情感同时产生并同时结束，在时间上要同步，表情时间过长或过短、稍前或稍后都不好。

(2) 鲜明感。导游人员的面部表情要明朗化，即每一点细微的表情变化都能让游客觉察到，因为那种似笑非笑、似是而非、模糊不清的表情是不可能给人以美感的。

(3) 真实感。导游人员的面部表情要表里如一，即要使游客感到你的表情是真实的、是发自内心的，而不是皮笑肉不笑或华而不实的、哗众取宠的。

(4) 分寸感。运用面部表情要把握一定的"度"，做到不瘟不火、适可而止。以"笑"为例，导游人员可根据讲解情感的变化，有时可表现为"朗笑"，有时只表现为"莞尔一笑"，有时可表现为"微笑"。讲解时的表情，不可用艺术表演的表情，艺术性太强的表情往往过于夸张，在导游讲解的情境中，会显得不自然、不真实，有损导游讲解的现实性。

四、手势语

手势语是通过手的挥动及手指动作来传递信息的一种态势语言，它包括握手、招手、手指动作等。讲解时的手势不仅能强调或解释讲解的内容，而且能生动地表达讲解语言所无法表达的内容，使讲解生动形象，让游客看得见、悟得着。

手势在讲解中的作用有以下三种：

(1) 表达导游讲解的情感，使之形象化、具体化，即所谓"情意手势"。

(2) 指示具体的对象，即"指示手势"。

(3) 模拟状物，即"象形手势"。

在手势的运用上，我们必须注意：要简洁易懂，要协调合拍，要富有变化，要节制使用，不要使用对方忌讳的手势。

五、首语

首语是通过人的头部活动来表达语义和传递信息的一种态势语言，包括点头和摇头。一般说来，世界上大多数国家和地区都以点头表示肯定，以摇头表示否定。实际上，首语有更多的具体含义，如点头可以表示肯定、同意、承认、认可、满意、理解、顺从、感谢、应允、赞同、致意等。另外，因民族习惯的差异，首语在有些国家和地区还有不同的含义，如印度、泰国等地某些少数民族奉行的是点头不算摇头算的原则，即同意对方意见用摇头来表示，不同意对方意见则用点头来表示。

课 后 练 习

1. 假如你是海南三亚某旅行社的导游，负责接待一批来自黑龙江的游客来三亚观光旅游。这些游客是黑龙江某电力系统的退休职工。请你根据上述信息，写一段300字左右的导游欢迎词。

2. 假设你是某旅行社的导游，正接待一批回乡探亲的中国台湾游客，在游客到达目的地的当日，一个偶然的机会，你听说这天恰好是其中一位游客的生日，你打算怎么办？

3. 明代地理学家徐霞客两游黄山，留下了"五岳归来不看山，黄山归来不看岳"的诗句。请你查找有关黄山的资料，并以徐霞客的这句诗作为纲要，运用概述法为即将上黄山揽胜的游客做一番游前讲解，并设法激发游客的游览热情。

4. 请以家乡的某一自然景观或名胜古迹为介绍对象，运用有关导游的讲解技法进行讲解，注意调动游客的积极性。

5. 请查找有关海南三亚"天涯海角"景区的有关资料，并写一段结束三亚之旅的导游欢送词。情境和写作要求如下。

(1) 面对的对象是某市团委组织的一群参加旅行结婚的新郎新娘。

(2) "天涯海角"是他们此次旅行的最后一站，他们即将坐飞机返回各自的工作岗位。

(3) 具有煽情性，给游客留下难忘的印象。

6. 导游口头语言表达训练。

(1) 学生5人一组，采用独白式、对话式进行交流，教师检查学生普通话使用情况，对需要加强练习的学生进行单独辅导。

(2) 每个小组选出一名学生为代表，抽题进行命题口头作文测试，成绩记载以小组为单位。

7. 导游态势语言训练。

(1) 学生集中在形体训练室，面对镜子进行面部微笑训练，要求达到国际服务"三度微笑"标准。

(2) 在教师的指导下进行站姿和走姿的训练。

(3) 面对所有同学做简短的自我介绍，主要练习表情、目光及手势的合理运用。

8. 游客要求自己点菜，认为旅游团队的饭菜不合自己的口味；或与同桌的团友有意见、闹矛盾；或想换个环境，体现身价，这时导游人员该怎么办呢？

9. 阅读以下3篇朗读资料，朗读训练以循序渐进、由低到高的"五步法"进行：

第一步基础训练。要求是发音准确，声音洪亮，吐字清楚，不添字、丢字，不读错字，按标点符号要求进行恰当的停顿。

第二步过渡训练。在第一步训练的基础上，过渡到通顺流畅，且能读出陈述、疑问、感叹、祈使等几种句子的不同语气、语调。

第三步巩固训练。选用 500 字左右的文章朗读,重点练习朗读技巧,并巩固前两步的训练成果。要求在前两步的基础上能进一步读出长句中的停顿和句中的轻重缓急,且依据文章的思想内容,恰当而自然地带着感情去朗读。

第四步综合练习。选用 800 字左右的文章朗读。将分项训练中得到的各种技巧综合运用到朗读中去。要求语言流畅,语气连贯,具有较强的感染力。

第五步发挥训练。选用千字以上的文章朗读。着重在感情运用上下功夫,感情表达准确丰富、声情并茂,使作品的深刻思想内容与朗读者的感情融为一体。

白杨礼赞(节选)
茅盾

那是力争上游的一种树,笔直的干,笔直的枝。它的干呢,通常是丈把高,是加以人工似的,一丈以内,绝无旁枝;它所有的丫枝呢,一律向上,而且紧紧靠拢,也像是加以人工似的,成为一束,绝无横斜逸出;它的宽大的叶子也是片片向上,几乎没有斜生的,更不用说倒垂了;它的皮,光滑而有银色的晕圈,微微泛出淡青色。这是虽在北方的风雪的压迫下却保持着倔强挺立的一种树!哪怕只有碗来粗细罢,它却努力向上发展,高到丈许,二丈,参天耸立,不折不挠,对抗着西北风。

这就是白杨树,西北极普通的一种树,然而决不是平凡的树!

它没有婆娑的姿态,没有屈曲盘旋的虬枝,也许你要说它不美丽,——如果美是专指"婆娑"或"横斜逸出"之类而言,那么白杨树算不得树中的好女子;但是它却是伟岸,正直,朴质,严肃,也不缺乏温和,更不用提它的坚强不屈与挺拔,它是树中的伟丈夫!当你在积雪初融的高原上走过,看见平坦的大地上傲然挺立这么一株或一排白杨树,难道你觉得树只是树,难道你就不想到它的朴质,严肃,坚强不屈,至少也象征了北方的农民;难道你竟一点儿也不联想到,在敌后的广大土地上,到处有坚强不屈,就像这白杨树一样傲然挺立的守卫他们家乡的哨兵!难道你又不更远一点想到这样枝枝叶叶靠紧团结,力求上进的白杨树,宛然象征了今天在华北平原纵横决荡用血写出新中国历史的那种精神和意志。

我心目中的中国
奥·波·多依娜

我对中国的最初印象是儿时从手指头在墙壁上投下的影子中获得的。人们把这种影像叫作"中国影子"。你只要对着灯光伸出双手,随着指头的变化,墙壁上的影子就会呈现出小鸟、蝴蝶和其他动物的形状。我简直被这种游戏迷住了,心儿仿佛长上了翅膀,同墙上的影像一道飞翔、变幻。

在学校里,我知道了伟大的中国人民为全人类及其他文明做出了何等无法估量的奉献。随着岁月的流逝,对中国人民所发明、所发现、所创造的一切的了解,充实了我对"神奇的中华世界"的印象,加深了我对她的敬佩。

也是在学校里,马可·波罗的故事,使我仿佛亲眼见到那伸向远方的"丝绸之路"。

在我上大学的时候,一位助教为我展示了一幅中国的迷人景象。

一次在课堂上,他对我们说,中国像一块无法抵御的磁铁一样吸引着他。他在中国生活了多年,在他的藏书中有很多极有价值的中国书籍。他说:"总有一天,人们会了解并高度评价中国。"

我和一群同学见过他的藏书。可是,对那些写满奇形怪状文字的书,我们能懂什么呢?!我问他是怎么跨过掌握中文这道"万里长城"的?他回答说,问题并不像人们想的那样艰难,他用两年时间便学会了汉语(包括书写)。由于付出了努力,他获得了充分的报偿。

作为建筑工程师,我佩服那些从杂志和电视节目中看到的中国桥梁和建筑物,它们美观、大方、坚固。但我似乎更钦佩那些宫殿和宝塔,它们同大自然融合在一起,在世界上独一无二。

当代文明使人们更讲求实际,生活节奏快。今天,谁还会去想"三潭印月""平湖秋月"这样的景色,可人们又是多么需要它们!

因为指引我的心通向中国的最可靠的道路是艺术,我得承认,我接连四次参观了布加勒斯特举办的一个中国艺术展览。我还发现,在列宁格勒博物馆,参观中国艺术陈列馆的人也比别的馆要多得多。那些展品着实令人赏心悦目,超出人的任何想象。

久而久之,我在自己的家里布置了由绘画、塑料、首饰、一个瓷瓶组成的"中国之角"。对我来说,这个小小的角落是通向中国的"窗口"。

我的"窗口"也像是这个国家历史的一面反射镜。

看着汉代和唐代的陶俑,我想到中国人民的祖先,想到他们的且世代相传直到今天的生活。他们留下的精神遗产比物质财富还珍贵,它克服了艰难险阻,经历了时间的考验。

这些先辈们为民族精神打上了看不见的印记,他们做出了榜样,给后人以创业的勇气和能力。

记得我读过一篇报道,中国考古工作者在湖北省发现了一座公元前433年的古墓,墓的主人是一位王侯,随葬的一口箱子顶盖上绘着一幅天象图,在大熊星周围,有 28 个星座……想象中,我仿佛到了中国,仰望着大熊座的"柄"。"柄"指向东方,表示春天来了,我又想到了东方天宫,想到青龙,想到"阳",以及它的含义,想到阳春三月,想到牡丹……我曾认识一个参加在我国举办的国际田径锦标赛的中国女运动员。我参加了那次比赛裁判团的工作。那位姑娘送给我一张画片,并在上面写了几行字,我虽然不懂她写的字,但我相信,那一定是美好和友谊的心愿。她甚至把自己的钢笔连同画片一齐赠给了我。我永远不会忘记她这番心意,可惜当时我穿着裁判员服装,身上一无所有,不能向她回赠点什么。

这位中国姑娘使我联想到,并相信,如果举行这样一次比赛,参加者不是运动员,而是比赛脚踏实地的精神、谦虚、认真、礼貌、才智、创造力、顽强毅力与艺术修养的话,获得第一名者必定是中国人。

中国通过她为人类所创造并继续创造的一切征服了我们。

在我们所处的这 1000 年里,汉字书写的不是"影子",而是光明,它体现着全世界所有的人向往和平与友谊、爱与美的共同意志。

再别康桥

徐志摩

写于 1928 年 11 月 6 日

轻轻的我走了，
正如我轻轻的来；
我轻轻的招手，
作别西天的云彩。

那河畔的金柳
是夕阳中的新娘；
波光里的艳影，
在我的心头荡漾。

软泥上的青荇，
油油的在水底招摇；
在康河的柔波里，
我甘心做一条水草！

那榆荫下的一潭，
不是清泉，是天上虹；
揉碎在浮藻间，
沉淀着彩虹似的梦。

寻梦？撑一支长篙，
向青草更青处漫溯；
满载一船星辉，
在星辉斑斓里放歌。

但我不能放歌，
悄悄是别离的笙箫；
夏虫也为我沉默，
沉默是今晚的康桥！

悄悄的我走了，
正如我悄悄的来；
我挥一挥衣袖，
不带走一片云彩。

第十三章
求职口才技巧与训练

　　求职面试口才是一门艺术，良好的口才是求职面试成功的关键因素之一。它可以教会求职者如何通过灵活运用语言艺术巧妙规避面试中的陷阱，趋利避害，恰如其分地表达出自身的优势，从而和面试官达成有效沟通。

　　例如，钱小姐是某职业技术学院的高才生，主学数控，选修文秘，应聘某知名集团公司的文秘岗位。面试中双方谈得非常愉快，快接近尾声时，人力资源主管问她："对你来说，现在找一份工作是不是不太容易，或者说你很需要这份工作？"钱小姐说："那倒不见得。"主管没有录用她。

　　分析：钱小姐这句话，客观上可能是想表现自己的不卑不亢，主观上却流露出了一种傲气。假如你是钱小姐，该如何回答？

　　如果这样回答："我希望得到这份工作，也自信有能力做好这份工作；但如果你们还有更合适的人选，我尊重你们的决定。"或许这份工作就拿定了。

　　再如，一家外贸公司举行了一场别开生面的宴会招聘考试，一个小伙子的良好表现吸引了招聘人员的注意力。在宴会上，这个小伙子走到这家公司的人事部经理面前举杯致辞："邓经理，能结识您很荣幸，我十分愿意为贵公司效力。但如果确因名额所限使我不能效力，我也不会气馁，我会继续奋斗，我相信，如果不能成为您的助手，那我一定要当您的对手……"最后，公司录取了这个小伙子。

　　说话是一门学问，更是职场交际中不可少的艺术。求职者不仅要敢说，更要会说，说出新的角度，说出新的意境。不少用人单位都把应聘者的语言表达能力作为考核条件。当然，面试口才不像演讲口才，不能光凭一张巧嘴来虚张声势，企业要招聘的是能说会干的实用型人才。

第一节　求职与口才的关系

与学历和工作经历相比，交际和口才因素在求职过程中发挥着更重要的作用。在新形势下，"表达能力"首次被列为招聘要求之首。

一、求职与口才能力密切相关

说话水平高的人，言辞得体，可以"天机云锦用在我"；而说话水平低的人，却总是词不达意，就好像"茶壶里煮饺子——肚子里有货，嘴上却倒不出来"。两者相较，面试官当然舍后者而取前者。重庆大学就业信息网曾经就"求职成败与口才的关系"这个课题专门展开过一次随机抽样调查，调查对象为来深圳市人才大市场的求职者，有效回答率为88%。97.8%的人认为求职成败与交际和口才能力有关系；93%以上的人表示愿意参加交际与口才方面的培训；76.1%的人认为人际交往与口才能力好不好，在很大程度上决定着一个人事业的成功与否；69.3%的人对交际与口才是现代人必须具备的能力，需要像学习专业知识那样系统学习表示认可。

二、求职口才的重要性

求职口才能够让求职者获得工作的岗位，求职口才能够让求职者获得企业的相关信息，求职口才能够为求职者提供口才的锻炼机会，求职口才是求职者进入职场的基础。

华中科技大学发布的 2014 年毕业生就业质量年度报告显示，自我表达能力欠缺成为多数毕业生求职遇到的主要问题。该校对2014年协议就业毕业生的就业状况的调查显示，毕业生在求职过程中遇到与自身能力相关的最主要问题是自我表达(约占 61.04%)，其后依次是专业技能(37.69%)、人际交往(27.42%)和外语计算机(20.14%)；毕业生认为对就业帮助最大的因素依次是主修专业(56.65%)、学校知名度(55.71%)、实习实践经历(40.38%)，许多学生热衷的岗位证书只占 7.15%。

有些学业优秀的求职者本身有足够的知识储备，却不能很好地把知识转化为语言表达出来，造成这种现象的原因是我们以往的教育对于口才修辞方面的缺失。中国传统的儒家文化强调"巧言令色，鲜矣仁""讷于言而敏于行"，反映在我们的考试里也是纸面上的书写比较多，全面的交流比较少。但是现在求职面试的考核方式逐渐多样，人们对于口才越来越重视。

(1) 求职口才是能力的外在标志。能力分为实干能力和说话能力，我们把前者称为技能，把后者称为口才。

(2) 求职口才是综合素质的具体体现。

(3) 求职口才是能力的扩大和延伸。因为一方面口才可以展示自己，另一方面口才能够唤起团结、激励公众。

(4) 求职口才是求职和经营、交往的现实需要。

第二节　求职口才技巧

没有高学历和丰富的工作经验等条件，固然难以找到理想的工作，但沟通障碍、不善交际与言谈，更有可能将求职者挡在职场的大门之外。

一、自我介绍的口才技巧

自我介绍是面试中非常关键的一步。很多面试官的第一个问题往往是"能否请您做一下自我介绍？"在自我介绍时，面试官会借机了解求职者的信息，考查他们的语言表达能力、应变能力和岗位的胜任能力；求职者也可以趁此机会主动向面试官推荐自己，展示自己的才华和能力。自我介绍的时间一般为 3 分钟。在如此短的时间内，求职者该如何"秀"出自己？该说些什么？怎么说？注意什么？

（一）自我介绍的内容

(1) 我是谁。

自我介绍的第一步是要让面试官知道你是谁。在这一步，求职者主要介绍自己的个人履历和专业特长，包括姓名、年龄、籍贯等个人基本信息；教育背景以及与应聘职位密切相关的特长等。生动、形象、个性化地介绍自己的姓名，不仅可以引起面试官的注意，而且可以使面试的氛围变得轻松。个性化地介绍姓名有多种方式，可以从名字的音、义、形或者从名字的来历进行演绎。例如，从名字的音介绍：我叫邵飞，谐音少非，希望生活能少一点是是非非；从名字的义介绍：我叫俞非鱼，古语有言"子非鱼，安知鱼之乐"，父母希望我过得像鱼儿一般自在逍遥；从名字的形介绍：我叫陈赟，我的父亲叫陈斌，斌的宝贝就是赟；从名字的来历介绍：我叫赵丹，赵本山的赵，宋丹丹的丹，父母希望我能够像他们一样幽默地对待生活。

(2) 我做过什么。

做过什么，代表着你的经验和经历。在这一步，求职者主要介绍自己与应聘职位密切相关的实践经历，包括校内活动经历、相关的兼职和实习经历、社会实践等。求职者要说清楚确切的时间、地点、担任的职务、工作内容等，这样才能让面试官觉得真实、可信。特别需要注意的是，自己的经历可能很多，但不要面面俱到，与应聘职位无关的内容，即使引以为荣，也要忍痛舍弃。

(3) 我做成过什么。

做成过什么，代表着你的能力和水平。在这一步，求职者主要介绍与应聘职位所需能力相关的个人业绩，包括校内活动成果和校外实践成果。介绍个人业绩就是摆成绩，把自己在不同阶段做的有代表性的事情介绍清楚。

(4) 我想做什么。

想做什么，代表着你的职业理想。在这一步，求职者应该介绍自己对应聘职位、行业的看法和理想，包括自己的职业生涯规划、对工作的兴趣与热情、对未来的工作蓝图、对行业发展趋势的看法等。在介绍时，求职者还要针对应聘职位合理编排每部分的内容。与应聘职位关系越密切的内容，介绍的次序越靠前，介绍得越详细。

在自我介绍时，求职者还应避开介绍内容的禁忌——忌讳主动介绍个人爱好；忌讳使用过多的"我"字眼；忌讳头重脚轻；忌讳介绍背景而不介绍自己；忌讳夸口；忌讳说谎；忌讳过于简单，没有内容。

（二）自我介绍的时间

(1) 3 分钟自我介绍。

如果面试官没有特别强调，那么自我介绍的时间控制在 3 分钟最合适。求职者可以根据自我介绍的四部分内容分配时间：第一分钟主要介绍自己的姓名、年龄、学历、专业特长、实践经历等；第二分钟主要介绍个人业绩，应届毕业生可着重介绍相关的在校活动和社会实践的成果；第三分钟可谈谈对应聘职位的理想和对本行业的看法。

通常情况下，每分钟 180～200 字的语速是比较合适的。这样的语速可以让对方感到舒服，同时可以更加有效地传递信息，增加面试官对你的印象分。

(2) 一分钟自我介绍。

有时候，面试官会规定自我介绍的时间，如"做一个一分钟的自我介绍"。遇到这种情况，你可以精选事先准备的 3 分钟自我介绍内容，突出"做成过什么"，展现你与应聘职位相关的能力。

（三）自我介绍的方式

(1) 直白式。直白式指有什么说什么，原原本本、直截了当地表达出来。例如："我叫××，是××人，××学院毕业，学的是英语专业，3 年制专科……"轻松洒脱，让招聘者能听得较为清楚，不会因为烦琐而记不住，但这或许很难让其留下较为深刻的第一印象。

(2) 文雅式。文雅式指把话说得很规范而且有文采，显示丰厚的涵养水平。例如："鄙人××，祖籍江西省，就学于××学院，主修专业为××，学制时间 3 年，热爱琴棋书画……"丰厚的涵养能让面试官觉得求职者很好学，能静得下心充实自身。这类自我介绍的方式往往对求职者有帮助。

(3) 成果式。成果式指着重展示自己的成果，用成果去抓住并打动面试官的心。例如："我叫××，××人，××大学××专业，取得了 1 个硕士学位、2 个学士学位，在校期间获得过省部级以上设计奖 4 个，先后有 5 家报刊作过报道……"用列举成果的方式展示自身价值，这种介绍方式极具吸引力。

(4) 幽默式。幽默式指说得生动、风趣，从平淡中说出新意，使人产生强烈的第一印象。例如："我叫林晓，知名度小；生于××省，一个乡巴佬；著名大学——没考上。硕士毕业，成绩优良，技能不少……"这能在短期内迅速引起招聘方的注意，拉近求职者与面试官的心理距离。

(5) 职务式。职务式指借助职务的列举来显示出自己的学识水平与技术或组织能力。例如："我叫××，××市人，××大学××专业毕业，我崇尚并特别注重实践，先后兼任过 3 家化工公司的总经理助理，主持过 4 个学生科技攻关小组，做过 5 次大型企业活动的总策划，担任过学生会主席等 6 个职务……"这很容易抓住面试官的注意力，成为用人单位的首选目标。

二、求职引发共鸣的口才技巧

(1) 悲剧式。悲剧式口才技巧就是讲出自己不同于常人的悲惨境遇，如家境、身体、经历等(注意应符合实际情况)。因为人们普遍都有对于弱者的同情心、对于可怜者的怜悯心。

(2) 喜剧式。喜剧式口才技巧就是用幽默、风趣、讥讽或自嘲等方法来激发面试官的笑神经，在其心目中建立良好的初始印象。

(3) 实用式。实用式口才技巧就是求职者要学会用语言去提醒或打动面试官，使面试官十分迫切地感觉到求职者的知识与技能确实对自己有用。

方法有很多，但学生在使用时应注意度，避免过犹不及；判断失误，引不起共鸣；共鸣点太肤浅或准备不足，无法继续深入；共鸣点与所求聘的团队及岗位关系不紧，甚至毫无关联，引不起面试官的兴趣；共鸣的题材太过于敏感，他人避之不及；共鸣时的表现太过激烈，暴露了求职者的性格弱点。

【拓展阅读 13-1】

面试回答

孙先生面试时一路绿灯，过关斩将，最后人力资源主管问他："你为什么想进我们公司？"孙先生回答："你们公司的培训机会很多，我想将来好好学习。"没料到最后居然落选了。公司不是花钱雇人来学习的，企业首先考虑的是求职者能不能现在干活，别把恭维用错了地方。面对此问题，求职者不如回答："我看中的是贵公司的产业及发展前景……"

资料来源：求职面试口才，https://wenku.baidu.com/view/7292fce86294dd88d0d26b41.html，编者有删改

【拓展阅读 13-2】

职业优势

赵先生是某名牌高校的硕士研究生，凭着响当当的学历和良好的外貌，在人才市场被一家外资企业一眼看中。面试时，人力资源主管问他有什么特长，赵先生回答："我的文学功底好，写作能力很强。"主管又问他："能用毛笔写大幅标语吗？"赵先生回答："我可以边干边学。"主管只好放弃了他。赵先生两个问题都答错了。"写作能力很强"在企业并不能算是真正的特别的优势，因为企业是从事生产经营的，企业所用的写作只局限于商用策划以及常规事务性的办公应酬，即企业并不需要太高深的写作知识；"边干边学"也不行，企业需要熟手，原则上不养闲人，一般不会给你学习的机会，或者说给了机会而学不好，损失算谁的？企业最看重的是职业优势。

资料来源：求职礼仪，https://www.wenku365.com/p-46422695.html，编者有删改

三、求职展示亮点的口才技巧

(1) 工作式。工作式口才技巧指在实际工作中发现自己的优势，并用生动、精当的语言陈述出来。

(2) 技术式。技术式口才技巧指在应用技术中发现自己的优势，并用生动、精当的语言周密陈述出来。

(3) 生活式。生活式口才技巧指在日常生活中展露独特的某一项本领，形成自己的优势，让旁人用生动、精当的语言陈述、表露出来，并不断地传扬开去。

(4) 特殊式。特殊式口才技巧指求职者只要具备了某一项较为独特的本领，就可以而且应该寻找到急需的相关行业展露出来。

(5) 发展式。发展式口才技巧也就是要发展好自己的优势。

展示亮点要从招聘单位或岗位职责中最薄弱的环节中去寻找并展示亮点。求职者应重点展示职业亮点，而不是性格亮点；或者希望通过展示全能来展示亮点也是不妥的。

例如，李女士面试将要结束，人力资源主管问她："你认为自己最适合干什么？"李女士回答："只要公司需要，我什么都能干。"最终没被录用。

你什么都能干，那肯定什么都不一定干得精，这对企业来说意义不大。你必须展示自己的亮点，让人觉得你既有抱负，又脚踏实地。

四、求职应对尴尬的口才技巧

(一) 紧张时

深呼吸是减少紧张的有效方法。求职者不要抢着回答问题，面试官问完之后，稍等2～3秒钟再徐徐开口，这样可以先想清楚一点；要不时留心自己说话的速度，看是不是因为紧张而讲得太快；也可以如实表述紧张，如"对不起，我确实有些紧张，可不可以让我先冷静一下再回答"。

(二) 说错话时

发觉自己说错话后停下来默不作声或伸舌头，这些都是不成熟、不庄重的表现。求职者应该保持镇静，在合适的时间更正并道歉，如"对不起，刚才我紧张了一点，好像讲错了话，我的意思是……不是……请原谅"。

(三) 遇到不懂的问题时

即使你对有关的科目、事务、学问有相当的认识，你仍然会在面试过程中遇到不懂得回答的问题。硬着头皮胡乱说一通，掩饰自己的无知，这是下策。企图回避问题，东拉西扯讲别的事情混过去，这也是非常不明智的。最明智的应对措施是坦白承认："我不懂。""对于这个问题我认识还不够，看来今后得加强这方面知识的学习。"没有人全知全能，什么都精通，你态度诚恳，反而会博得面试官的好感。

五、求职面试中容易犯的常见错误

（一）不善于打破沉默

面试的时候，面试官可能会忽然沉默下来，然后带着微笑看着你。许多面试官都喜欢用这一"杀手锏"，因为这能有效检验应聘者的心理素质和办事能力。一位人事主管说，在与求职者面谈的时候，他就非常喜欢沉默，以此来看对方的应变能力，只有那些沉着冷静、处乱不惊的人才是他们想要的千里马。这个时候，你首先要做的是静下心来，沉着地应对。你可以对自己以上所说做个补充，可以从正面补充，也可以从反面补充，这样会让面试官觉得你思考问题很全面。你也可以适当地总结一下，这是不错的处理办法。当面试官沉默时，你可以大胆地说"总之……"，为你的言论做简短的结尾。事实证明，这往往行之有效。你也可以另起一个新话题。面试之前，你应该先准备这样几个新话题，以备不时之需。一旦遇到冷场，你可以马上话锋一转，与面试官进行新的讨论。还有一个办法，那就是把"球"踢给对方。例如，你可以适当地反问："以上是我个人的基本情况，对此您有什么看法？"或者说："您还有什么需要了解的吗？"这样往往能够化被动为主动。

要处理好冷场的不利局面，关键还是要看个人长期积累起来的心理素质和应变能力。上面所说的方法不能从根本上解决问题，最重要的是不断锻炼自己的心理素质，努力增强应对意外事件的能力，以不变应万变。

（二）与面试官"套近乎"

看下面一段对话：

"听口音，经理您是湖北人吧？"

"嗯，是的。"

"哎呀，太巧了，我也是湖北人，我们可是老乡啊。"

"嗯。"

"那以后可要多关照一下了。"

以上对话很明显是求职者与面试官套近乎。一个经理会因为求职者是他的老乡而聘请其到公司上班？这样的情况微乎其微。面试官招聘员工，他们的决定往往会影响公司的利益，如果招聘的是人才，那就毋庸置疑；否则，面试官如果因为人情关系而招聘进来庸才，会对他自己产生不好的影响。具备一定专业素养的面试官是忌讳与应试者套近乎的，因为面试中双方关系过于随便或过于紧张都会影响面试官的评判。过分"套近乎"也会在客观上妨碍应试者在面试的短时间内做好专业经验与技能的陈述。聪明的应试者可以列举一至两件有根有据的事情来赞扬招聘单位，从而表现出对这家公司的兴趣。

（三）为偏见或成见所左右

有时候，参加面试前应试者所了解的有关面试官或该招聘单位的负面评价会左右自己面试中的思维，误认为貌似冷淡的面试官或是严厉或是对应试者不满意，因此十分紧张。还有些时候，面试官是一位看上去比自己年轻许多的女士，应试者心中便开始嘀咕："她怎么能有资格面试我呢？"其实，在招聘面试这种特殊的采购关系中，应聘者作为供方，面试官即顾客。应聘者需要积极平常心态面对不同风格的面试官。一个真正的销售员在面对客户时，他的态度是不应有选择的。

（四）诚信缺失和"实话实说"

诚信缺失，是指不讲真话、不守信用、没有信誉、弄虚作假等现象。诚信缺失会在社会生活的诸多方面表现出来，对社会生活和社会秩序的危害颇深。实话实说，则是用直截了当的方法讲出真实情况，在谈判的时候，要保持清醒的头脑。

【拓展阅读13-3】

诚信

刘同学在简历的著作栏里写下了曾发表过一篇关于汇率稳定的文章，期望在面试银行时会起作用。结果面试中国银行时，主面试官问起他对汇率稳定的观点时，他结结巴巴，道不出个所以然。事实是身为会计专业的他对金融问题根本没有什么研究，是托金融专业的同学在所发表的文章后带了自己的名字。他和中国银行失之交臂。

资料来源：例解析求职面试案例解析，https://wenku.baidu.com/view/b089b0ef92c69ec3d5bbfd0a79563c1ec4dad74f.html，编者有删改

【拓展阅读13-4】

"实话实说"

王同学一心想进入国际性的咨询公司，遭到拒绝后，将目标锁定于国际会计师事务所。最后，××事务所给了她面试邀请。原本此机会是弥足珍贵的。面试中，面试官问到她还投递了哪些单位时，王同学将她投递过的单位如数家珍般一股脑儿兜出，并对那些单位表现出了极强的兴趣，但就是没有表现出对该事务所的兴趣。此情此景下，面试官也只能寒心地将她拒之门外。保持诚信和不讲大实话是不矛盾的。如果王同学在真实说出自己还投了哪些单位后，不是谈自己对那些单位的兴趣，而是表明在这些选择之间她对该事务所情有独钟，并且用足够的理由说服对方，让其相信她说的话是真实的，那么王同学很可能已是该事务所的一员了。

再如，张同学在面试某公司时，她一心向主面试官强调特别想进入该公司。在解释原因时，她指出该公司的良好背景有利于她以后再次跳槽。最后，该公司还是没有给她这个可以再次跳槽的机会。事后，张同学懊恼地表示当时头脑发晕。面试时是绝不可以发晕的。张同学如果在面试时能保持头脑清醒，不说出跳槽之类的话，面试的效果会好一些。

资料来源：例解析求职面试案例解析，https://wenku.baidu.com/view/b089b0ef92c69ec3d5bbfd0a 9563c1ec4dad74f.html，编者有删改

（五）缺乏积极态势

面试官常常会提出或触及一些让应试者难为情的事情，很多人对此面红耳赤，或躲躲

闪闪，或撒谎敷衍，而不是诚实回答、正面解释。比如，面试官问："为什么 5 年中换了 3 次工作？"有人可能会大谈工作如何困难、上级不支持等，而不是告诉面试官"虽然工作很艰难，自己却因此学到了很多，也成熟了很多"。这样缺乏积极态度的求职是很难成功的。

（六）丧失专业风采

有些应试者面试时各方面表现良好，可一旦被问及现所在公司或以前的公司时，就会愤怒地抨击其老板或者公司，甚至大肆谩骂。在众多国际化的大企业中或是在具备专业素养的面试官面前，这种行为是非常忌讳的。

（七）不善于提问

有些人在不该提问时提问，如面试中打断面试官谈话而提问；也有些人面试前对提问没有充足准备，轮到有提问机会时不知说什么好。而事实上，一个好的提问胜过简历中的无数笔墨，会让面试官刮目相看。例如，"贵公司对新入公司的员工有没有什么培训项目，我可以参加吗？"或者"贵公司的晋升机制是什么样的？"这些问题能体现出求职者对学习的热情和对公司的忠诚度及上进心。

（八）对个人职业发展计划模糊，对招聘单位不了解

对个人职业发展计划，很多人只有目标，没有思路。比如，当被问及"你未来 5 年事业发展计划如何"时，很多人可能会回答说"我希望两三年之内做到××一职"。如果面试官接着问"为什么"，有的应聘者便一时没了主意。任何一个具体的职业发展目标都要有对个人目前技能的评估以及个人为胜任职业目标所需拟订的粗线条的技能发展计划。

【拓展阅读 13-5】

我不太了解

李同学面试中信集团总部时，面试官问他对中信了解多少。他想了半分钟说道："我接到面试时还没来得及查看中信的资料，所以不太了解。"面试官对他说："我们招人自然希望他能了解中信。你还是回去再多了解了解吧。"求职应聘，要了解自己，了解用人单位，须知己知彼，对自己和用人单位都要有客观的认识。

资料来源：面试技巧：求职案例解析，https://www.yjbys.com/qiuzhizhinan/show-104796.html，编者有删改

（九）假扮完美

人的一生中必然会有失败的经历，面试官有时会在面试中向应聘者询问这类问题："你性格上有什么弱点？你在事业上受过挫折吗？"这是看应聘者对待人生低谷的态度，应聘者不要因为面子问题而不敢承认，便随随便便搪塞过去。当然，面试中应聘者也可能遭到拒绝，这没什么大不了，不是什么工作都适合自己。问题的关键是，应聘者需要坦然面对失败或者被拒，并且战胜这些失败，这才是真正的成熟。有人会毫不犹豫地回答："没有。"

其实这种回答对自己是不负责任的。没有人没有弱点，没有人没受过挫折，只有充分面对自己的弱点，正确认识自己所受的挫折，才能造就真正成熟的人格。

（十）被"引君入瓮"

面试官有时会考核应聘者的商业判断能力及商业道德方面的素养。比如，面试官在介绍公司诚实守信的企业文化之后或索性什么也不介绍，问："你作为财务经理，如果我(总经理)要求你1年之内逃税1000万元，你会怎么做？"如果你当场抓耳搔腮地思考逃税计谋或文思泉涌，立即列举出一大堆方案，就证明你入了他们的圈套。实际上，在几乎所有的国际化大企业中，遵纪守法是对员工行为的最基本要求。

（十一）主动打探薪酬福利

有些应聘者会在面试快要结束时主动向面试官打听该职位的薪酬福利等情况，结果欲速则不达。具备人力资源专业素养的面试者是忌讳这种行为的。其实，如果招聘单位对某一位应聘者感兴趣，自然会提及其薪酬情况。有些老板会给你机会，让你主动向他提问关于本企业薪酬福利方面的问题。

此时，应聘者第一步是了解对方可以提供的薪酬幅度是多少，这里的关键是善于发问，让对方多讲，而自己从中了解足够的信息。应聘者看自己最关心的是哪个方面，大致有以下相关的经典问题：

(1) 贵公司起薪标准、调薪做法、考核办法及升迁制度如何？

(2) 贵公司是否采取年薪制？年薪所涵盖的项目有哪些？

(3) 贵公司的整体薪资架构如何？

(4) 贵公司最近几年的调薪状况如何？未来的营运发展计划如何？

(5) 我所应聘的职务，贵公司每年平均招募多少人？

(6) 贵公司中和我有相同资历背景者的人薪资状况如何？

(7) 贵公司薪资在同业或同区域内的水平如何？

(8) 贵公司是否实行年底双薪制？

(9) 贵公司的员工福利项目有哪些？住房这方面是怎么操作的？

(10) 贵公司对技术人员的奖励制度是如何实施的？

第二步是求职者根据以上信息提出自己的期望薪酬。求职者如果对自己想提的薪资还是把握不准，也可以把问题抛给对方："我想请教一个问题，以我现在的经历、学历和您对我面试的了解，在公司的薪酬体系中，我的薪酬大约能达到什么样的水平？"对方一般会透露给你准备开的工资水平。

第三步，应聘者如果对这个工资还不太满意，就可以尝试用探讨式、协商式的口气去争取高一些的工资。比如，"我认为工作最重要的是合作开心，薪酬是次要的，不过我原来的月薪是××元，如果跳槽的话就希望自己能有点进步，如果不是让您太为难的话，您看这个工资是不是可以有一点提高？"这时要看对方的口气是否可以松动，松动的话则可以再举出你值更高价的理由。如果对方的口气坚决，你则可以迂回争取试用期的缩短。比如，"我对自己是比较有自信的，您看能不能一步到位，直接拿转正期的工资，或者把3个月的试用期缩短为 1 个月？"

第四步，应聘者要在福利上多争取一些，这一般适用于中高层职位者，下层员工的福利是没有弹性的，而越往高层福利的弹性就越大，就越有可能通过协商在各种补贴上多争取一些利益。

总之，最重要的技巧在于用探讨协商的语气来谈，还要察言观色、见好就收，不要过度要求，否则让对方破例后，到时你进公司后对方也会以更高的要求来考核你，还可能答应了最后也不兑现。保险起见，求职者最好让对方在接收函上写明薪酬、试用期限、上班时间等，这样可以免去日后口说无凭的纠纷。

（十二）不知如何收场

很多求职应试者面试结束时，因成功的兴奋或因失败的恐惧，会语无伦次、手足无措。其实，面试结束时，作为应试者，不妨表达自己对应聘职位的理解；充满热情地告诉面试官自己对此职位感兴趣，并询问下一步要做什么；面带微笑和面试官握手并谢谢面试官的接待及对自己的考虑。

求职者 A：

面试官此时正在收拾文件，准备起身离开，求职者 A 迫不及待地问道："我被录用了吗？"这迫不及待的心情增加了面试官的疑惑，面试官觉得长痛不如短痛，索性告诉他："十分抱歉，你的确不适合该职务。"

求职者 B：

面试官："感谢你来参加面试，我们会尽快通知你面试结果的。"求职者 B 不愿意守株待兔，他想抓住再次面试的机会，于是说："非常感谢您在百忙之中抽出时间给我面试，不过在结束之前，我想知道自己是否还需要在什么地方补充说明一下？"求职者 B 简明扼要地用一分钟时间精彩地重述了自己如何胜任这份工作，其主旨是"我符合所有条件"。随即又问："您看我有什么不足之处吗？"继而又把发言权交给了面试官。面试官说他在技能上有一个不足之处——缺少管理经验。求职者 B 立即讲述了自己为某机构和大学生俱乐部组织过规模宏大的特殊活动的经历，这两次经历都要求有管理能力。虽然他的管理经验只是参加志愿者活动时得到的，但是总比没有好。他与面试官握手道别时，面试官暗示他很适合该职务，但是还有一大批候选人没参加面试呢。求职者 B 问面试官："您何时做决定或者何时再次面试？"当面试官一边跟他握手，一边回答他的问题时，求职者 B 问了最后一个问题："我能否知道贵公司最新的面试进程安排。"面试官说："你可以随时给我打电话。"同时心里还寻思着：这位候选人很有发展潜力和才能。

如何收场才恰到好处？面试官认为，不到万不得已的时候不会录用迫不及待的候选人。求职者首先应学习如何停止推销——不要误会，这里指的是面试中的自我推销，否则你就得不到工作；其次，应密切观察面试官的肢体语言是否有结束面试的信号，知趣一点，无休止地争论只会浪费大家的时间，指望凭借一纸文凭得到工作就大错特错了；最后，应再次向面试官总结一下自己最受欢迎的方面。

第三节　如何过好招聘口试关

求职是我们获得理想职位的一道难关。如果我们发挥出色，就可以在一定程度上弥补其他不足，如学历、专业上的不足。我们要想从求职中脱颖而出，关键就是要能把握面试中应答的原则，熟悉和掌握面试应答的策略和技巧，很好地展示自己。作家柳青有句名言："人生的道路虽然漫长，但紧要处常常只有几步，特别是当人年轻的时候。"招聘工作中的笔试、口试(面试)无疑是准备应聘者人生道路上的紧要一步。所以，应试者除了要做好文化及专业知识的准备，还要加强口才的训练，努力过好招聘的口试关。

一、开场问候要大方得体，答话自信沉着

年轻人都有一种羞怯感。在特定的场合，由于某种原因，羞于启齿是很正常的。然而进入招聘的口试阶段，我们则应当努力克服羞怯心理。开场问候是给面试官的第一印象，自信、微笑、大方是必不可少的。我们进门时应该面带微笑，行 45°鞠躬礼，并根据对方职务称呼，如果把握不准，称呼一声"老师好"就足够了。声音要洪亮，底气要足，语速要自然。我们要做到彬彬有礼，大方得体，不要过分殷勤，也不要拘谨或过分谦让。

事实上，在才能和智慧不相上下的人群中，你具有充分的信心，拥有更高的热情，机遇及成功则在更大程度上属于你。

【拓展阅读 13-6】

自信

××省财政厅有一次公开招聘副厅长人选，结果有 9 名候选人参加竞争，想在更大的舞台上一展抱负。答辩会上主考官问 7 号答辩人："你和其他竞争者相比，有什么优势和劣势？" 7 号充满自信、踌躇满志地说："我想来想去，觉得自己没什么明显劣势。"在一片笑声中，他又补充说："缺点在一定条件下也是优点。"他在这次演讲中多次赢得全场掌声，也许正是同事们的鼓励，让他在省领导面前表现良好。

资料来源：求职口才，https://wenku.baidu.com/view/840ce16b69dc5022abea00d4.html，编者有删改

例如，某年宁波迪赛房地产公司面试有这样的问题："请你给我 10 个进入迪赛的理由。"多数应聘者都硬着头皮搜肠刮肚给理由，有的给不到 10 个，有的一个理由重复好几遍，有的支支吾吾下不来台。只有一个应聘者回答："不好意思，我实在没有 10 个理由，我只有一个进入迪赛的理由。""说来听听。""我的理由就是，我自信我能够胜任这一职位。"然后，该应聘者从自己的专业及特长展开讲述以支持这个唯一的理由。毫无疑问，因为答题自信沉着，她获得了想要的职位。

二、听清题意，避重就轻，发挥特长优势

口试的题目，有的是考官们准备好的，有的是即兴提问的，应试者必须听清题意或看清题意。应试者要针对所问的题目认真地回答，不要偏离中心，让话语"信天游"。

参加招聘考试，有的是与专业对口的，有的是与专业相关、相近的，有的是与原来所学的专业不太对口的。多数考生经过"充电"，扩大了知识视野，努力做到一专多能，以适应市场经济和人才需求的变化。招聘中，应试者要抓住机会，主动发挥自己的专业特长和优势，调动生活积累。

【拓展阅读 13-7】

利用生活经验

有一家新闻单位招聘记者、编辑，一位应试者的简历上写明是某大学德语专业毕业，毕业后先后在新闻部门、外贸部门工作过，现在又参加另一新闻单位的招聘。有评委在口试中提问："根据你的简历，你具有多方面的素质，那么现在请你谈谈，新闻传播工作如何做到内外有别？"这位应试者的回答是比较好的，他利用自己在学校与工作中积累的相关中西方文化区别的知识，解读中国目前存在的常见的一个问题就是把对内宣传的东西简单地照搬到国外，这是不妥的，世界上不同的国家、不同的地域、不同的民族的人，问题价值观念、审美标准、思维方式、心理特征直至宗教信仰、风俗民情、语言习惯都不同。新闻传播如果不考虑这些情况，不加区别，就很难促进相互了解。他还举出了一些具体的例子，谈话中显出了他的特长优势和生活积累。

资料来源：求职口才技巧，https://www.docin.com/p-433838310.html，编者有删改

例如，某年吉林皮鞋厂公开向社会选聘厂长，面试官问其中一位应试者："你如何看待你没有皮鞋行业工作经验的问题？"他回答："确实，论做皮鞋我是外行，何况我们厂还有那么多懂管理的干部和技术高明的老工人，有占全厂职工 70%多的朝气蓬勃、勇于上进的年轻人。我上任后，会把老师傅请回来，把年轻人的工作、学习和生活安排好，让每个人都干得有劲，让他们把工厂当成自己的家。"这个回答征服了面试官，应试者巧妙避开了"没有做鞋经验"这一不利因素，把问题主动引向深入，在企业管理的本质上做文章，逻辑清晰地透露了自己上任后的管理计划，既给自己树立了一个坦诚的形象，又让面试官感觉他会是懂得统筹管理的人才。

三、知己知彼，模拟练习，重视情境设置

模拟面试场景训练是最原始也是最有效的训练面试技能的形式。掌握了招聘岗位、招聘方以及行业的信息之后，求职者可先预测面试方式、面试问题。这比较重要，面试若想取得成功，求职者首先要知己知彼，而后才能在面试中紧扣对方所需发挥口才，表述己之所能。求职者可以与同学互相扮演面试官和求职者的角色，也可以面对镜子和录像加以训

练。有条件的求职者可以录制自己的模拟面试视频、音频，反复观看，注意面试过程中表述得是否到位，表达是否流畅，语气、表情是否自然，等等，再反复训练。对于"请你介绍你自己""说说你现在的工作"等常规性问题，求职者要准备精简有条理的答案。通过模拟，求职者可以看到真实的自我，纠正面试的常规性错误，也可以消除临场的紧张感，增加自信。

情境设置题目是活题，这类题目特别重要，应试者回答的时间相对也长一些。作为应试者，如果有条件了解一下以往招聘口试中这类情境设置型题目，是非常有益的；面试前也可做一些猜想，围绕某些特定的情境做点模拟准备；自我介绍要反复模拟练习，找不同的听众提出修改意见。面试官都有很强的鉴别能力，如果求职者在面试中的表现有不严密的地方，很容易被抓住，进而不断被追问，这样一来就会乱了阵脚。为了避免这样的情况出现，最好的办法就是把准备工作做得尽可能充分。

【拓展阅读 13-8】

即兴发挥

招聘节目主持人的口试，情境设置型的提问很多。例如，假如你是一场赈灾义演晚会的节目主持人，请你首先设计一段开场白，描述现场氛围及晚会宗旨，然后将其中两位参加晚会的代表介绍给现场观众：一位是参加抗洪抢险的解放军战士，另一位是曾给灾区捐款的下岗再就业职工。遇到这类问题，你需要紧急构思，然后有条不紊地说出来。有一名应试者这样说道："观众朋友们，晚上好。98之夏洪魔席卷中华大地，98之夏爱心汇集大江南北。此时，前方抗洪军民勇战洪魔；此地，后方支持的百姓慷慨解囊。这一元一角浓缩的爱心，这一歌一舞表达的深情，在这里，在我们今天的赈灾晚会上，汇聚成一股激荡的春潮。下面我为大家介绍两位晚会特邀的嘉宾：这一位是在抗洪抢险中只身勇救群众 12 人的英雄——解放军战士王伟，这一位是刚刚再次就业就捐献了自己第一个月全部工资的下岗大姐赵玉梅。正因为有了他们，才有了98之夏冲不垮的中华大堤！共对长天，让我们同唱一首《爱的奉献》。"这位应试者的即兴发挥非常出色，获得了评委的一致好评。

资料来源：求职口才技巧，https://www.docin.com/p-433838310.html，编者有删改

四、创新思维，展示个性，应答不落窠臼

创新性口才是在面试中最能使求职者脱颖而出的方式。许多地方的招聘工作报名者甚多，而评委所提的问题是有限的，也可以说是比较集中的、有针对性的。有些职业、职位的口试是依照次序单独进行的，同类型的题目问过不同的应试者后，评委就可以看出应试者水平的高低。应试者突破传统思维模式，调动创造性思维机制，灵活应答，展示个性，使个人形象鲜明，能产生意外效果，也会给评委留下不同一般的印象。

【拓展阅读 13-9】

灵活应答

节目主持人的招聘更需要考查应试者的灵活应变能力。江苏电视台有一次招聘节目主持人，评委向一女选手提出这样一个题目："假如你向观众介绍主要演员时一时记不起这位演员的名字了，怎么办？"这位女选手机灵地说："如果这位演员很出名，在观众中已有影响，我就对观众说：'你们大家都知道他(她)的大名吧？'观众中很可能有脱口而出的，我正好顺着报出来；如果这位演员不太出名，我就把话筒递给这位演员：'请您向观众做自我介绍吧。'用这样的变通办法逃过一时的尴尬境地。"评委及现场观众对她的灵活应变能力表示赞赏。

资料来源：求职口才技巧，https://www.docin.com/p-433838310.html，编者有删改

【拓展阅读 13-10】

创新

1991 年李咏刚毕业，参加中央电视台的招聘考试。面试当天，中央电视台开通了内部的闭路电视，考场台下黑压压的全是人，初出茅庐的李咏有点儿慌。当时正值海湾战争期间，考官就问海湾都有哪些国家，李咏搜肠刮肚说了一些，唯独少了伊拉克，台下马上就有人质问，李咏脱口而出："联合国正制裁呢，那是'敌'国呀！"一句话让台上台下的人全乐了，李咏因此顺利进入中央电视台。当然，创新回答是因势利导的事，故作高深有可能弄巧成拙。

资料来源：求职心态小故事，https://zhidao.baidu.com/question/495554354.html，编者有删改

第四节 实训引导

实训可以引导学生运用专业理论知识，不断提高学生的文化素质、职业素养。请你来试着做以下题目，如果你的回答和人事主管的想法十分贴近，那你离被录用就又近了一步。

一、选择性实训题目

(1) 谈谈你个人最大的特色。

    A. 我人缘极佳，连续三年担任班级和学生会干部

    B. 我的坚持度很高，事情没有做到一个令人满意的结果，绝不罢手

    C. 我非常守时，学习、工作以来从来没有迟到过

    D. 我的个性很随和，是大家公认的好好先生(小姐)

提示：人事主管的选择往往是 B。

A、C、D 虽然都表示出应试者性格上的优点，但是 B 的回答是最与工作贴合的。能够与工作表现或岗位要求相结合的优点和特长才是招聘者比较感兴趣的回答。

(2) 你为什么想来我们公司工作？

    A. 主要是这份工作的内容很吸引我

    B. 贵公司在行业内颇为出名，听说管理也很人性化

    C. 我的大学同学在贵公司会计部工作，是他建议我来应聘的

    D. 贵公司在业界的声誉及这项工作的性质都很吸引我

提示：最理想的回答是 D，A 其次。

D 的回答是比较完备的，显示应试者是经过事前的考查才做出的综合评估。谨慎的招聘者都希望录用深思熟虑的人，唯有双方都认为是"适当"的合作，才能走得长久。A 的回答也没错，但就完整性及其背后所显现的意义而言，还是略逊于 D。

(3) 你对我们单位了解吗？

    A. 贵公司去年在长达 8 个月的时间里都高居"股王"的宝座

    B. 贵公司连续三年被 ABC 杂志评选为"求职者最想进入的企业"第一名

    C. 不是很清楚，能否请您做些介绍

    D. 我最欣赏贵公司有意改变策略，加强与国外大厂的 OEM 合作，自有品牌的部分通过海外经销商扩大了销售

提示：这道题的回答以赞赏 D 的居多。

应试者对于要前往面谈的公司一定得有所准备，多加了解。应试者能多搜集到更深入详细的背景资料，在言谈间，招聘方很快就能够感受出其应聘的决心与诚意；应试者事前所投入的心血会使自己的回答言之有物，也能明显地与其他应试者区别开来。

(4) 你找工作是最主要的考虑因素是什么？

    A. 公司的远景及产品的竞争力

    B. 公司对员工职业生涯规划的重视及人性化的管理

    C. 工作的性质是否能让我发挥所长并不断成长

    D. 合理的待遇及主管的管理风格

提示：人事主管的选择往往是 C。

求职者找工作时当然应该有个全面的评估与考虑，不过最根本的因素还是取决于工作本身，如果工作内容无法满足个人对于工作的期望，则公司的前景再乐观，待遇福利再优厚，也终究是留不住人才的。

企业固然希望以好的名声及优良的企业文化吸引人才，但是它要选择的首先还是工作表现好、能够真正有所贡献，并能将公司推向更高境界的人，而不是纯粹慕名求利而来的人。

(5) 你的期望待遇是多少？

    A. 是否可以先让我了解一下贵公司的薪资及福利制度

    B. 我希望至少要高过我目前的薪水，以我的职务每年可分配多少股票呢

    C. 我目前是 3000 元，但下个月要调薪，所以我希望至少是 4000 元

    D. 月薪为 3000～4000 元，不知道这是否在贵公司的预算范围之内

提示：人事主管选 A 的最多，其次是 D。

A 除了显示求职者态度上的谨慎，其实也是对求职者最有利的一种回答方式。

(6) 你什么时候可以开始上班？

    A. 再等一个半月，拿到上年度的分红之后

    B. 原则上我可以尽量配合，但我必须与我目前的老板讨论交接的日期

    C. 是否可以给我两个星期的时间考虑一下，并与家人沟通一下

    D. 我的好朋友下个月在美国结婚，我必须参加，是否可以等我从美国回来

提示：人事主管一般选 B。

公司总希望尽快将缺位补齐，以免影响日常工作。求职者回答时应记得交代对于前一份工作的责任，收尾也要收得干净漂亮，而不是丢下一堆烂摊子一走了之。招聘者会由此顺便观察求职者的工作责任感。

(7) 你为什么想离开目前的职务？

    A. 别的同事认为我是老板的红人，所以处处排挤我

    B. 调薪的结果令我十分失望，完全与我的付出不成正比

    C. 老板不愿授权，工作处处受限

    D. 公司营运状况不佳，大家人心惶惶

提示：超过半数的人事主管选 C，其次是 D。

C 显示应聘者的企图心、能力强，且希望被赋予更多的职责。

(8) 谈谈你在前一份工作中的最大贡献。

    A. 事前准备得宜，使得产品在去年的交易展会上大出风头

    B. 据理力争，为同事争来了年度免费健康检查的福利

    C. 重新设计生产线，使得生产周期缩短了 30%，每季出货量增加了 35%

    D. 以一份长达 20 页的评估报告建议公司必须尽快投入电子商务

提示：最理想的回答是 C。

你所提出的成就必须与现在所应聘的工作岗位或职能产生关联，以显示能转移或沿用自己的经验能力，并且尽量予以数字化的具体表现。

(9) 如果我们雇佣你，你准备为我们工作多长时间？

    A. 这个问题可能要等我工作一段时间后，才能比较具体地回答

    B. 一份工作至少要做 3 年才能学习到其精华的部分

    C. 这问题蛮难回答的，可能要看当时的情形

    D. 至少两年，两年后我计划再出国深造

提示：选择 B 的最多，A 次之。

这是个很重要的问题，求职者不要流露出把该单位作为暂时性的过渡的意思。虽然人们无法预测将来，但这时的意向要肯定，要采取积极的态度。

(10) 除了我们公司，你还应征了其他哪些公司？

    A. 我还应征了 ABC 饮料公司、DEF 软件设计公司及 XYZ 化工公司

    B. 因为是通过人才网站，所以很多公司与我联络，不胜枚举

    C. 我只对计算机类的公司感兴趣，除贵公司外，我还应征了 IBC 及 COMP 公司

    D. 我不是很积极地想换工作，这半年多来陆陆续续寄了一些履历，公司名字不
       太记得了

提示：最理想的回答是 C。

A 的回答给人病急乱投医，根本不清楚自己的方向的感觉。但如果求职者是从事人力资源、会计、行政、秘书等性质的工作，则 A 的回答可以接受。

(11) 你希望五年后达到什么成就？

    A. 做一天和尚敲一天钟，尽人事听天命，顺其自然

    B. 凭我的机灵及才干，晋升至部门经理是我的中期目标

    C. 自己独当一面开公司

    D. "全力以赴"是我的座右铭，我希望能随着经验的增加被赋予更多的职责与挑战

提示：最理想的回答是 D。

应聘者回答的重点一定要放在希冀从工作本身获得自我提升及成长这一方面，这样所显现出来的自然是积极进取的工作态度。

(12) 你认为你在哪方面最需要改进？

    A. 时间管理

    B. 人际关系

    C. 我有点迷糊

    D. 不应该以高标准去要求部属和同事

提示：最理想的回答是 D。

(13) 如果离开现在的职务，你认为你的领导会有什么反应？

    A. 很震惊，因为领导对我很器重也很信赖，我就如同他的左右手一样

    B. 还好吧，他大概心里也有数，反正公司现在也不忙

    C. 他大概习惯了，反正他手下的人经常来来去去

    D. 我想他一定会生气地破口大骂，他是一个相当情绪化的人

提示：理想回答是 A。

招聘者想了解你在前任工作上与主管相处的情形，在主管心目中的地位如何。

(14) 知道我们为什么录用你吗？

    A. 因为我比别人优秀

    B. 因为我有很强的事业心，想要与贵公司共同成长

    C. 您可以由我过去的工作表现所呈现的客观数据，明显地看出我全力以赴的工作态度

    D. 我在这个产业已耕耘了 8 年，丰厚的人脉是我最大的资产

提示：理想回答是 C。

再美妙的描述也不如明确的业绩数据、具体的工作成果展现令人感受强烈、印象深刻。

(15) 你有什么问题要问吗？

    A. 通常在这个职务上工作多久才能有升迁的机会

    B. 目前工作上常用的设计软件包括哪些

    C. 我想不出有什么好的

    D. 以我的职务而言，去年平均可以分到多少股票

提示：最理想的回答是 B。

与上岗工作相关的问题尽可以提出，但与薪资福利相关的问题或其他问题，在初次面谈时都尽量避免。

(16) 如果你被录用，你会在这个公司待多久？

　　A. 只要工作富有挑战性，而我又有机会学习和升职，我没有理由要离开

　　B. 工作不到一年我是不会考虑离开的，适应一个新的职位是需要较长时间的

　　C. 我想尽可能长时间地待在公司，近期内我是不会考虑离开的

提示：最理想的回答是 C。

(17) 你上学时打过工吗？

　　A. 从大一起我一直利用星期天、假期打工，我促销过某饮料，当过某手机的营业员，从中我积累了如何与同事配合、相互协作工作，如何处理同事关系的经验，这些都为我以后正式工作打下了基础

　　B. 没有，我家里不缺钱，父母不让打工

　　C. 我打过几次工，从大一起从没有花过家里一分钱

提示：最理想的回答是 A。

(18) 你喜欢你的学校吗？

　　A. 我不喜欢这个学校，很多人都不喜欢，老师素质差，食堂宿舍也比不上别校

　　B. 我非常喜欢我们的学校，虽然校史不是很悠久，面积也不太大，但是优美的环境、良好的校风、活跃的学术气氛使我耳濡目染，受到了良好的熏陶，我很感谢和留恋我的学校，很感谢我的老师

　　C. 我当然喜欢我们的学校，你知道，我们的学校是名牌学校

提示：最理想的回答是 B。

(19) 谈谈你对你暑假打工时老板的一些看法？

　　A. 我对我的老板相当敬佩，而且从他身上学到了很多东西

　　B. 那个老板很差劲，他欠了我的工钱，我们闹过几次，也没有结果

　　C. 公司虽然是个大公司，内部管理很乱，我对他的看法一般

提示：最理想的回答是 A。

(20) 你在学校是一个优秀的毕业生，你是否愿意到最基层工作？

　　A. 我非常愿意。虽然我是一个优秀毕业生，但毕竟经验不足，业务不熟，我非常理解从事基层工作对我发展的重要性。我知道在接受更有挑战性的任务之前，完成一定数量的日常工作是必要的。最基层的工作可以使我从中学习到公司内外部的业务，并给我发展机会，当我证实了自己的实力以后，我可以沿着专业方向或管理方向发展

　　B. 不愿意，因为应聘的职位是经理助理，我在学校是学生会干部，有丰富的管理经验

　　C. 不愿意

提示：最理想的回答是 A。

职场沟通技巧(第2版)

(21) 谈谈你对薪水的要求。

    A. 毕业了，就不能再向家里要钱，吃、穿、住、用、交友都要靠工资，我想应付这些开支每月至少 1000 元

    B. 据我个人了解，助理编辑这个职位的主要工作内容包括向总编汇报工作进展、协助总编选题，并且要与作者保持良好的沟通和联络，等等。我总结的对吗？如果是这样，我想知道单位对这一职位的薪水大致如何

    C. 您说了算，公司给多少就要多少，当然是多多益善

提示：最理想的回答是 B。

二、开放性实训题目

(1) 谈自己的情况。

提示：这里往往是开场白，要求你自我介绍学历、简历等。你介绍时要强调专业性优势，说出自己的理想，向往与所求工作的投合之处，焦点要集中在最近的收获上，语言要简练，不要过多涉及其他方面，时间以 3~4 分钟为宜。

(2) 你为什么要到我们这里求职？

提示：这是用人单位对你心理的试探，从而了解你求职的真实目的和要求。你要说出用人单位有何优点和特点。比如，"我觉得你们单位实力雄厚、上下一心、领导得力，适于一切有才干的青年人发展"，这类话就较为得体，因而容易成功。

(3) 你对我们单位了解吗？

提示：作为一名求职者，你应该尽可能地了解面试单位的详细情况，如该单位涉及的专业、生产的产品、产品供销情况、财务状况、目前处境、未来展望等。对这些问题的回答准确无误又干净利落，无疑会使你从众多的竞争者中脱颖而出，独受青睐，加大被聘用的可能性。另外，你在了解该单位情况的同时，能尽快地做出最终的选择。如果你觉得该单位不适合你，你就可马上抽身出来，再寻找新的用人单位，不必在这里耽误你的宝贵时间。你要了解面试单位的情况并不难，索要一份年度报告和其他材料，就可获得你所需要的信息。有关的报刊、机构到该单位去做实地考察等可以成为你收集材料的媒介。

(4) 你来我们这里能干什么？

提示：你回答这个问题，要致力于谈该单位的事；要事先做调查，做到心中有数，然后通过经历中的实例说明自己是拥有这些必要的技能的。回答"我什么都能干"等于在说你一无所长，是个"万金油"式的人物。大多数的单位看中的是有一技之长的人，而非"干什么都可以"的人。如果不能就这个问题给面试官一个巧妙的回答，他们就会对你失去信心。

(5) 你最大的优点是什么？

提示：你如果平时就很注意了解、剖析自我，那么回答这个问题是很容易的。你还可以趁机列举两个既与该单位的工作有关又能体现出你的优点的例子，但说话要得体，不要给人留下自吹自擂的印象。

(6) 你最大的缺点是什么？

提示：没有十全十美的人，任何人都不能说自己毫无缺点，但面试官提出这一问题的

目的并不是想得到具体的信息，真正的目的是了解你是否诚实正直，是否心态平衡。你回答这一问题时要注意体现自己健康的心理。

(7) 你最喜欢(不喜欢)哪几门课程？为什么？

提示：主考人员希望弄清你的价值体系。你说出最喜欢的课程后，最好不要这么回答缘由："因为它容易学。""因为我曾经得过优秀。""因为老师不留作业(留得少)。"而应强调这门课的积极价值，你还应指出具备的技能。总之，你之所以喜欢这门课，是因为它具有挑战性，丰富了你的才能，开发了你的新技能并使你从中受益匪浅。

(8) 你的业余爱好是什么？

提示：没有任何业余爱好是一个很大的缺陷，而有业余爱好说明你的兴趣爱好广泛，显示你是一个有能力的人。

(9) 你喜欢什么样的领导？

提示：你不要表现得爱和领导闹意见。你可以直接表明心迹："我喜欢有能力、办事果断、给我效力机会、能指导我，当我办错事的时候能严格批评我、帮助我的领导。"

(10) 你的目标是什么？

提示：你必须答出你的目标，并能对它进行简述。你还应指出自己为什么有此目标和实现的方法。你如果不能恰当地对这个问题做出回答，很容易使面试官认为你没有目标，这将说明你的思想准备不足，尚不成熟。

(11) 你有什么问题要问吗？

提示：你不能马上说"没有"，而应该问一些与工作有关的问题。例如："我的职责将是什么？""我将要接受何种培训？""如果工作出色，以后我的职位能到什么级别？""我怎样才能成为单位的优秀职员？""单位成功和发展的原因是什么？"

课 后 练 习

1. 自我介绍训练。

(1) 要求根据不同场合进行不同的自我介绍，必须简短，在1～5分钟说完，必须有条理，有重点。

(2) 语速要适中，不能太快或太慢；口齿清楚，尽量用普通话。

(3) 忌吞吞吐吐，说明自信心不足；忌前言不对后语，说明所说内容不可信；忌话语太长，说明心不在焉；忌满口套话，说明没有实战经验；忌过分自谦，说明底气不足或城府太深。

2. 模拟应聘训练。

(1) 准备。师生设计几个用人单位，提前两三天把这些单位的基本情况、招聘岗位、人数、条件、待遇等予以公布。招聘岗位与该专业学生将来就业方向有一致的，也可有不一致的。每名学生选两个岗位。

(2) 组织。顺序可以抽签确定。由教师任考官，先由学生讲评，然后教师补充。

(3) 考题设计。

① 根据岗位的素质、能力需要来设计试题。

② 关于专业和学习的情况以直接询问为主，不作为重点。

③ 关于能力(如文字能力、外语能力、计算机操作能力)，以测试为主，点到为止。

④ 关于礼貌修养方面的考核以观察为主，可辅助以行为考核。

⑤ 考查重点：自信心、耐心、诚心、主动性、责任心、协调性、纪律性、吃苦性等，商谈薪金的能力，应变能力。

⑥ 这些方面的考查要用间接测试法进行，要设置一些谈话和行动的情境。

3. 一年轻人到某家电售后服务中心应聘，经理不在，修理师傅指着一台机器问年轻人能否修理。这台机器该师傅修了三天也没修好。年轻人拿起工具就摆弄起来，半个小时就修好了。年轻人以为留下没问题，结果相反。分析该案例中这位年轻人失败的原因。

提示：真本事亮在决定者面前。

参 考 文 献

[1] 金和. 实用口才必读大全[M]. 北京：企业管理出版社，2006.

[2] 方位津. 实用口才训练教程[M]. 北京：首都经济贸易大学，2005.

[3] 金和. 社交金口[M]. 北京：中国纺织出版社，2006.

[4] 程在伦. 演讲与口才[M]. 北京：高等教育出版社，1997.

[5] 欧阳友权，朱秀丽. 实用口才训练书[M]. 4版. 北京：中南大学出版社，2013.

[6] 马银春. 说服口才[M]. 北京：中国物资出版社，2004.

[7] 马银春. 沟通口才[M]. 北京：中国物资出版社，2004.

[8] 陈文汉. 商务谈判实务[M]. 2版. 北京：电子工业出版社，2009.

[9] 何占华，刘芳. 商务谈判[M]. 北京：中国传媒大学出版社，2008.

[10] 窦然，姚大伟. 国际商务谈判与沟通技巧[M]. 上海：复旦大学出版社，2009.

[11] 石宝明. 商务谈判[M]. 大连：大连理工大学出版社，2007.

[12] (美)奥尼尔，查普曼. 职场人际关系心理学[M]. 12版. 石向实，郑莉君，等译，北京：中国人民大学出版社，2012.

[13] 彭贤，李海青. 人际关系心理学[M]. 2版. 北京：北京交通大学出版社，2013.

[14] 林灵. 实用口才与职场沟通[M]. 2版. 北京：人民交通出版社，2013.

[15] 张玉虎. IT职场交际礼仪[M]. 合肥：安徽大学出版社，2012.

[16] 易伟新，刘娟. 导游实务[M]. 北京：清华大学出版社，2010.

[17] 汪秀英. 销售管理学[M]. 北京：中国人民大学出版社，2011.

[18] 李向阳. 成交的秘密：金牌销售一定要懂得的心理学[M]. 北京：中国画报出版社，2012.

[19] 李平. 电话销售中的话语操纵术[M]. 哈尔滨：黑龙江科学技术出版社，2021.

[20] 路天章. 口才三绝[M]. 成者：成都地图出版社，2018.

[21] 蔡康永. 蔡康永的说话之道[M]. 沈阳：沈阳出版社，2010.

[22] 陈建伟. 沟通的艺术[M]. 北京：中华工商联合出版社，2017.

[23] 张宏梅，刘云霞. 导游技能[M]. 芜湖：安徽师范大学出版社，2016.

[24] 代玉岩，王晓欢. 导游业务实训教程[M]. 北京：首都经济贸易大学出版社，2020.

[25] 江丰. 一开口就让人喜欢你[M]. 北京：文汇出版社，2019.

[26] 孙路弘. 说话的力量[M]. 杭州：浙江人民出版社，2013.

[27] 盛安之. 沟通的艺术[M]. 南昌：江西美术出版社，2017.

[28] 吴明轩. 超级沟通术[M]. 北京：现代出版社有限公司，2017.

[29] 徐丽丽. 四大沟通模式："怎么说"比"说什么"更重要[M]. 武汉：长江文艺出版社，2014.

[30] 陈浩. 幽默沟通学：零距离制胜的口才秘籍[M]. 北京：中国华侨出版社，2013.

[31] 潘肖珏，谢承志. 商务谈判与沟通技巧[M]. 上海：复旦大学出版社，2010.

[32] 王振翼，王金龙. 全国商业职业教育教学指导委员会. 商务谈判与沟通技巧[M]. 3 版. 大连：东北财经大学出版社，2020.

[33] 刘燕. 商务谈判技巧[M]. 北京：人民邮电出版社，2010.

[34] 武向阳. 首席谈判官[M]. 广州：广东人民出版社，2018.

[35] 宋豫书. 优势谈判技巧[M]. 北京：化学工业出版社，2010.

[36] 伍岳炜. 涉外礼仪与谈判技巧[M]. 广州：暨南大学出版社，2015.